JN098147

東京商工会議所編

ビジネス実務法務検定試験®
3級公式問題集
【2024年度版】

発行所／東京商工会議所
発売元／中央経済社

まえがき

本書は、東京商工会議所が発行する唯一の「公式問題集」であり、ビジネス実務法務検定試験®3級の出題範囲を網羅する「3級公式テキスト」に完全に準拠しています。

3級検定試験は、2021年度からIBTおよびCBT形式という、インターネットを経由しての試験に変わり、これまで以上に受験しやすくなりました。

本書に掲載した問題は、実際の検定試験に出題された頻出分野から厳選しており、新たに改正されたデジタル社会形成基本法、著作権法、不正競争防止法、マイナンバー法、民事執行法等にも対応しています。さらに、過去問題を含め、すべての問題に改正法に対応した分かり易い解説を付するとともに、3級公式テキストの該当ページを明示しています。

また、実際の検定試験に出題された過去問題を含む3回分の模擬問題は、IBTおよびCBT形式の検定試験に対応しています。

2024年度版からは新たにデジタル学習アプリを搭載し、スマートフォンやタブレット、パソコンを利用して、いつでもどこでも学習することが可能になりました。

本書に掲載された問題を解き、解答・解説を理解することによって、最新の法令に準拠した、3級試験合格に必要な知識を習得することが可能です。そして、あわせて3級公式テキストの該当箇所を確認することによって、ビジネスの実務に役立つ法務知識を立体的に理解することができます。

2024年度の3級試験の試験対策として本書を活用し、多くの方が3級合格者に授与される「ビジネス法務リーダー®」になられることを願ってやみません。

東京商工会議所

本書の特徴と使い方

この本は、東京商工会議所が主催する「ビジネス実務法務検定試験®3級」対策の公式問題集です。

本書は、「練習問題（解答・解説）」、「模擬問題（解答・解説）」で構成されています。練習問題については、左ページに問題を、右ページに解答・解説を掲載しましたので、即座に解答・解説をご確認いただけます。

「練習問題」は、「3級公式テキスト」（東京商工会議所編・中央経済社刊）に準拠し、過去に出題された検定試験問題を参考に、頻出項目を厳選した問題を各章別に掲載しています。

「解答・解説」では、詳しい解説を付しましたので、単に正解の確認にとどまらず様々な出題形式に対応できる応用能力の修得にご活用ください。また、各問題の解説中に、公式テキストの参照ページを記載しました。「公式テキストP.○○」とあるのは、「3級公式テキスト」の該当頁を示しています。各問題に直接関連する知識が法律実務の全体の中でどう位置付けられているかを認識し、より深く理解するためにご活用ください。

「模擬問題」では、IBT・CBTを想定した模擬問題と解説が3回分掲載されています。本番の試験を想定して力を試していただけます。

また、新たに搭載したデジタル学習アプリでは、すべての問題をアプリ上で学習可能です。繰り返し学習いただくことで、より知識の定着を図ることが可能ですので、ぜひご利用ください。

目 次

法律改正等に伴う修正や正誤等がある場合はホームページに掲載いたします。
(URLはhttps://kentei.tokyo-cci.or.jp/houmu)

デジタル学習アプリのつかい方

本書は，スマートフォン，タブレット，パソコンで利用可能なデジタルコンテンツ（デジタルドリル）でも学習することができます。デジタルドリルを利用することで，いつでもどこでも学習が可能です。

利用期限：ご利用登録日から１年間　※利用登録期間は2024年３月１日〜2025年２月28日
使用開始日：2024年３月１日

▶推奨環境（2024年１月現在）
<スマートフォン，タブレット>
・Android8以降
・iOS10以降
　※ご利用の端末の状況により，動作しない場合があります。
<PC>
・Microsoft Windows10，11
　ブラウザ：Google Chrome，Mozilla Firefox，Microsoft Edge
・macOS
　ブラウザ：Safari

▶利用方法
① スマートフォン，タブレットをご利用の場合
　→Google PlayまたはApp Storeで「ノウン」アプリをインストールしてください。
　パソコンをご利用の場合
　→②へ

② 書籍に付属のカードを切り取り線に沿って開いてください。

③ スマートフォン，タブレット，パソコンのWebブラウザで下記URLにアクセスして「アクティベーションコード入力」ページを開きます。カードに記載のアクティベーションコードを入力して「次へ」ボタンをクリックしてください。

［アクティベーションコード入力］
https://knoun.jp/activate

④-a　ノウンのユーザーID，パスワードをお持ちの方は，「マイページにログイン」の入力フォームに各情報を入力し「ログイン」ボタンをクリックしてください。

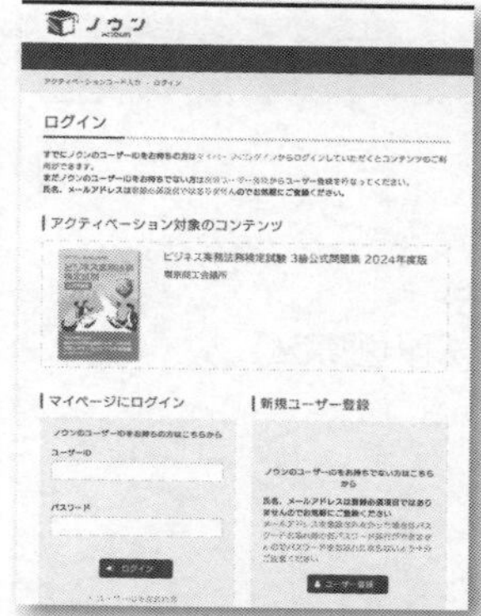

④-b　初めて「ノウン」をご利用になる方は，「ユーザー登録」ボタンをクリックしてユーザー登録を行ってください。

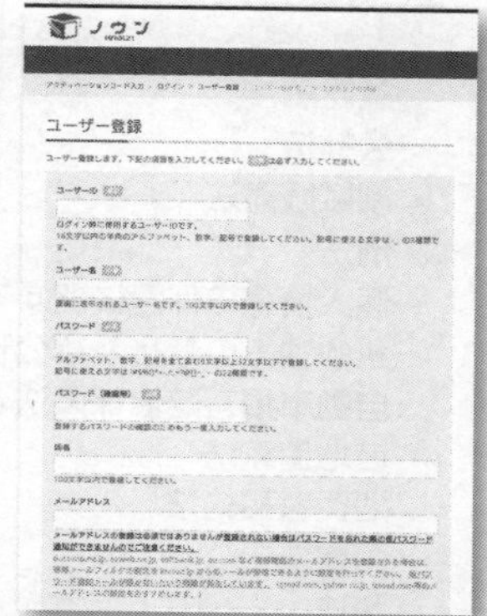

⑤　ログインまたはユーザー登録を行うと，コンテンツが表示されます。

⑥　「学習開始」ボタンをクリックするとスマートフォンまたはタブレットの場合は，ノウンアプリが起動し，コンテンツがダウンロードされます。パソコンの場合は，Webブラウザで学習が開始されます。

⑦　２回目以降の学習
スマートフォン，タブレット：ノウンアプリからご利用ください。
パソコン：下記の「ログイン」ページからログインしてご利用ください。

［ログインページ］ http://knoun.jp/login

● 「ノウンアプリ」に関するお問い合わせ先：NTTアドバンステクノロジ
※ノウンアプリのメニューの「お問い合わせ」フォームもしくはメール（support@knoun.jp）にてお問い合わせください。

法令一覧 ＜（　）内は略称＞（50音順）

本書に掲載されている主な法令は以下の通りである。

意匠法
会社法
割賦販売法
刑法
個人情報の保護に関する法律（個人情報保護法）
私的独占の禁止及び公正取引の確保に関する法律（独禁法）
自動車損害賠償保障法（自賠法）
借地借家法
消費者契約法
商標法
商法
製造物責任法
著作権法
動産及び債権の譲渡の対抗要件に関する民法の特例等に関する法律（動産・債権譲渡特例法）
特定商取引に関する法律（特定商取引法）
特許法
破産法
不正競争防止法
民事再生法
民事執行法
民事訴訟法
民法
労働基準法

第 1 章

ビジネス実務法務の法体系

【第1問】

次の甲欄に示した語句と最も関連の深い記述を乙欄から選んだ場合の組み合わせを①～⑥の中から1つだけ選びなさい。

(甲欄)

Ⅰ　コンプライアンス（Compliance）
Ⅱ　CSR（Corporate Social Responsibility）
Ⅲ　リスクマネジメント（Risk Management）

(乙欄)

a．一般に、企業の社会的責任を意味し、これに基づく企業活動の例として、環境保護に配慮した企業活動やボランティアなどの社会貢献活動を挙げることができる。

b．一般に、企業活動に支障を来たすおそれのある不確定な要素を的確に把握し、その不確定要素の顕在化による損失の発生を効率的に予防する施策を講じるとともに、顕在化したときの効果的な対処方法をあらかじめ講じる、一連の経営管理手法をいう。

c．一般に、法令等の遵守を意味し、企業は法律や政省令等の法令およびその属する業界団体が定めた自主的なルールや社会倫理などを遵守して活動すべきであるという考え方である。

①　Ⅰ－a　Ⅱ－b　Ⅲ－c
②　Ⅰ－a　Ⅱ－c　Ⅲ－b
③　Ⅰ－b　Ⅱ－a　Ⅲ－c
④　Ⅰ－b　Ⅱ－c　Ⅲ－a
⑤　Ⅰ－c　Ⅱ－a　Ⅲ－b
⑥　Ⅰ－c　Ⅱ－b　Ⅲ－a

第1問　(公式テキストP.12～P.17)

[正　解] ⑤

[解　説]

コンプライアンスとは、一般に「法令等の遵守」と訳される。企業がその活動を適正かつ妥当に行うために求められるものとして、「法令等の遵守」すなわちコンプライアンスの考え方が浸透してきている。ここで企業が遵守すべきとされるものには、法令等の規則だけでなく確立された社会規範や企業倫理、社内規定等のルールが広く含まれる。よって、Ⅰ－cである。

CSRは、一般に「企業の社会的責任」と訳され、企業が、利益追求のみならず、様々なステークホルダー（利害関係者）の利益を重視した企業活動を行うことを求める考え方である。ステークホルダーには、株主・取引先（仕入先・販売先・債権者・債務者を含む）・従業員等が含まれる。CSRに基づく企業活動の例として、環境保護に配慮した企業活動やボランティアなどの社会貢献活動を挙げることができる。よって、Ⅱ－aである。

リスクマネジメントとは、一般に、企業活動に支障を来すおそれのある不確定な要素を的確に把握し、その不確定要素の顕在化による損失の発生を効率的に予防する施策を講じるとともに、顕在化したときの効果的な対処方法をあらかじめ講じる、一連の経営管理手法をいう。よって、Ⅲ－bである。

【第2問】

私法の基本原理に関する次のア～エの記述のうち、その内容が適切なものを○、適切でないものを×とした場合の組み合わせを①～⑧の中から1つだけ選びなさい。

ア．権利主体は、私的な法律関係を自己の意思に基づいて自由に形成できるという原則を私的自治の原則という。

イ．私的自治の原則は、取引の場面では、取引に際し、誰と、どのような内容の取引を行うかは当事者間で自由に定めることができるという契約自由の原則として具体化されている。

ウ．私的自治の原則は、当事者間に力の差があると、強者の要求を弱者に押し付けることになりかねないため、法は当事者間の合意によっても修正できない強行法規を設けるなどして私的自治の原則の修正を図っている。

エ．経済政策や行政目的に基づき、国民に対してある行為を制限または禁止することを定める規定のことを取締規定といい、取締規定に違反した行為は、一般に、私法上の効力までは否定されない。

①	ア－○	イ－○	ウ－○	エ－○
②	ア－○	イ－○	ウ－○	エ－×
③	ア－○	イ－×	ウ－○	エ－×
④	ア－○	イ－×	ウ－×	エ－×
⑤	ア－×	イ－○	ウ－○	エ－○
⑥	ア－×	イ－○	ウ－×	エ－○
⑦	ア－×	イ－×	ウ－×	エ－○
⑧	ア－×	イ－×	ウ－×	エ－×

第2問 (公式テキストP.26～P.27、P.33～P.34)

[正　解] ①

[解　説]

アは適切である。私法の基本原則の１つに、権利主体は、私的な法律関係を自己の意思に基づいて自由に形成できるとする、**私的自治の原則**がある。

イは適切である。私的自治の原則は、取引の場面においては、取引に際し、誰と、どのような内容の取引を行うかは当事者間で自由に定めることができるとする**契約自由の原則**として具体化される。

ウは適切である。私的自治の原則は、対等な当事者間では有効に機能するものの、当事者間に力の差があると、強者の要求を弱者に押し付けることになりかねない。そこで、現代においては、**強行法規**を設けるなどして私的自治の原則の修正が図られている。**強行法規**とは、当事者がこれと異なった内容を取り決めることができない、つまり、当事者の意思にかかわりなく、その適用が強制される規定である。

エは適切である。**取締規定**とは、経済政策や行政目的に基づき、国民に対してある行為を制限または禁止することを定める規定のことをいう。取締規定に違反した行為は、行政上の罰則の適用等は受けるが、一般に、私法上の効力までは否定されないとされている。

【第3問】

次の①～④の記述のうち、その内容が最も適切でないものを1つだけ選びなさい。

① 権利能力平等の原則とは、権利能力はすべての個人に平等に認められるという原則であるが、今日では会社等の各種の団体にも一定の要件の下に権利能力が認められている。

② 企業が定める約款の中には、経済的弱者保護の観点から、これを使用するには国（主務官庁）への届出・認可等が必要とされているものがあるが、これは私的自治の原則の修正と考えることができる。

③ 個人が物を全面的に支配する権利（所有権）は、不可侵のものとして尊重されなければならないので、所有権の内容を制限するような法律はすべて無効である。

④ 不法行為による損害賠償責任について、加害者の「故意または過失」による行為であることが必要とされていることは、過失責任主義の現れである。

第3問　　　　　　　　　　　　　　　　　　　　　　　(公式テキストP.26～P.27)

［正　解］③

［解　説］

①は適切である。**権利能力が認められる団体のことを法人といい**、例えば会社法上の会社の場合、登記をすることにより権利能力が認められる。

②は適切である。約款を作成・使用することは、私的自治の原則の現れの１つである**契約自由の原則を修正する**ものである。

③は最も適切でない。憲法では、**所有権も公共の福祉によって制約される**と定められており（憲法29条２項)、所有権の内容を制限する法律も有効である。

④は適切である。本肢の記述の通りである。

■キーワード

権利能力平等の原則	すべての個人が平等に権利主体として扱われるという原則
私的自治の原則	権利主体（個人・法人）は、私的な法律関係を自己の意思に基づいて自由に形成できるとする原則
所有権絶対の原則	個人が物を全面的に支配する私有の権利（所有権）は、不可侵のものとして尊重され、他人によっても、国家権力によっても侵害されないとする原則
過失責任主義	人は、たとえ他人に損害を与えても、故意・過失がなければ損害賠償責任を負わないとする原則

【第4問】

財産権に関する次のア～エの記述のうち、その内容が適切なものの個数を①～⑤の中から1つだけ選びなさい。

ア．物権とは、所有権のように、特定の物を直接排他的に支配できる権利のことをいう。

イ．物権のうち、他人の物を利用することを内容とする物権である用益物権に属する物権として、例えば、建物や橋などの工作物や竹木を所有するために他人の土地を使用する物権である地上権が挙げられる。

ウ．物権のうち、債権の担保のために物の価値を把握する物権である担保物権に属する物権として、例えば、他人の物を占有している者が、その物について生じた債権の弁済を受けるまで、その物を自分の手元に留め置くことができる権利である抵当権が挙げられる。

エ．債権とは、特定の人に対して一定の行為を請求できる権利のことをいい、これには、例えば、売主が買主に対して有する商品の代金請求権などがある。

① 0個　② 1個　③ 2個　④ 3個　⑤ 4個

第4問　(公式テキストP.28～P.29)

[正　解] ④

[解　説]

アは適切である。民法上の財産権は、物権と債権とに分けられる。このうち、所有権のように、**特定の物を直接排他的に支配できる権利**のことを物権という。

イは適切である。物権の中には所有権に一定の制限を加えるものがあり、これを制限物権という。制限物権のうち、**他人の物を利用することを内容とする物権**を用益物権といい、建物や橋などの工作物や竹木を所有するために他人の土地を使用する物権である地上権がこれに当たる。

ウは適切でない。制限物権のうち、**債権の担保のために物の価値を把握する物権**を担保物権というが、他人の物を占有している者が、その物について生じた債権の弁済を受けるまで、その物を自分の手元に留め置くことができる権利は、**留置権**である。

エは適切である。例えば、売主が買主に対して有する商品の代金請求権のように、**特定の人に対して一定の行為を請求できる権利**のことを債権という。

【第5問】

法の分類に関する次のア～エの記述のうち、その内容が適切なものを○、適切でないものを×とした場合の組み合わせを①～⑥の中から1つだけ選びなさい。

ア．法の適用領域が限定されず、一般的なものを一般法といい、対象となる事柄や人または地域など法の適用が限定されている法律を特別法という。例えば、取引については、民法と商法とでは民法が特別法となり、民法が商法に優先して適用される。

イ．私法は法律の規律を受ける当事者の双方が私人の場合に適用される法であり、公法はその双方または一方が国・地方公共団体などの国家機関である場合に適用される法である。

ウ．権利・義務などの法律関係の内容を定める法律を実体法といい、実体法の内容を実現するための手続を定める法律を手続法という。

エ．契約当事者間で法律の規定と異なる定めをするなど、当事者がそれに従う意思がないと認められるときは、その適用が強制されない法律の規定を任意法規という。これに対して、契約当事者がこれと異なる内容の取り決めをしてもその効力を生じず、当事者の意思にかかわりなくその適用が強制される規定を強行法規という。

① ア－○　イ－○　ウ－○　エ－○
② ア－○　イ－○　ウ－×　エ－○
③ ア－○　イ－×　ウ－×　エ－×
④ ア－×　イ－○　ウ－○　エ－○
⑤ ア－×　イ－×　ウ－○　エ－×
⑥ ア－×　イ－×　ウ－×　エ－×

第5問　　(公式テキストP.33～P.36)

[正　解] ④

[解　説]

アは適切でない。**法の適用領域が限定されず、一般的なものを一般法**といい、**対象となる事柄や人または地域など法の適用が限定されている法律を特別法**という。例えば、私人間の取引一般には民法が適用されるが、その中でも特に、企業などの商人間の取引には商法が適用される。すなわち、民法と商法とでは、商法が特別法となる。

イは適切である。**法律の規律を受ける当事者の双方が私人の場合に適用される法を私法**という。これに対し、**法律の規律を受ける当事者の双方または一方が国・地方公共団体などの国家機関である場合に適用される法を公法**という。

ウは適切である。**権利・義務などの法律関係の内容を定める法律を実体法**といい、**実体法の内容を実現するための手続を定める法律を手続法**という。

エは適切である。契約当事者間で法律の規定と異なる定めをするなど、**当事者がそれに従う意思がないと認められるときは、その適用が強制されない法律の規定を任意法規**という。これに対して、**契約当事者がこれと異なる内容の取り決めをしてもその効力を生じず、当事者の意思にかかわりなくその適用が強制される規定を強行法規**という。

【第6問】

権利の実現方法に関する次のアおよびイの文についての①～④の記述のうち、その内容が最も適切なものを1つだけ選びなさい。

ア．自動車の売買契約において、売主が引渡期日に買主に自動車を引き渡さない場合、買主は購入した自動車を売主のところから売主に無断で持ち出すことができる。

イ．裁判所で扱う訴訟のうち、民事訴訟とは私人と私人の間の法律上の争いを解決することを目的とする訴訟である。

① アおよびイのいずれも適切である。
② アのみが適切である。
③ イのみが適切である。
④ アおよびイのいずれも適切でない。

【第7問】

権利の実現方法に関する次の①および②の記述のうち、その内容が適切なものを1つだけ選びなさい。

① 第一審の裁判所の判決に不服のある者が上級の裁判所に再審査を求めることを控訴という。

② わが国の裁判所には最高裁判所、高等裁判所、地方裁判所、家庭裁判所、簡易裁判所の5種類があるが、そのうち地方裁判所は刑事訴訟のみ、また家庭裁判所は民事訴訟のみを扱う。

第6問 (公式テキストP.36~P.38)

[正　解] ③

[解　説]

アは適切でない。権利を有する者が自力で自分の権利を行使する**自力救済は、原則として禁止されており**、権利の行使に対して相手方が応じない場合には、原則として、裁判所の手続を通じて権利を実現しなければならない。

イは適切である。民事訴訟とは、裁判所で扱う訴訟のうち、**私人と私人の間の法律上の争いを解決することを目的とする訴訟**のことをいう。

第7問 (公式テキストP.36~P.38)

[正　解] ①

[解　説]

①は適切である。上訴のうち、**第一審の裁判所の判決に不服のある者が上級の裁判所に再審査を求めること**を控訴という。

②は適切でない。**地方裁判所は民事および刑事の両事件を審理し**、また、家庭裁判所も民事事件に限らず、**少年に関する犯罪について刑事事件**も審理する。

第 2 章

企業取引の法務

【第1問】

契約の種類と分類に関する次のア～エの記述のうち、その内容が適切なものを○、適切でないものを×とした場合の組み合わせを①～⑧の中から1つだけ選びなさい。

ア．日常多く見られる類型の契約は、民法上、典型契約として定められているのに対し、民法に規定のない内容の契約は、一般に非典型契約または無名契約といわれ、法的効力を認められない。

イ．双務契約とは、当事者双方が対価的な債務を負担する契約のことである。

ウ．有償契約とは、当事者双方が対価的な財産的価値を支出することを内容とする契約のことである。

エ．書面によらない消費貸借契約のように、当事者の合意と物の引渡しによって成立する契約のことを要物契約といい、これに対し、当事者の合意のみで成立する契約を諾成契約という。

① ア－○　イ－○　ウ－○　エ－○
② ア－○　イ－○　ウ－×　エ－○
③ ア－○　イ－×　ウ－○　エ－○
④ ア－○　イ－×　ウ－×　エ－×
⑤ ア－×　イ－○　ウ－○　エ－○
⑥ ア－×　イ－○　ウ－×　エ－×
⑦ ア－×　イ－×　ウ－○　エ－×
⑧ ア－×　イ－×　ウ－×　エ－×

第1問　(公式テキストP.45～P.47)

［正　解］⑤

［解　説］

アは適切でない。法律によって名称や内容が規定されていなくても、**実際の社会における必要性から様々な形態の契約が結ばれており、こうした契約についても原則として法的効力が認められている**。こうした契約は、一般に非典型契約または無名契約と呼ばれる。

イは適切である。**契約当事者の双方が対価的な債務を負担する契約**のことを双務契約という。

ウは適切である。**契約当事者の双方が対価的な財産的価値を支出することを内容とする契約**のことを有償契約という。

エは適切である。**書面によらない消費貸借契約は、当事者の合意と物の引渡しによって成立する要物契約**である（民法587条）。これに対し、売買契約のように**当事者の合意のみで成立する契約は、諾成契約**と呼ばれる（民法555条）。

【第2問】

契約の種類に関する次のアおよびイの文についての①〜④の記述のうち、その内容が最も適切なものを1つだけ選びなさい。

ア．契約の中には、雇用契約や賃貸借契約のように、契約関係が一定期間継続するものがある。このような契約に関する問題を取り扱うにあたっては、一般に契約当事者間の信頼関係が重視される。

イ．民法は、売買契約をはじめとして13種類の契約を規定しており、わが国で締結される契約はすべてこの13種類の契約に分類することが可能である。

① アおよびイのいずれも適切である。
② アのみが適切である。
③ イのみが適切である。
④ アおよびイのいずれも適切でない。

【第3問】

契約の成立に関する次の①および②の記述のうち、その内容が適切なものを1つだけ選びなさい。

① 契約は、原則として、当事者の一方の申込みの意思表示とそれを受ける形でもう一方の承諾の意思表示が合致すれば成立するが、賃貸借契約のような継続的契約では、さらに契約書の作成がなければ契約は成立しない。

② 契約が成立しても、契約の効果が生じない場合として、契約の無効と契約の取消しがある。このうち、契約が無効である場合の具体例としては、犯罪行為に対して報酬を支払う契約のように、契約内容が公序良俗に反する契約がある。

第2問
（公式テキストP.45〜P.47）

［正　解］②

［解　説］

アは適切である。売買などのように１回で履行が終了する契約に比べ、雇用契約や賃貸借契約のように契約関係が一定期間継続する契約については、契約に関する問題を取り扱うにあたっては、**当事者間の信頼関係を重視する必要がある。**

イは適切でない。契約自由の原則（民法521条・522条２項）から、民法の定める13種類の典型契約以外の**非典型契約を締結することも自由であり**、わが国で締結される契約のすべてが典型契約に分類されるわけではない。

第3問
（公式テキストP.52、P.73〜P.75）

［正　解］②

［解　説］

①は適切でない。賃貸借契約のような継続的契約であっても、原則として、**申込みの意思表示と承諾の意思表示との合致があれば成立し**、契約書の作成を義務付けられるわけではない（民法522条）。

②は適切である。**公の秩序または善良の風俗**（公序良俗）に反する契約などの法律行為は、無効とされる（民法90条）。

【第4問】

XとYは、売買契約を締結し、買主であるYは、Xに対し、手付として50万円を支払った。この場合に関する次の①～④の記述のうち、その内容が最も適切でないものを1つだけ選びなさい。

① 本件の手付は、売買契約が成立した証拠としての意味を有する。

② 本件の手付が解約手付としての意味を有する場合、Yは、Xが契約の履行に着手する前であれば手付を放棄することによって契約を解除することができる。

③ 本件の手付が解約手付としての意味を有する場合、Xは、Yが契約の履行に着手する前であれば、受け取った50万円をYに返還することによって契約を解除することができる。

④ 本件の手付が違約手付としての意味を有する場合、Yに債務不履行があった場合には、50万円はXに没収される。

第4問　　(公式テキストP.53)

[正　解] ③

[解　説]

①は適切である。**手付は、売買契約が成立したことの証拠としての意味を持つ**のであり、これを証約手付という。

②は適切である。**各当事者が契約を解除する権利（解除権）を留保する趣旨で手付が授受されることがあり**、この場合の手付のことを解約手付という。解約手付については、手付金を支払った側は、それを放棄することによって契約を解除することができる（民法557条１項）。

③は最も適切でない。解約手付が授受されている場合、**手付金を受け取った側が契約を解除するには手付金の倍額を相手方に現実に提供する必要がある**（民法557条１項）。

④は適切である。**違約手付とは、債務不履行の場合には当然に没収されるという趣旨で交付される手付であるの**で、Yに債務不履行があった場合には、手付金は当然にXに没収されることになる。

■ポイント

手　付		売買契約の成立時に買主から売主に交付される一定額の金銭
	証約手付	売買契約が成立したことの証拠としての意味を有する手付
	解約手付	当事者が解除権を留保する趣旨で授受される手付 相手方が債務の履行に着手するまでは 買主 →手付を放棄して売買契約を解除できる **(手付損)** 売主 →手付の倍額を買主に現実に提供して売買契約を解除できる **(手付倍戻し)**
	違約手付	債務不履行の場合には当然に没収されるという趣旨で交付される手付

【第5問】

制限行為能力者に関する次のア～エの記述のうち、民法の規定に照らし、その内容が適切なものの組み合わせを①～⑥の中から1つだけ選びなさい。

ア．成年被後見人Aは、単独で宝石を購入する旨の売買契約を締結した。この場合、Aの成年後見人Bは、本件売買契約を取り消すことはできない。

イ．被保佐人Aは、事前に保佐人Bの同意を得て、C銀行から金銭を借り入れる旨の消費貸借契約を締結した。この場合、Aは、本件消費貸借契約を取り消すことはできない。

ウ．被保佐人Aの保佐人Bは、家庭裁判所の審判によって、Aが所有する甲土地の売却について代理権を付与されている。この場合、Bは、Aの代理人として甲土地を売却する旨の売買契約を締結することができる。

エ．被補助人Aの補助人Bは、家庭裁判所の審判によって、Aが所有する甲土地の売却について同意権を付与されていたが、Aは、事前にBの同意を得ることなく、甲土地を売却する旨の売買契約を締結した。この場合、Aは、本件売買契約を取り消すことはできない。

① アイ　② アウ　③ アエ　④ イウ　⑤ イエ　⑥ ウエ

第5問　(公式テキストP.56～P.60)

［正　解］④

［解　説］

アは適切でない。成年被後見人とは、**精神上の障害により事理を弁識する能力を欠く常況にある者**であって、後見開始の審判を受けた者である（民法７条）。成年被後見人は、法律行為をするのに十分な判断能力を有しないと考えられることから、成年被後見人またはその成年後見人は、原則として、その法律行為を取り消すことができる（民法９条本文）。

イは適切である。被保佐人は、借財をするには**保佐人の同意**を得なければならない（民法13条１項２号）。**被保佐人が保佐人の同意を得ずにこれをした場合には契約を取り消すことができる**が（同条４項）、本問では保佐人Bの同意を得ているため、契約を取り消すことはできない。

ウは適切である。家庭裁判所は、請求により、被保佐人のために、特定の法律行為について、**保佐人に代理権を付与する旨の審判**をすることができる（民法876条の４）。この場合、保佐人は被保佐人の代理人として代理行為をすることができる。本問では、甲土地の売却という特定の法律行為について、Bに代理権を付与する旨の審判がされているので、BはAの代理人として甲土地の売買契約を締結することができる。

エは適切でない。家庭裁判所は、請求により、**民法13条1項に規定する行為の一部**につき、被補助人がするには**補助人の同意**を得なければならない旨の審判をすることができる（民法17条１項）。この場合、被補助人が補助人の同意を得ずにその行為をしたときは、契約を取り消すことができる（同条４項）。本問では、家庭裁判所の審判により、Aが甲土地を売却するにはBの同意が必要であり、Bの同意を得ずにした売買契約は取り消すことができる。

【第6問】

未成年者であるXの行為能力に関する次の①～④の記述のうち、民法の規定に照らし、その内容が適切なものを2つ選びなさい。

① Xが、親権者である両親の同意を得ずに、Y家電販売店からホームシアターセットを購入する旨の売買契約を締結した場合、Xの両親だけでなく、X自身も本件売買契約を取り消すことができる。

② Xの親権者である両親が、Xを代理して、Xが下宿するアパートをYから賃借する旨の賃貸借契約を締結した場合、Xの両親は本件賃貸借契約を取り消すことはできないが、X自身は本件賃貸借契約を取り消すことができる。

③ Xは、親権者である両親から、目的を定めないで処分を許された小遣いを与えられ、その小遣いで映画のブルーレイソフトを購入する旨の売買契約を締結した。この場合、Xの両親だけでなく、X自身も本件売買契約を取り消すことができる。

④ Xが、親権者である両親に商品の販売に関する営業の許可を得て、当該商品をYに販売する旨の売買契約を締結した。この場合、Xの両親は当該売買契約を取り消すことはできない。

第6問　(公式テキストP.57)

[正　解] ①、④

[解　説]

①は適切である。**未成年者が締結した契約は、法定代理人の同意のない場合には取り消すことができる**とされているが（民法5条)、この取消権は、法定代理人だけでなく、未成年者本人も行使することができる（民法120条1項)。

②は適切でない。**未成年者の親権者である両親は、法定代理人として未成年者自身の契約を有効に締結することができ**、この場合には、法定代理人・未成年者とも契約を取り消すことはできない。

③は適切でない。未成年者は、例えば小遣いのように**法定代理人が目的を定めないで処分を許した財産を自由に処分することができ**（民法5条3項)、この場合には、法定代理人・未成年者とも契約を取り消すことはできない。

④は適切である。**法定代理人が未成年者に営業の許可を与えた場合、未成年者は、その営業に関する取引については法定代理人の同意がなくても有効に行うことができる**ため（民法6条1項)、Xの両親が本肢の売買契約を取り消すことはできない。

【第7問】

契約の成立に関する次のア～エの記述のうち、民法の規定に照らし、その内容が適切なものを○、適切でないものを×とした場合の組み合わせを①～⑥の中から1つだけ選びなさい。

ア．商品販売業者による商品カタログの送付は、一般に、申込みの意思表示ではなく、相手方からの申込みの意思表示を促す申込みの誘引とされているため、商品カタログを見た者がそこに掲載されている商品を購入したい旨の意思を当該商品販売業者に表示したとしても、当該商品販売業者がこれを承諾しなければ、商品の売買契約は成立しない。

イ．表意者が真意でないことを自分で知りながら、真意と異なる意思表示をする心裡留保は、有効であり、真意でないことを相手方が知り、または知ることができた場合であっても、無効とはされない。

ウ．他人にだまされて意思表示をした場合を詐欺による意思表示といい、表意者はその意思表示を取り消すことができる。

エ．他人に脅されるなどして、やむなく意思表示をした場合を強迫による意思表示といい、表意者はその意思表示を取り消すことができる。

①	ア－○	イ－○	ウ－○	エ－○
②	ア－○	イ－○	ウ－×	エ－○
③	ア－○	イ－×	ウ－○	エ－○
④	ア－×	イ－○	ウ－×	エ－×
⑤	ア－×	イ－×	ウ－○	エ－×
⑥	ア－×	イ－×	ウ－×	エ－×

第7問　　　　　　　　　　　　（公式テキストP.48〜P.54、P.60〜P.64）

［正　解］③

［解　説］

アは適切である。商品販売業者による商品カタログの送付は、一般に、申込みの意思表示ではなく、**相手方からの申込みの意思表示を促す申込みの誘引**とされている。したがって、商品カタログを見た者がそこに掲載されている商品を購入したい旨の意思を当該商品販売業者に表示した場合、当該意思表示が申込みの意思表示であり、当該商品販売業者がこれを承諾しなければ、商品の売買契約は成立しない。

イは適切でない。表意者が真意でないことを自分で知りながら、真意と異なる意思表示をする心裡留保は、原則として有効であるが、**真意でないことを相手方が知り、または知ることができたときは、無効とされる**（民法93条1項）。

ウは適切である。他人にだまされてした**詐欺による意思表示**については、表意者がその意思表示を取り消すことができる（民法96条1項）。

エは適切である。他人に脅されるなどして、やむなくした**強迫による意思表示**については、表意者がその意思表示を取り消すことができる（民法96条1項）。

第2章　企業取引の法務

【第8問】

次のア～エの記述のうち、民法の規定に照らし、その内容が適切なものの個数を①～⑤の中から1つだけ選びなさい。

ア．甲は債権者からの差押えを免れるため、知人乙と合意の上で、自己の所有する不動産を乙に譲渡したかのように装い、その登記上の所有権を乙に移転した。その後乙が当該不動産をその事情を知らない丙に売却していた場合、甲は乙との売買契約の無効を丙に主張することはできない。

イ．甲は資産の乏しい乙には買えないだろうと思い、売る意思はない自己所有の高級自動車を500万円で譲渡すると言ったところ、その言葉を過失なく信じた乙は購入する旨の意思表示をした。この場合、甲乙間に有効に売買契約が成立する。

ウ．甲は乙にだまされて、自己所有の土地を時価の半額で乙に売却した。その後、乙は、甲が乙にだまされて自己の土地を売却した事実を知らず、かつ知らないことに過失がない丙にこの土地を売却した。この場合、甲は、丙に対して、甲乙間の売買契約の取消しを主張することはできない。

エ．甲は乙に強迫されて、100万円相当の自動車を10万円で乙に譲渡した。この場合、甲は乙からこの自動車を譲り受けた善意・無過失の第三者である丙に対して、甲乙間の売買契約の取消しを主張することができる。

① 0個　② 1個　③ 2個　④ 3個　⑤ 4個

第8問　(公式テキストP.60～P.64)

［正　解］⑤

［解　説］

アは適切である。表意者が相手方と通じて行った虚偽の意思表示を**虚偽表示**といい、その意思表示は原則として無効である（民法94条１項）。ただし、**善意の第三者には、その意思表示の無効を対抗できない**（民法94条２項）。したがって、本肢の場合、甲から乙への不動産の譲渡の意思表示の無効を、その後に乙からその事情を知らずに買い受けた丙に主張することはできない。

イは適切である。表意者が真意でないことを自分で知りながら意思表示することを**心裡留保**といい、**相手方が表意者の真意でないことを知っている（悪意）か、知らないことに過失がある場合を除いて有効である**（民法93条１項）。本肢の場合、乙は甲の言葉を過失なく信じて購入する旨の意思表示をしたのであるから、甲乙間に有効に売買契約が成立する。

ウは適切である。他人にだまされてする意思表示を**詐欺による意思表示**といい、表意者は原則としてその意思表示を取り消すことができる（民法96条１項）。ただし、**善意・無過失の第三者にはその取消しを対抗することができない**（民法96条３項）。したがって、本肢の場合、甲は善意・無過失の第三者である丙に対して、甲乙間の売買契約の取消しを主張することはできない。

エは適切である。他人に害意を告げられ、恐怖の念を生じた状態でする意思表示を**強迫による意思表示**といい、その意思表示は取り消すことができ（民法96条１項）、**この取消しは善意・無過失の第三者にも対抗できる**。したがって、甲は乙から自動車を譲り受けた善意・無過失の第三者である丙に対しても、甲乙間の売買契約の取消しを主張することができる。

【第9問】

代理に関する次の①および②の記述のうち、民法の規定に照らし、その内容が適切なものを1つだけ選びなさい。

① Aは、自己が所有する甲土地の売却に関する委任状をBに預けていたが、実際にはBに甲土地の売却についての代理権を与えていなかった。Bが当該委任状をCに示して甲土地をCに売却する旨の売買契約を締結した場合、Bに代理権がないことをCが知っていたとしても、民法上、代理権授与表示による表見代理が成立する。

② 商行為の代理人が顕名をせずに代理行為を行った場合、その代理行為の効果は、原則として、本人に帰属する。

【第10問】

代理に関する次のアおよびイの文についての①～④の記述のうち、民法の規定に照らし、その内容が最も適切なものを1つだけ選びなさい。

ア. たとえすべての当事者が許諾していたとしても、同一の法律行為について、1人の者が当事者双方の代理人となることはできない。

イ. Aが代理人Bに与えていた代理権の範囲を超えてBがCと契約を結んだ場合、Cが、その契約締結についてBに代理権があると誤信し、かつそのように誤信することについて正当な理由があるときは、表見代理が成立する。

① アおよびイのいずれも適切である。
② アのみが適切である。
③ イのみが適切である。
④ アおよびイのいずれも適切でない。

第9問　(公式テキストP.64～P.73)

[正　解] ②

[解　説]

①は適切でない。本人が無権代理人に委任状を預けていた場合には、民法109条の表見代理が問題となるが、この場合でも、表見代理が成立するためには、**相手方が無権代理であることを過失なく知らなかったことが必要である**（民法109条１項但書）。

②は適切である。商行為の代理の場合には、**代理人が顕名をしなくても、原則として、代理が成立する**（商法504条）。

第10問　(公式テキストP.64～P.73)

[正　解] ③

[解　説]

アは適切でない。同一の法律行為について同一の者が当事者双方の代理人となることを双方代理という。双方代理は、無権代理行為とみなされるが、**本人があらかじめ許諾した行為については、この限りでない**（民法108条１項）。

イは適切である。代理人が代理権を踰越したとしても、**相手方が代理権があると信じるにつき正当な理由がある場合**には表見代理が成立する（民法110条）。

【第11問】

XはYの代理人と称して、Y所有の建物をZに売却する旨の契約を締結したが、実はYはXに建物売却についての代理権を与えていなかった。この場合に関する次の①～④の記述のうち、民法の規定に照らし、その内容が最も適切なものを1つだけ選びなさい。

① YがXに当該建物の売買契約締結についての代理権を授与する旨の「委任状」を与えていた場合であっても、Yが本件売買契約の履行責任を負うことはない。

② Zは、Xに代理権がないことを知らなかった場合、この売買契約を取り消すことができる。

③ Zは、Xに代理権がないことを知っていた場合でも、Yに対して相当の期間を定めてXの行為を追認するか否かを催告することができ、これに対してYから期間内に確答がなかった場合には追認したものとみなされる。

④ Zは、Xに代理権がないことを知っていた場合、Xに対して契約内容の履行を請求することはできるが、損害賠償を請求することはできない。

第11問　　　　　　　　　　　　　　　　　　（公式テキストP.70〜P.73）

［正　解］②

［解　説］

①は適切でない。**本人が第三者に対して他人に代理権を与えた旨を表示し、相手方である第三者が善意無過失である場合は、「代理権授与の表示による表見代理」が成立し、**表示された代理権の範囲内で本人に履行責任が生ずる（民法109条１項）。そして、「委任状」は代理権を与えた旨の表示に当たる。

②は最も適切である。**無権代理行為の相手方は、その無権代理について善意であれば、行為を取り消すことができる**（民法115条）。

③は適切でない。無権代理行為の相手方には催告権が認められる（民法114条）。そして、**催告権の行使は、相手方が無権代理であることを知っているか否かで影響を受けることはないが、催告期間内に本人の確答がない場合は追認を拒絶したものとみなされる**（民法114条）。

④は適切でない。無権代理行為の**相手方は、無権代理人に代理権がないことについて悪意であった場合には、無権代理人に責任を追及することができない**（民法117条２項１号）。

【第12問】

代理に関する次のア〜エの記述のうち、民法の規定に照らし、その内容が適切なものを○、適切でないものを×とした場合の組み合わせを①〜⑥の中から1つだけ選びなさい。

ア．任意代理が成立するためには、本人が代理人に代理権を与えていることが必要である。

イ．代理人は、相手方に本人のために行為をすることを示さなければならず、これを顕名という。

ウ．代理人と称して行為をした者に代理権がない場合を無権代理といい、本人が無権代理行為を追認すれば、行為の時に遡って本人にその効果が帰属する。

エ．無権代理のうち、相手方が代理人と称した者に代理権がないにもかかわらずそれがあると信じ、かつ信じたことに正当な理由があるときは、相手方を保護する必要があり、そのため、民法は表見代理という制度を設けている。

①　ア－○　イ－○　ウ－○　エ－○
②　ア－○　イ－○　ウ－×　エ－○
③　ア－○　イ－×　ウ－○　エ－○
④　ア－×　イ－○　ウ－×　エ－×
⑤　ア－×　イ－×　ウ－○　エ－×
⑥　ア－×　イ－×　ウ－×　エ－×

第12問 (公式テキストP.64〜P.73)

［正　解］①

［解　説］

アは適切である。任意代理が成立するためには、**本人が代理人に代理権を与えていること**が必要である（民法99条１項）。

イは適切である。代理人は、**相手方に本人のために行為をすることを示さなければならない**（民法99条１項）。これを顕名という。

ウは適切である。無権代理の場合、本人が代理権のない者の行為を追認すれば、原則として、**行為の時に遡って本人にその効果が帰属する**（民法116条）。

エは適切である。無権代理のうち、相手方が代理人と称した者に代理権がないにもかかわらずそれがあると信じ、かつ信じたことに正当な理由があるときに、相手方を保護するための制度を**表見代理**という（民法109条・110条・112条）。

【第13問】

契約の効力の発生に関する次のア～エの記述のうち、民法の規定に照らし、その内容が適切なものを○、適切でないものを×とした場合の組み合わせを①～⑥の中から1つだけ選びなさい。

ア．契約は、原則として、契約成立と同時にその効力が発生する。

イ．期限は、例えば「代金の支払いは契約締結日の1か月後」というように、契約の効力の発生・消滅または債務の履行を将来発生することが確実な事実にかからせるものである。

ウ．期限が到来していないことによって当事者が受ける利益を期限の利益といい、期限の利益は、債権者のために定めたものと推定される。

エ．条件は、契約の効力の発生または消滅を将来発生することが不確実な事実にかからせるものである。

①	ア－○	イ－○	ウ－○	エ－○
②	ア－○	イ－○	ウ－×	エ－○
③	ア－○	イ－×	ウ－○	エ－○
④	ア－×	イ－○	ウ－×	エ－×
⑤	ア－×	イ－×	ウ－○	エ－×
⑥	ア－×	イ－×	ウ－×	エ－×

第13問　(公式テキストP.75～P.77)

［正　解］②

［解　説］

アは適切である。当事者間で締結された契約は、原則として、契約成立と同時にその効力が発生する。

イは適切である。期限は、本肢の記述の通り、契約の効力の発生・消滅または債務の履行を**将来発生することが確実な事実にかからせる**ものである。

ウは適切でない。期限が到来していないことによって当事者が受ける利益を期限の利益といい、期限の利益は、**債務者のために定めたものと推定される**（民法136条１項）。

エは適切である。条件は、契約の効力の発生または消滅を**将来発生することが不確実な事実にかからせる**ものである。

■関連知識

	意味	種類
期限	契約の効力・履行を将来の発生確実な事実にかからせる特約	・**確定期限**―将来発生する期日が確定している期限 ・**不確定期限**―将来発生することは確実だが、いつ発生するかは不確実な期限
条件	契約の効力・履行を将来の発生不確実な事実にかからせる特約	・**停止条件**―条件成就により効力が発生する条件 ・**解除条件**―条件成就により効力が消滅する条件

第2章　企業取引の法務

【第14問】

次の①～④の記述のうち、民法の規定に照らし、その内容が最も適切なものを1つだけ選びなさい。

① 法律上、期限とは、「1年後」というように将来発生する期日が確定しているものをいい、「自分が死んだら」など、発生する期日が不確定なものは期限とはいえない。

② 一般的に会社が倒産するかどうかは発生が不確実な事実であるので、「A会社が倒産したら」という場合は期限ではなく条件に当たる。

③ 一般的に「B社からの入金があれば支払う」というのは解除条件に当たる。

④ 一般的に「新製品が開発されれば本継続的給付契約は終了する」というのは停止条件に当たる。

第14問　　(公式テキストP.75～P.77)

［正　解］②

［解　説］

①は適切でない。期限には、「1年後」というように、将来発生する期日が確定している確定期限のほかに、「自分が死んだら」などという、**将来発生することは確実だが、いつ発生するか不確実である「不確定期限」**もある。

②は最も適切である。**「条件」とは、将来発生するかどうか不確実なある事実によって、契約の効力の発生または消滅を規定することをいう**。例えば「あなたが〇〇大学に合格すれば、車を買ってあげよう」といった場合、「〇〇大学に合格したとき」に初めて車の贈与契約の効力が発生する。

③は適切でない。条件には、**条件成就（実現）によって契約の効力が生じる「停止条件」と、条件成就によって契約の効力が失われる「解除条件」**がある（民法127条）。本肢は「B社からの入金」という条件の成就によって支払うという契約の効力が生じるので、停止条件である。

④は適切でない。③の解説で述べた通り、条件成就によって効力が失われるのは**「解除条件」**である。本肢は「新製品が開発されれば給付契約は終了する」ものであるので、解除条件に当たる。

【第15問】

債務不履行に関する次のア～エの記述のうち、民法の規定に照らし、その内容が適切なものを○、適切でないものを×とした場合の組み合わせを①～⑥の中から1つだけ選びなさい。

ア．債務不履行のうち、履行遅滞は、一般に、債務者が債務を履行できるのに、履行期限までに債務を履行しないことである。

イ．債務不履行のうち、履行不能は、一般に、契約を締結した時点では履行が可能だった債務を履行することができなくなったことである。

ウ．債務不履行のうち、不完全履行は、一般に、債務は一応履行されたが、その履行が不完全であって債務の本旨に従った履行がなされていないことをいう。

エ．債務の不履行が、契約その他の債務発生原因および取引上の社会通念に照らし、債務者の責めに帰することができない事由によるものであったとしても、債務者は、債務不履行による責任を免れることはできない。

① ア－○ イ－○ ウ－○ エ－○
② ア－○ イ－○ ウ－○ エ－×
③ ア－○ イ－× ウ－○ エ－○
④ ア－× イ－○ ウ－× エ－×
⑤ ア－× イ－× ウ－× エ－○
⑥ ア－× イ－× ウ－× エ－×

第15問　　　　　　　　　　　　　　　　　　　　　　　　（公式テキストP.87～P.90）

［正　解］②

［解　説］

アは適切である。一般に、債務者が債務を履行できるのに、履行期限までに債務を履行しないことを**履行遅滞**という。

イは適切である。一般に、契約を締結した時点では履行が可能だった債務を履行することができなくなったことを**履行不能**という。

ウは適切である。一般に、債務は一応履行されたが、その履行が不完全であって債務の本旨に従った履行がなされていないことを**不完全履行**という。

エは適切でない。債務の不履行が**契約その他の債務の発生原因および取引上の社会通念に照らして債務者の責めに帰することができない事由**によるものであるときは、債務者は、債務不履行による責任を免れることができる（民法415条1項但書）。

【第16問】

Aは、自動車販売業者Bから中古自動車Xを購入した。この場合に関する次のア〜エの記述のうち、その内容が適切なものの組み合わせを①〜⑥の中から1つだけ選びなさい。

ア．BがAにXを引き渡したが、Aは約定の期日を過ぎてもその代金を支払わない。この場合、民法上、Bは、Aに代金支払いの催告をすることなく、本件売買契約を解除することができる。

イ．AとBとの間の売買契約では、BがAにXを引き渡すべき場所について定められていなかった。この場合、商法上、Bは、契約締結時にXが存在した場所でXをAに引き渡すこととなる。

ウ．AとBとの間の売買契約では、Aは、BからAへのXの引渡しと引換えにXの代金をBに支払う約定となっている。この場合、民法上、Aは、代金の支払期日が到来しても、BがXの引渡義務の履行を提供するまでは、同時履行の抗弁権を主張して代金の支払いを拒むことができる。

エ．本件売買契約が成立した後、Bの従業員CがAに納車するためXを運転していたが、Cの不注意が原因で発生した事故によりXは損傷し廃車となった。この場合、民法上、Aに対する債務不履行責任を負うのは、BではなくCである。

① アイ　② アウ　③ アエ　④ イウ　⑤ イエ　⑥ ウエ

第16問　　　　　　（公式テキストP.79～P.80、P.87、P.89～P.90、P.91、P.94）
［正　解］④
［解　説］
アは適切でない。Aが約定の期日を過ぎても代金を支払わない場合には、Aの履行遅滞となる（民法412条1項）。**履行遅滞の場合には、債権者は、原則として債務者に履行の催告をした上で解除をすることができる**（民法541条）。
イは適切である。商法上、商行為によって生じた債務の履行をすべき場所がその行為の性質または当事者の意思表示によって定まらないときは、**特定物の引渡しはその行為の時にその物が存在した場所において、その他の債務の履行は債権者の現在の営業所（営業所がない場合にあっては、その住所）**において、それぞれしなければならない（商法516条）。
ウは適切である。売買契約のような双務契約の場合、**双方の債務の履行期が到来している場合には、相手方の債務の履行の提供が行われるまでは、自らの債務の履行についても拒むことができる**。これを同時履行の抗弁権という（民法533条）。
エは適切でない。**債務者は、債務者に代わって履行を行う者（履行補助者）の行為による債務不履行についても、それが債務者の責めに帰すことができない事由に当たらないときは責任を負う**（民法415条1項）。本肢において債務不履行責任を負うのは、債務の履行について従業員Cを使用している債務者Bである。

【第17問】

買主Xは売主Yとの間で中古車の売買契約を締結した。Xは、約定に従い、Yに対してその代金を支払ったが、Yは車の引渡時期が到来しても、当該車を使用し続け引渡しをしないまま、1年が経過した。この場合に関する次の①～④の記述のうち、その内容が最も適切でないものを1つだけ選びなさい。

① 代金を支払済みだからといって、Xが当該中古車をYのもとから勝手に持ち出すことは、原則として認められない。

② Xが当該中古車を利用できなかったため、やむを得ずレンタカーを借りた場合、Xは、原則として少なくともその利用代金の相当額をYに請求することができる。

③ Xが、この売買契約を解除するためには、原則として、一定の期間を定めて、Yに対して履行を催告する必要がある。

④ Yは、その後当該中古車を廃車してスクラップにしてしまった。この場合でも、Xは一定期間を定めて催告した上でなければ契約を解除できない。

第17問　(公式テキストP.36～P.37、P.87～P.88、P.91～P.92、P.93～P.94)
[正　解] ④
[解　説]

①は適切である。本肢のように、XがYのもとから当該中古車を勝手に持ち出すこと（自力救済）を認めると、社会秩序が保たれなくなるおそれがある（不法行為や犯罪が成立するおそれもある）。そのため、**原則として自力救済は禁止されている**。

②は適切である。本問におけるYの行為は債務不履行のうち履行遅滞に該当する。この場合、債権者であるXは、Yに対して**本来の債務の履行を請求できるほか、履行が遅れたことによる損害の賠償（遅延賠償）を請求できる**。また、**一定の期間を定めて履行を催告しても履行がなされないとき**は、契約を解除して債務が履行されたなら得られたであろう利益の賠償**（てん補賠償）**を請求できる。本肢において、Yの履行が遅れたためにXが支払ったレンタカーの利用代金を請求するのは、遅延賠償の請求に当たる。

③は適切である。Xが契約を解除するためには、履行不能の場合と異なり、その前提として、**一定の期間を定めて履行を催告すること**が必要である（民法541条）。

④は最も適切でない。本肢の場合、債務不履行のうち履行不能に該当する。債務を履行することは不可能なので催告は無意味であり、履行遅滞の場合と異なり**履行の催告をしなくても直ちに契約を解除できる**（民法542条１項１号３号）。

【第18問】

不動産の賃貸借契約において授受される金銭に関する次のア～エの記述のうち、その内容が適切なものを○、適切でないものを×とした場合の組み合わせを①～⑥の中から1つだけ選びなさい。

ア．不動産の賃貸借契約で授受される金銭については、すべて法律で明確に規定されており、その性質および効力については、法律の明文の規定で定められている。

イ．敷金は、いかなる名目によるかを問わず、賃料債務その他の賃貸借に基づいて生ずる賃借人の賃貸人に対する金銭の交付を目的とする債務を担保する目的で、賃借人が賃貸人に交付する金銭であり、明渡し時に賃借人に返還される。

ウ．権利金は、賃貸借契約に際し賃借人から賃貸人に支払われる金銭であり、一般に権利設定の対価ともいうべきもので、賃借人に返還されない趣旨で授受される場合が大半である。

エ．立退料は、借地あるいは借家の明渡しに際して、賃貸人から賃借人に対して支払われる金銭であるが、常に支払われるわけではなく、賃貸人と賃借人との間で合意ができた場合にのみ支払われる性格のものである。

①	ア－○	イ－○	ウ－○	エ－○
②	ア－○	イ－○	ウ－×	エ－○
③	ア－○	イ－×	ウ－×	エ－×
④	ア－×	イ－○	ウ－○	エ－○
⑤	ア－×	イ－×	ウ－○	エ－×
⑥	ア－×	イ－×	ウ－×	エ－×

第18問 (公式テキストP.105~P.106)

[正　解] ④

[解　説]

不動産賃貸借契約では、賃料のほかに、**敷金**・権利金・立退料などの一時金が授受されることがある。これらの金銭については、そのすべてが法律で明確に規定されているわけではなく、取引上の慣行として行われているものもある。こうした法律に規定のない一時金の性質・効力については、慣習等に従って解釈により定められる。

(不動産の賃貸借契約で授受される金銭)

敷金	いかなる名目によるかを問わず、賃料債務その他の賃貸借に基づいて生ずる賃借人の賃貸人に対する金銭の給付を目的とする債務を担保する目的で、賃借人が賃貸人に交付する金銭。 敷金は賃貸目的物の明渡し時等に賃借人に返還されるが、滞納賃料や原状回復費用の未払いがあれば敷金から差し引かれる(民法622条の2)。
権利金(礼金)	賃貸借契約に際し、賃借人から賃貸人に支払われる金銭で、一般に権利設定の対価ともいうべきものであり、通常は賃借人に返還されない趣旨で授受される。
立退料	借地あるいは借家の明渡しに際して、賃貸人から賃借人に対して支払われる金銭。ただし、明渡しの際に常に支払われるとは限らず、賃貸人と賃借人との間で立退料を支払う旨の合意ができた場合にのみ支払われる。

■関連知識

立退料

借地契約や借家契約の期間満了にあたって、契約の更新については、賃借人を保護するため、賃貸人からの更新拒絶には、「正当事由」が必要となる。この正当事由を補完するものとして、立退料の提供がなされることがある。

【第19問】

不動産賃借権の対抗要件に関する次のア～エの記述のうち、その内容が適切なものの個数を①～⑤の中から1つだけ選びなさい。

ア．不動産の賃借人が、自己の賃借権を第三者に対して主張するためには対抗要件が必要とされ、民法上、この対抗要件は登記とされている。

イ．民法上、不動産の賃貸人は、賃借人に対し、賃借権の登記に協力する義務を負う。

ウ．借地借家法上、借地権については借地上の建物の登記があれば、対抗要件が具備されたものと扱われる。

エ．借地借家法上、借家権については建物の引渡しがあれば、対抗要件が具備されたものと扱われる。

①　0個　　②　1個　　③　2個　　④　3個　　⑤　4個

第19問　　　　　　　　　　　　　　　　　　（公式テキストP.102〜P.105）

［正　解］④

［解　説］

アは適切である。不動産の賃借人が、自己の賃借権を第三者に対して対抗するためには、その**賃借権を登記することが必要である**（民法605条）。

イは適切でない。特約がない限り、**所有者には賃借権登記の協力義務はなく**、賃借人が賃借権の登記をすることは実際上非常に難しい。そのため、民法の特別法である借地借家法は、不動産賃借人保護のため、登記以外の方法で対抗要件を備える方法を認めている。

ウは適切である。借地権についての対抗要件は、**借地上の建物の登記**である（借地借家法10条１項）。

エは適切である。借家権についての対抗要件は、**建物の引渡し**である（借地借家法31条）。

■キーワード

対抗要件……当事者間で効力の生じている法律関係や権利関係を当事者以外の第三者に主張するために必要な要件。

不動産に関する物権変動	不動産登記
動産に関する物権変動	動産の引渡し
不動産の賃借権	賃借権の登記
借地権	借地上の建物の登記
建物の賃貸借における賃借権	建物の引渡し

【第20問】

Xが自己所有の居住用建物をYに賃貸した場合に関する次の①～④の記述のうち、民法および借地借家法の規定に照らし、その内容が最も適切なものを1つだけ選びなさい。

① 賃貸借期間の満了によりXY間の賃貸借契約が終了した場合において、Yが当該建物の引渡しを受けた後に附属させた物があるときは、Yは、原則として、これを収去した上で目的物を返還する義務を負う。

② Yは、当該建物の保存に通常必要な費用を支出していた場合、賃貸借契約終了時になってはじめて、その支出した費用の全額の償還をXに対して請求することができる。

③ Yが当該建物の価値を増加させるような費用を支出していた場合、Xは、直ちにYが支出した費用の全額を償還しなければならない。

④ YがXの同意を得て当該建物に設置した造作については、賃貸借契約が終了したとしても、YはXに対して買い取りを請求することができない。

第20問　(公式テキストP.109~P.110)

[正　解] ①

[解　説]

①は最も適切である。賃借人は、賃貸借終了により賃貸目的物を賃貸人に返還する際、目的物を受け取った後にこれに附属させた物があるときは、原則として、これを**収去する義務**を負う（民法621条・622条・599条１項）。

②は適切でない。賃借人が目的物の保存に通常必要な費用（**必要費**）を支出したときには、**直ちに、賃貸人に対して全額の償還を請求することができる**（民法608条１項）。なお、賃貸人は、賃借人に賃貸目的物を使用収益させる義務を負うため、賃借人が目的物を使用収益する上で支障がある場合には、賃貸人は目的物についての修繕義務を負うのが原則である（民法606条１項）。

③は適切でない。**有益費**の償還請求を受けた賃貸人は、**賃借人が実際に支出した金額または目的物の価格の現存の増価額のいずれかを選択して償還する**ことになる。また、有益費は**賃貸借の終了時**に償還すればよい（民法608条２項）。

④は適切でない。賃貸人の**同意を得て設置した造作**は、**契約終了時に、賃借人が賃貸人に対して時価で買い取るよう請求することができる**（借地借家法33条）。

【第21問】

Xは、自己所有の土地に自宅建物を建築することを目的として、建設業者であるY社との間で建築請負契約を締結した。この場合に関する次の①～④の記述のうち、その内容が適切なものを2つ選びなさい。

① 民法上、Y社は、本件建築請負契約の成立後、いつでもXに報酬を請求することができる。

② 民法上、Xは、Y社が仕事を完成しない間はいつでもY社に損害を賠償して本件建築請負契約を解除することができる。

③ 民法上、Y社は、善良な管理者の注意義務（善管注意義務）をもって本件建物の建築作業を遂行すれば足り、本件建物を完成させる義務を負わない。

④ 建設業法上、Y社は、原則として本件建物の建築工事を一括して他の建設業者に請け負わせることができない。

第21問　　　　　　　　　　　　　　　　（公式テキストP.113～P.114）

［正　解］②、④

［解　説］

①は適切でない。建築請負契約における報酬は、仕事の完成の対価であるから、**仕事の目的物の引渡しと同時**でなければ報酬を請求することができない（民法633条）。

②は適切である。**注文者であるXは、Y社が仕事を完成しない間はいつでもY社に損害を賠償して請負契約を解除することができる**（民法641条）。

③は適切でない。Y社は、建物を建築することを目的とする建築請負契約における請負人であるから、本件**建物を完成させてXに引き渡す義務を負い**（民法632条）、善管注意義務をもって建築作業を遂行すれば足りるわけではない。

④は適切である。手抜き工事や労働条件の悪化の防止等の見地から、**建設業法により、一括下請負は原則として禁止されている**（建設業法22条）。

【第22問】

Xは、Yに対して自宅の新築工事を注文した。この場合に関する次の①～④の記述のうち、民法および建設業法の規定に照らし、その内容が最も適切でないものを1つだけ選びなさい。

① XY間で契約内容を書面にしていなかったとしても、XY間の請負契約は有効に成立する。

② YがXより請け負った仕事を一括して他人に請け負わせることは、原則として禁止されている。

③ Xは、建物が完成する前であれば、Yの損害を賠償して請負契約を解除することができる。

④ Yは、その過失により、適切な時期に建物の建築工事に着手しなかったために約定の期日に建物を完成させてXに引き渡すことができなかった。この場合、Xは、Yに対し相当の期間を定めてその履行の催告をしなくても、請負契約を解除することができる。

第22問　(公式テキストP.113〜P.114)

[正　解] ④

[解　説]

①は適切である。請負契約は、諾成契約である（民法632条）。よって、**請負契約が成立するためには契約書の作成を必要としない**。ただし、建設工事については、後日の紛争を防止するため、請負代金の額や工事の着手・完成の時期などを書面で明らかにしなければならない（建設業法19条）。

②は適切である。建設業法では、**原則として自分が請け負った仕事を一括して他人に請け負わせる一括下請負は禁止されている**（建設業法22条）。

③は適切である。請負契約の場合、**注文者は請負人が仕事を完成させる前であればいつでも損害を賠償して契約を解除することができる**（民法641条）。

④は最も適切でない。請負契約において、請負人が約定の期日までに仕事を完成できなかった場合に、**注文者が、請負人の債務不履行を理由として請負契約を解除するには、相当の期間を定めてその履行を催告し、その期間内に履行がないことが必要**である（民法541条）。

【第23問】

X社とY社との間の契約に関する次のア～エの記述のうち、民法および商法の規定に照らし、その内容が適切なものの組み合わせを①～⑥の中から1つだけ選びなさい。

ア．X社は、倉庫業者であるY社に対し、自社の商品をY社の倉庫に保管させる旨の契約を締結しその商品を引き渡した。この場合、Y社は、X社から報酬を受けるときに限り、善良な管理者の注意をもってX社から預かった商品を保管する義務を負う。

イ．X社は、建設会社であるY社に対し、X社所有のビルの補修を依頼することとした。この場合、X社とY社との間の請負契約は、契約書を作成しなければ有効に成立しない。

ウ．X社は、印刷会社であるY社に対し、自社製品のパンフレットの印刷を依頼し、Y社はこれを承諾した。この場合、Y社が当該パンフレットの印刷を完成する前であれば、X社は、民法上、Y社に損害を賠償して本件契約を解除することができる。

エ．X社は、業務受託会社であるY社との間で、X社の業務の一部をY社に委託する契約を締結した。この場合、X社は、いつでもその契約を解除することができるが、Y社に不利な時期に委任契約を解除したときは、やむを得ない事由があったときを除き、Y社の損害を賠償しなければならない。

①　アイ　②　アウ　③　アエ　④　イウ　⑤　イエ　⑥　ウエ

第23問　　　　　　　　　　　　　　　　　（公式テキストP.113～P.117）

［正　解］⑥

［解　説］

アは適切でない。本肢の契約は、X社を寄託者、Y社を受寄者とする寄託契約である。**寄託契約においては、受寄者が商人である場合には、当該寄託契約の有償・無償にかかわらず、善管注意義務をもって商品を保管することが求められている**（商法595条）。

イは適切でない。請負契約が成立するためには、契約書の作成は必要でなく、**当事者間での意思表示の合致があれば足りる**。

ウは適切である。本肢のX社とY社との間の契約は、X社を注文者、Y社を請負人とする請負契約であるが、**請負契約においては、請負人が仕事を完成する前であれば、注文者は、いつでも損害を賠償して契約を解除することができるとされている**（民法641条）。

エは適切である。（準）委任契約においては、各当事者はいつでも契約を解除することができるが（民法651条1項）、**相手方に不利な時期に委任契約を解除した場合には、解除をした当事者は、やむを得ない事由があったときを除き、相手方の損害を賠償しなければならない**（民法651条2項）。

【第24問】

各種の契約に関する次の①および②の記述のうち、民法の規定に照らし、その内容が適切なものを1つだけ選びなさい。

① 消費貸借契約は、書面でするか否かにかかわらず、当事者の一方が種類、品質および数量の同じ物をもって返還することを約束して相手方から金銭その他の物を受け取ることによって、その効力を生じる要物契約とされる。

② 委任契約における受任者は、委任の本旨に従い、善良な管理者の注意をもって、委任事務を処理する義務を負う。

【第25問】

各種の契約に関する次のアおよびイの文についての①～④の記述のうち、商法の規定に照らし、その内容が最も適切なものを1つだけ選びなさい。

ア．商人Aは、その営業の範囲内で、商人Bとの間で委任契約を締結し、Bから委託された事務の処理を行った。この場合、Aは、Bとの間に報酬を受け取ることができる旨の特約がある時に限り、Bに報酬を請求することができる。

イ．受寄者が商人である寄託契約においては、受寄者は、寄託者から報酬を受ける場合に限り、受寄物の保管に関し善管注意義務を負う。

① アおよびイのいずれも適切である。
② アのみが適切である。
③ イのみが適切である。
④ アおよびイのいずれも適切でない。

第24問　(公式テキストP.99〜P.101、P.115)

[正　解] ②

[解　説]

①は適切でない。書面によらない消費貸借契約は、目的物の返還合意に加えて、目的物の交付も必要とされる要物契約であるが（民法587条）、書面（または電磁的記録）でする消費貸借契約は、目的物の交付がなくても、**当事者間の合意のみで有効に成立する**（民法587条の２）。

②は適切である。委任契約における受任者は、委任の本旨に従い、善良な管理者の注意をもって、委任事務を処理する義務を負う（**善管注意義務**。民法644条）。

第25問　(公式テキストP.115〜P.117)

[正　解] ④

[解　説]

アは適切でない。商人が、その営業の範囲内で委任契約を締結するときは、**報酬の約定がなくても**、受任者は委任者に対して報酬を請求することができる（商法512条）。

イは適切でない。商人が物品等の寄託を受ける場合は、寄託者から報酬を受けるか否かにかかわらず、**受寄物の保管に関し善管注意義務を負う**（商法595条）。

【第26問】

契約書に関する次のアおよびイの文についての①～④の記述のうち、その内容が最も適切なものを1つだけ選びなさい。

ア．契約は、各当事者が署名または記名押印した契約書を作成しなくても、成立し得る。

イ．契約書の中には、印紙税法に基づき印紙を貼付しなければならない契約書もあるが、契約書に印紙が貼付されていなくてもその契約自体は有効である。

① アおよびイのいずれも適切である。
② アのみが適切である。
③ イのみが適切である。
④ アおよびイのいずれも適切でない。

【第27問】

契約に関連する文書に関する次の①および②の記述のうち、その内容が適切なものを1つだけ選びなさい。

① 債務の弁済をする者は、弁済を受領する者に対し、弁済と引換えに受取証書の交付を請求することができる。

② 契約当事者の一方ないし双方が個人の場合には、個人を特定するために署名欄に住所のほか、肩書として勤め先の会社名および役職を記載しておくことが法律上必要とされる。

第26問　　　　　　　　　　　　　　　　　　　　　（公式テキストP.128～P.131）

[正　解] ①

[解　説]

アは適切である。契約の成立には、法令に特別の定めがある場合を除き、**書面の作成その他の方式を具備することを要しない**（民法522条２項）。

イは適切である。必要な印紙を貼付していない場合、印紙税法には違反するが、**契約の効力に影響はない**。

第27問　　　　　　　　　　　　　　　　　　（公式テキストP.133～P.134、P.140）

[正　解] ①

[解　説]

①は適切である。弁済をする者は、**弁済と引換えに**、弁済を受領する者に対して受取証書の交付を請求することができる（民法486条１項）。

②は適切でない。本肢のような記載が必要である旨を定める規定はない。なお、契約当事者が個人の場合に肩書を書くと、**契約当事者が個人なのかその肩書に書かれた会社なのかが明確でなくなる**ため、そのような記載はすべきではない。

【第28問】

不法行為責任に関する次のア～エの記述のうち、その内容が適切なものを○、適切でないものを×とした場合の組み合わせを①～⑧の中から1つだけ選びなさい。

ア．不法行為責任を問うためには、その行為を行った者に、自分の行った行為がどのような結果をもたらすかを予測でき、かつそれを回避するのに必要な行動ができる精神能力である責任能力が必要である。

イ．不法行為に際して被害者にも過失があり、それが損害発生の一因となった場合、裁判所は、被害者の過失を考慮して、損害賠償の額を定めることができる。

ウ．過失相殺をする前提として、被害者には、責任能力はもちろん、物事の善し悪しが判断できる程度の能力も必要とはされない。

エ．被害者が不法行為によって損害を受ける一方で何らかの利益を受けた場合に、その利益額を損害額から差し引いて損害額を決定する損益相殺によって損害賠償額が調整されることもある。

① ア－○　イ－○　ウ－○　エ－○
② ア－○　イ－○　ウ－○　エ－×
③ ア－○　イ－○　ウ－×　エ－○
④ ア－○　イ－×　ウ－×　エ－×
⑤ ア－×　イ－○　ウ－○　エ－○
⑥ ア－×　イ－×　ウ－○　エ－×
⑦ ア－×　イ－×　ウ－×　エ－○
⑧ ア－×　イ－×　ウ－×　エ－×

第28問　　　　　　　　　　　　（公式テキストP.147～P.151、P.154～P.155）

［正　解］③

［解　説］

アは適切である。不法行為責任を問うためには、その行為を行った者に、**自分の行った行為がどのような結果をもたらすかを予測でき、かつそれを回避するのに必要な行動ができる精神能力である責任能力**が必要であり、責任能力を欠く者の行為に不法行為責任は成立しない（民法712条・713条）。

イは適切である。不法行為に際して被害者にも過失があり、それが損害発生の一因となった場合、裁判所は、被害者の過失を考慮して、損害賠償の額を定めることができ、これを**過失相殺**という（民法722条２項）。

ウは適切でない。過失相殺をする前提として、被害者には、責任能力は要求されないが、**物事の善し悪しが判断できる程度の能力である事理弁識能力**は必要とされる。

エは適切である。被害者が不法行為によって損害を受ける一方で何らかの利益を受けた場合に、その利益額を損害額から差し引いて損害額を決定することによって損害賠償額が調整されることがあり、これを**損益相殺**という。

【第29問】

Xの運転するX所有の自家用車が、通勤途中のYに突っ込んで来たため、Yは、やむを得ず近くにあったZの家に逃げ込んだ。このとき、YはXの車に接触して怪我をしたほか、Zの家の門を壊してしまった。この場合に関する次の①～④の記述のうち、その内容が最も適切なものを1つだけ選びなさい。

① Yは、Xの過失を証明しない限り、自動車損害賠償保障法に基づいてXに損害賠償請求をすることは不可能である。

② Yが、Xに対して不法行為に基づく損害賠償請求をした場合、民法上、Xは、Yに過失があっても過失相殺を主張することは不可能である。

③ 民法上、Yが損害賠償を請求することができるのは、実際に怪我の治療にかかった費用に限られ、その他収入として見込まれたものが得られなかった場合などの得べかりし利益の賠償は一切請求できない。

④ YがZの家の門を壊したことはやむを得ない行為であり、民法上、YのZに対する不法行為は成立しない。

第29問　　(公式テキストP.150、P.152、P.154～P.155、P.159)

[正　解] ④

[解　説]

①は適切でない。被害者は、自動車損害賠償保障法（自賠法）に基づき、加害者に対して責任追及をするにあたり、**自動車の運行によって損害を被ったという事実のみ**を証明すればよい。

②は適切でない。**過失相殺は、不法行為に際して、被害者にも過失があって損害の発生や拡大の一因になった場合に、損害額から被害者の過失割合に相当する額を差し引いて賠償額を決定する方法**であり、本問の場合にも適用される（民法722条２項）。

③は適切でない。損害賠償を請求することができるのは、実際に怪我の治療にかかった費用である積極的損害に限られず、**その他収入として見込まれたものが得られなかった場合などの得べかりし利益（消極的損害）も請求することができる。**

④は最も適切である。本問の場合、**正当防衛が成立する**と考えられるため（民法720条１項）、不法行為は成立しない。

■関連知識

本問におけるXのように、自動車の保有者は、自賠法上、運行供用者としての責任を負い、次の**免責三要件**を証明しなければ、損害賠償責任を免れない。

① 自己および運転者が自動車の運行に関し注意を怠らなかったこと
② 被害者または運転者以外の第三者に故意または過失があったこと
③ 自動車の構造上の欠陥または機能上の障害がなかったこと

【第30問】

小売店Aは、BにX社製造の商品を販売した。Bがその商品を説明書の記載に従って使用したところ、商品が突然破裂した。この場合に関する次の①～④の記述のうち、その内容が最も適切でないものを1つだけ選びなさい。

① Bの被った損害が商品の破損のみの場合であっても、BはX社に対して製造物責任法上の責任を追及することができる。

② 商品の破裂により、Bがその破片で負傷した場合、BはX社に対して製造物責任法上の責任を追及することができる。その際Bは、X社に故意または過失があることを証明する必要はない。

③ 商品が破裂した原因がAの保管上の過失にある場合、民法上、BはAに対して債務不履行責任を追及することができる。

④ 商品の破裂により、Bがその破片で負傷した。この場合、BはAに製造物責任法上の責任を追及することは原則としてできない。

第30問　　　　　　　　　　　　　　　　　　　　　　（公式テキストP.157〜P.158）

［正　解］①

［解　説］

①は最も適切でない。**損害が欠陥のある製造物のみにとどまり、拡大損害が生じていない**場合は、製造物責任法の適用の対象外とされている（製造物責任法３条）。

②は適切である。製造物責任法上の責任を追及する場合、**被害者は加害者の故意、過失を立証する必要はなく**、これが製造物責任法の１つの大きな特徴とされている。

③は適切である。AB間には商品の売買契約が成立しているので、**Aが債務者としての義務を履行していないことに起因してBが損害を被った場合**には、Bは、Aに対して債務不履行に基づく損害賠償請求をすることができる（民法415条）。

④は適切である。Aは、小売店として商品を販売したにすぎず、**原則として製造物責任法上の製造物責任を負う主体ではない**。

■**関連知識**

製造物	製造物責任法上の製造物とは、製造または加工された動産をいう（製造物責任法２条１項）。未加工の農林水産物、不動産、サービスは、いずれも製造物には当たらない。
製造業者等	製造物責任法上、製造物責任を負う者の範囲には、製造・加工業者だけでなく、輸入業者も含まれるが、流通業者（問屋）や販売業者（消費者に直接販売した小売店等）は原則として含まれない。

【第31問】

不法行為による損害賠償責任と債務不履行による損害賠償責任との関係に関する次のア～エの記述のうち、民法の規定に照らし、その内容が適切なものの個数を①～⑤の中から選びなさい。

ア．不法行為に基づく損害賠償請求権は一定期間行使しなければ時効により消滅するが、債務不履行に基づく損害賠償請求権は時効により消滅することはない。

イ．不法行為による損害賠償も債務不履行による損害賠償も、ともに金銭賠償が原則である。

ウ．債務不履行責任は、あらかじめ契約などの債権債務関係が存在する者の間で発生するのに対して、不法行為責任は債権債務関係の有無を問わず発生する。

エ．加害者（債務者）の行為が債務不履行と不法行為の両方の要件を充たす場合、加害者（債務者）には債務不履行責任のみが成立する。

①　0個　　②　1個　　③　2個　　④　3個　　⑤　4個

第31問　　　　　　　　　　（公式テキストP.147、P.151、P.160〜P.162）

[正　解] ③

[解　説]

アは適切でない。民法上、**債務不履行に基づく損害賠償請求権も、不法行為に基づく損害賠償請求権も、ともに一定期間行使しなければ時効により消滅する**（民法166条１項・724条）。

イは適切である。わが国においては、**損害賠償は金銭によるのが原則とされており、この点は債務不履行の場合と不法行為の場合とで異ならない**（民法417条・722条１項）。なお、不法行為の場合、名誉毀損については、例外的に原状回復が命じられることがある（民法723条）。

ウは適切である。債務不履行責任は、例えば売買契約における売主と買主のように、契約などの債権債務関係がある者の間で発生する。これに対し、**不法行為責任は、債権債務関係がある場合**だけでなく、例えば自動車の運転者と歩行者のように、**当事者間に契約などの債権債務関係がない場合にも発生する**。

エは適切でない。債務不履行と不法行為は、それぞれの責任が認められる要件が異なる別個の制度であり、それぞれが独立して成立する関係にある。したがって、**1つの行為が両方の要件に該当する場合、債務不履行責任と不法行為責任の両方が成立する**。

【第32問】

Aは、B電気店でC社製のテレビを1台購入した。B電気店からテレビを配送してもらった翌日、テレビを見ようとAがスイッチを入れたところ突然発火し、テレビは使いものにならなくなった。この場合に関する次の①～④の記述のうち、その内容が最も適切でないものを1つだけ選びなさい。

① 発火の原因は、B電気店がA宅にそのテレビを配送してきた際に、誤って廊下に落としたために、内部の配線に異常が生じたことであった。テレビは発火したものの、火災には至らず、Aの被った損害はそのテレビだけであった場合、Aは、B電気店に債務不履行に基づく損害賠償を請求することができる。

② 発火の原因は、テレビの部品に欠陥があったことであった。テレビからの発火が近くのカーテンに燃え移り、A宅が全焼した場合、AはC社に債務不履行に基づく損害賠償を請求することはできない。

③ 発火の原因は、製造工程において部品の取付が不十分だったことであった。テレビは発火したものの、火災には至らず、Aの被害はそのテレビだけであった場合、AはC社に対して民法の一般の不法行為の規定に基づき損害賠償を請求することはできるが、製造物責任法に基づき損害賠償を請求することはできない。

④ 発火の原因は、テレビに取り付けられている部品に設計上の欠陥があったことであった。テレビからの発火が近くのカーテンに燃え移り、A宅が全焼した場合、AはC社に対して製造物責任法に基づき損害賠償を請求することはできるが、民法の一般の不法行為の規定に基づき損害賠償を請求することはできない。

第32問　　(公式テキストP.157～P.158、P.231～P.232)

[正　解] ④

[解　説]

企業が製造した製品に欠陥があり、その欠陥が原因で消費者に損害が発生した場合のように、製造業者と消費者とが直接の契約関係にないときは、被害者である消費者は、製造業者に対し、民法上の不法行為責任の規定を根拠として損害賠償請求を行うことができる（民法709条）。その場合、被害者は、製造業者に故意または過失があったことを証明しなければならないが、実際はその証明が困難であるため、製造物責任法が制定されており、被害者の証明責任は軽減されている。

製造物責任法では、製造物の欠陥により人の生命、身体または財産に損害が生じた場合、被害者は、原則として、製造業者の故意または過失を証明しなくても、製造物の欠陥によって損害が生じたこと等を証明して、製造業者に損害賠償を請求することができる。ただし、損害が当該製造物についてのみ生じた場合には、製造物責任法は適用されない（製造物責任法３条）。

設計上の欠陥が、製造者の故意過失により生じたものと**被害者の側で証明することができれば**、民法上の不法行為責任も追及することができる。よって、④は最も適切でない。

債務不履行責任が追及できるのは、契約関係に立つ当事者間であるから、②は適切である。

そのテレビから**拡大損害が発生していなければ、製造物責任は追及できない**。よって、③は適切である。

なお、①では、Bが誤って落としたことが原因で、テレビが発火しており、Bに不完全履行が認められる。よって、①は適切である。

第３章

企業財産の管理と法律

【第1問】

不動産に関する次のアおよびイの記述についての①～④の記述のうち、その内容が最も適切なものを1つだけ選びなさい。

ア. 不動産とは土地およびその定着物をいい、定着物の代表的なものは建物であるが、日本の不動産登記法上、土地と建物は一括して一つの登記簿に記録される。

イ. 民法上、不動産に関する物権の得喪および変更は、不動産登記法などに従って登記をしなければ、第三者に対抗することができない。

① アおよびイのいずれも適切である。
② アのみが適切である。
③ イのみが適切である。
④ アおよびイのいずれも適切でない。

【第2問】

不動産に関する次の①および②の記述のうち、その内容が適切なものを1つだけ選びなさい。

① 不動産登記簿は、表題部と権利部で構成され、権利部は甲区と乙区で構成される。

② 登記を信頼して不動産を購入した者は、仮に登記名義人が当該不動産の所有権者でなかったとしても、当該不動産の所有権を取得することができる。

第1問 (公式テキストP.169)

[正　解] ③

[解　説]

アは適切でない。不動産登記簿は、**土地および建物のそれぞれについて備えられる**。

イは適切である。不動産に関する物権の得喪変更の対抗要件は、**登記**である（民法177条）。

第2問 (公式テキストP.176～P.178)

[正　解] ①

[解　説]

①は適切である。**表題部には不動産を特定するための事項、甲区には所有権に関する事項、乙区には所有権以外の権利に関する事項**が、それぞれ記録される（不動産登記規則4条4項）。

②は適切でない。**不動産登記には公信の原則がとられておらず**、登記を信頼して不動産を購入した者は、登記名義人が当該不動産の所有権者でなかった場合、当該不動産の所有権を取得することはできない。

第3章 企業財産の管理と法律

【第3問】

次の①～④の記述のうち、民法および借地借家法の規定に照らし、その内容が最も適切でないものを1つだけ選びなさい。

① Aは、自己の所有する甲土地をBに譲渡し、BはAにその代金を支払った。Bが甲土地につき所有権移転登記を経る前に、Aは、甲土地をCに譲渡し、Cが甲土地につき所有権移転登記を経た。この場合、Bは、原則として、Cに対して甲土地の所有権を対抗することができない。

② Aは、自己の所有する乙絵画をBに譲渡し、BはAにその代金を支払った。Aは、乙絵画をBに現実に引き渡す前に、乙絵画をCに譲渡し現実に引き渡した。この場合、Bは、原則として、Cに対して乙絵画の所有権を対抗することができない。

③ Aは、自己の所有する丙建物をBに賃貸し、BはAから丙建物の引渡しを受けた。その後、Aは、丙建物をCに譲渡し、Cが丙建物につき所有権移転登記を経た。この場合、Bは、原則として、Cに対して丙建物の賃借権を対抗することができない。

④ Aは、Bに対して負う債務を担保するため、自己の所有する丁土地に抵当権を設定した。Bが丁土地につき抵当権設定登記を経る前に、Aは、丁土地をCに譲渡し、Cが丁土地につき所有権移転登記を経た。この場合、Bは、原則として、Cに対して丁土地に設定を受けた抵当権を対抗することができない。

第3問　(公式テキストP.105、P.168〜P.170、P.307)

[正　解] ③

[解　説]

①は適切である。**不動産の場合、第三者に対して自己の権利を主張するための対抗要件は登記であり**（民法177条)、登記を経た者は第三者に対して自己の権利を主張することができる。本肢の場合、甲土地について所有権移転登記を経ているのはCであるから、Bは、Cより前にAと甲土地について売買契約を締結し、売買代金を支払っていたとしても、登記を経たCに対しては、原則として、自己の所有権を対抗することができない。

②は適切である。**動産の場合、その対抗要件は引渡しである**（民法178条)。本肢の場合、Bは、Cよりも先にAと売買契約を締結し、その代金を支払っているが、売買の目的物である乙絵画の引渡しを受けたCに対しては、原則として、自己の所有権を対抗することができない。

③は最も適切でない。建物の賃貸借契約を締結した後に、建物の所有権が移転し、所有者が替わった場合、**賃借人が新所有者に対して自らの賃借権を主張するための対抗要件は、賃借権の登記または目的物の引渡しである**（民法605条、借地借家法31条)。本肢の場合、賃借人Bは、丙建物の当時の所有者であるAから建物の引渡しを受けているため、丙建物の新所有者であるCに対しても、自己の賃借権を対抗することができる。

④は適切である。**不動産に対する抵当権設定の対抗要件は抵当権設定登記である**（民法177条)。本肢の場合、Bが丁土地に設定した抵当権につき、設定登記がなされる前に丁土地の所有権がCに移転し、その旨の登記がなされているので、BはCに対し、丁土地に設定を受けた抵当権を対抗することはできない。

【第4問】

物権の変動に関する次のア～エの記述のうち、その内容が適切なものを○、適切でないものを×とした場合の組み合わせを①～⑧の中から1つだけ選びなさい。

ア．民法上、物権が設定されたり、譲渡等により移転される場合、その効力は、原則として、当事者の意思表示のみによって生じる。

イ．民法上、動産の譲渡の対抗要件は引渡しであるのに対し、不動産の譲渡の対抗要件は登記である。

ウ．不動産の譲渡の対抗要件である登記は、登記記録という電磁データとして記録され、登記記録を記録した磁気ディスクを登記簿という。

エ．不動産登記簿における登記記録は、土地または建物を特定するための事項が記録される権利部と、所有権または所有権以外の権利に関する事項が記録される表題部に区分されている。

① ア－○　イ－○　ウ－○　エ－○
② ア－○　イ－○　ウ－○　エ－×
③ ア－○　イ－○　ウ－×　エ－○
④ ア－○　イ－×　ウ－×　エ－×
⑤ ア－×　イ－○　ウ－○　エ－○
⑥ ア－×　イ－×　ウ－○　エ－×
⑦ ア－×　イ－×　ウ－×　エ－○
⑧ ア－×　イ－×　ウ－×　エ－×

第4問　　　　　　　　　　（公式テキストP.168～P.170、P.176～P.178）

［正　解］②

［解　説］

アは適切である。物権が設定されたり、譲渡等により移転される場合、その効力は、原則として、**当事者の意思表示のみによって生じる**（民法176条）。

イは適切である。**動産の譲渡の対抗要件は引渡し**であるのに対し（民法178条）、**不動産の譲渡の対抗要件は登記**である（民法177条）。

ウは適切である。不動産の登記は、**登記記録**という電磁データとして記録され、登記記録を記録した磁気ディスクを**登記簿**という。

エは適切でない。不動産登記簿における登記記録は、土地または建物を特定するための事項が記録される**表題部**と、所有権または所有権以外の権利に関する事項が記録される**権利部**に区分されている（不動産登記法12条）。

■ポイント

（第三者に対する対抗要件）

不動産	不動産に関する物権の取得や設定は、不動産登記法に従って登記をしなければ自己の権利を第三者に対抗できない（民法177条）。 例えば、建物が二重に譲渡された場合には、先に登記を経た者が優先する。
動産	動産に関する物権の譲渡の対抗要件は、引渡しである（民法178条）。 したがって、動産の所有権を第三者に主張するには、その動産の引渡しを受けていることが必要となる。 なお、法人が譲渡人となる動産譲渡の場合には、登記により対抗要件を備えることが可能である（動産・債権譲渡特例法３条）。
債権	指名債権の譲渡は、譲渡人・譲受人間の契約によってなされるが、それを債務者に主張するには、債権を譲渡したことを、譲渡人が債務者へ通知するか、債務者からの承諾が必要である（民法467条）。 なお、法人が譲渡人となる債権譲渡の場合には、登記により対抗要件を備えることが可能である（動産・債権譲渡特例法４条）。

【第5問】

即時取得に関する次の①～④の記述のうち、民法の規定に照らし、その内容が最も適切なものを1つだけ選びなさい。

① Aは、Bの詐欺により、自己の所有する腕時計をBに売却し、引き渡したが、Bとの間の売買契約を詐欺による意思表示を理由に取り消した。その後、Bは、Aに腕時計を返還する前に、Bがその腕時計の所有者でないことについて善意無過失であるCに対し、その腕時計を売却し、引き渡した。この場合、Cは腕時計を即時取得することができない。

② AはBから不動産を購入したが、Bはその不動産の所有者ではなかった。Aは、Bがその不動産の所有者でないことについて善意無過失であった場合、当該不動産を即時取得する。

③ Aは、Bから、B所有のカメラを借り受け使用していたが、Aが死亡し、CがAを単独で相続した。この場合、Cは、カメラがAの物であると過失なく信じていたときは、カメラを即時取得する。

④ Aが自己の所有する絵画をBに預けていたところ、Bはこの絵画をCに売却した。Cは、絵画がBの物であると信じていた場合であっても、そう信じたことに過失があれば、絵画を即時取得することができない。

第5問　　(公式テキストP.170)

[正　解] ④

[解　説]

①は適切でない。Aは売買契約に基づいてBに腕時計を引き渡した後に売買契約を取り消していることから、売買契約は効力を失っており（民法121条）、Bは何らの権限なく腕時計を占有していることになる。したがって、無権利者であるBから腕時計を購入したCは、腕時計の所有権を取得できないのが原則である。しかし、**取引行為によって、平穏かつ公然と動産の占有を始めた者は、相手方が無権利者であっても権利者であると過失なく信じていれば、その動産について権利を取得する**（民法192条）。これは即時取得といわれる制度であり、流通の盛んな動産の取引について、特に取引の安全を保護する制度である。本記述においては、Cは取引行為によって腕時計の占有を始めており、また、Bが権利者であると過失なく信じていたことから、即時取得が成立し、腕時計の所有権を取得することができる。

②は適切でない。Aは、不動産について無権利者であるBから不動産を購入したのだから、不動産の所有権を取得しない。即時取得の制度は、取引と流通の頻度の高い動産について特に取引の安全を守るための制度であり、**不動産には適用されない**（民法192条）。

③は適切でない。AはBからカメラを借り受けて使用していたところ、Cはその A の地位をそのまま相続しているから、CはBからカメラを借り受けている関係に立つ。即時取得の制度は、取引の安全を守るための制度であり、**取引行為によって動産の占有を取得した場合にのみ適用され**、相続によって動産の占有を取得した場合には適用されない。

④は最も適切である。AはBに絵画を預けていたにすぎないから、Bは絵画の所有権を有しておらず、絵画を売却する権限を有していない。取引行為によって、平穏かつ公然と動産の占有を始めた者に即時取得が成立するためには、**相手方が権利者であると過失なく信じていること**を要する（民法192条）。本記述においては、Cは取引行為によって絵画の占有を始めているが、絵画がBの物であると信じていたことについて過失があることから、即時取得は成立せず、絵画の所有権を取得することができない。

【第6問】

預金に関する次のア～エの記述のうち、その内容が適切なものの個数を①～⑤の中から1つだけ選びなさい。

ア．偽造または盗難されたキャッシュカードにより、現金自動預払機（ATM）から預貯金が不正に引き出された場合、金融機関は、預金者保護法により補償の義務を負うことがあるが、この義務を軽減する旨の特約は無効とされる。

イ．預金は、預金者が金融機関に金銭を預け、金融機関は受け入れた金銭を運用して預金者から請求があったときは預金者に対して同額の金銭を返還する制度であり、預金契約の法的性質は消費寄託契約であるとされている。

ウ．通知預金は、手形や小切手を振り出して支払いを委託するために利用する預金として取り扱われるのが通常である。

エ．預金の払い戻しにあたり届出印章とともに預金通帳・証書が窓口に提出され、金融機関がその持参者を債権者であると過失なく信じて支払った場合、その者が正当な権利者でなかったとしても、民法上、原則として金融機関は免責される。

①　0個　　②　1個　　③　2個　　④　3個　　⑤　4個

第6問　(公式テキストP.173～P.175)

[正　解] ④

[解　説]

アは適切である。キャッシュカードの偽造・盗難などによる現金自動預払機（ATM）からの預貯金の不正引出しという犯罪・トラブルに対応するため、預金者保護法が制定されている。預金者保護法は、**偽造カードまたは盗難カードを用いた、ATMからの預貯金の不正引出しにより預貯金者が受けた被害について、金融機関に補償を義務付けており**（預金者保護法４条・５条）、**この義務を軽減する旨の特約を結んでも無効である**（預金者保護法８条）。

イは適切である。預金は金融機関による運用を前提としており、**預金者と金融機関との間の預金契約の法的性質は、消費寄託契約である**とされている（民法666条）。

ウは適切でない。**手形や小切手を振り出して支払いを委託するために利用されるのは、当座預金である**。通知預金とは、預入最低金額を預入日から７日間据え置き、払戻しには２日以上前に予告することを要件とする預金である。

エは適切である。金融機関が、預金の払戻しにあたり、届出印章および預金通帳・証書の持参者を債権者であると過失なく信じて支払えば、その者が正当な権利者でなかったとしても、**原則として、受領権者としての外観を有する者に対する弁済として弁済は有効とされ、金融機関は免責される**（民法478条、預金約款）。

■関連知識

(預金者保護法による補償)

預金者の過失	偽造カードによる被害	盗難カードによる被害
重過失等あり	ゼロ（※１）	ゼロ（※１）（※２）
軽過失あり	払い戻された金額	補てん対象額の４分の３に相当する額（※１）
過失なし	払い戻された金額	補てん対象額

（※１）金融機関が善意・無過失の場合に限る。
（※２）次のような場合などにも補償を受けることはできない。

・預貯金者の配偶者や二親等内の親族等一定の者が払戻しをした場合
・金融機関に対して虚偽の説明をした場合
・盗難後２年以内に金融機関に通知をしなかった場合

【第7問】

著作権法に関する次のア～エの記述のうち、その内容が適切なものの組み合わせを①～⑥の中から1つだけ選びなさい。

ア．著作権は、文化庁において著作物の登録を受けなければ、著作権法上有効に成立しない。

イ．著作権法上、いったん有効に成立した著作権は、たとえ著作者が死亡した後であっても、消滅することはない。

ウ．著作者は、著作者人格権の1つとして、その著作物の原作品に、またはその著作物の公衆への提供または提示に際し、著作者名を表示するか否かを決定する権利である氏名表示権を有する。

エ．著作権法上、俳優や舞踊家、演奏家、歌手などの実演家には、著作隣接権が認められている。

① アイ　② アウ　③ アエ　④ イウ　⑤ イエ　⑥ ウエ

第7問　　(公式テキストP.182～P.191)

［正　解］⑥

［解　説］

アは適切でない。著作権は、著作物の創作の時に当然に発生する権利であり（著作権法51条１項)、**その権利を生じさせるために登録等の手続は不要である。**

イは適切でない。**著作権の保護期間は、原則として、著作者の死後70年を経過するまでとされており**（著作権法51条２項)、この期間の経過により著作権は消滅する。

ウは適切である。本肢の記述の通り、**著作者は、著作者人格権の1つとして氏名表示権を有している**（著作権法19条)。

エは適切である。**著作隣接権とは、実演家、レコード製作者、放送事業者の著作物利用に関して付与される権利であり、**俳優や舞踏家などの実演家には実演家人格権等が認められている（著作権法89条以下)。

■ポイント

著作者人格権は、著作者の人格的な利益保護に関する権利であり、公表権、氏名表示権および同一性保持権の３つに分けられる（著作権法18条～20条)。

著作者人格権	公表権	まだ公表されていない著作物等を公衆に提供し、または提示する権利
	氏名表示権	著作者がその著作物の原作品に、またはその著作物の公衆への提供・提示に際し、著作者名（実名・変名）を表示するか否かを決定する権利
	同一性保持権	著作物およびその題号の同一性を保持する権利であり、著作者は、自己の意に反して著作物およびその題号の変更、切除その他の改変を受けない

【第8問】

著作権法に関する次の①～④の記述のうち、その内容が適切なものを2つ選びなさい。

① 事実の伝達にすぎない雑報および時事の報道は、著作権法によって保護される著作物には該当しない。

② コンピュータプログラムは、著作権法によって保護される著作物には該当しない。

③ 会社の従業者が、会社の指示に基づいて職務上作成する思想または感情の創作的な表現は、著作権法によって保護される著作物には該当しない。

④ 著作権が第三者に侵害された場合、その著作権者は、当該第三者に侵害行為の差止めや損害賠償などを請求することができる。

第8問　(公式テキストP.182〜P.191)

[正　解] ①、④

[解　説]

①は適切である。著作権法にいう著作物とは、思想または感情を創作的に表現したものであって、文芸、学術、美術または音楽の範囲に属するものをいう（著作権法２条１項１号）。**事実の伝達にすぎない雑報および時事の報道は、思想または感情の表現でないため、著作物に該当しない**（著作権法10条２項）。

②は適切でない。著作権法上、著作物の例として「プログラムの著作物」が示されている（著作権法10条１項９号）。したがって、コンピュータプログラムは著作物に該当することがある。

③は適切でない。**法人等の発意に基づいて、その法人等の従業者等が職務上作成する著作物で、当該法人等の名義の下に公表するもの**は、いわゆる職務著作として著作物に該当することがある（著作権法15条）。したがって、会社の従業員が会社の指示に基づいて職務上作成する思想または感情の創作的な表現は、著作物に該当することがある。

④は適切である。著作権が第三者に侵害された場合、その著作権者は、第三者に対し**侵害行為の差止め**を求め（著作権法112条）、また**損害賠償を請求する**ことができる（民法709条等）。

【第9問】

商標法に関する次の①～④の記述のうち、その内容が最も適切なものを1つだけ選びなさい。

① 他人の登録商標と同一の商標については、商標権の設定登録を受けることはできないが、他人の登録商標と類似する商標については、自由に商標権の設定登録を受けることができる。

② 商標権は、その存続期間の満了によって当然に消滅し、その登録を更新することはできない。

③ 商標権者には、自己の商標権を侵害する者に対する差止請求権や損害賠償請求権、信用回復措置請求権等が認められている。

④ 商標法上、商標登録を受けた商標が継続して一定の期間使用されていない場合、その期間の経過により、当該商標登録は当然に無効となる。

第9問　　(公式テキストP.191〜P.194)

[正　解] ③

[解　説]

①は適切でない。他人がすでに登録している商標と同一の商標だけでなく、**他人の登録商標と類似の商標についても、商標登録を受けることはできない**とされている。

②は適切でない。商標権は、設定登録の日から10年間保護されることとされているが、**その期間が経過しても10年単位で何回でも更新することができる**（商標法19条）。

③は最も適切である。商標権者は、登録を受けた商標権を守るため、本肢の記述のような権利を行使することができる。

④は適切でない。登録商標が継続して３年以上使用されていない場合、第三者は不使用商標取消審判請求をすることができ（商標法50条１項）、その審判の結果、当該商標権が取り消されることもあるが、**一定期間の不使用により当然に無効とされるわけではない**。

【第10問】

知的財産に関する次のアおよびイの文についての①～④の記述のうち、その内容が最も適切なものを1つだけ選びなさい。

ア．特許の対象となる発明は、広く自然法則を利用した技術的思想の創作のうち高度のものをいう。

イ．実用新案法は、考案すなわち自然法則を利用した技術的思想の創作であって、物品の形状、構造または組み合わせに関するものを保護の対象としている。

① アおよびイのいずれも適切である。
② アのみが適切である。
③ イのみが適切である。
④ アおよびイのいずれも適切でない。

【第11問】

知的財産に関する次の①および②の記述のうち、その内容が適切なものを1つだけ選びなさい。

① 不正競争防止法上、秘密として管理されている生産方法、販売方法その他の事業活動に有用な技術上または営業上の情報であって、公然と知られていないものを営業秘密という。

② 特許権を取得するためには、出願された発明が特許要件を充たしていなければならず、具体的には、その発明が、産業上利用可能性、新規性、進歩性のいずれかを備えている必要がある。

第10問　(公式テキストP.196～P.203)

［正　解］①

［解　説］

アは適切である。特許の対象となる発明は、自然法則を利用した技術的思想の創作のうち、**高度なものに限られる**（特許法２条）。

イは適切である。実用新案法の保護の対象となる**考案**とは、自然法則を利用した技術的思想の創作であって、物品の形状、構造または組み合わせに関するものをいう（実用新案法１条・２条）。

第11問　(公式テキストP.196～P.202、P.203～P.206)

［正　解］①

［解　説］

①は適切である。**営業秘密**とは、秘密として管理されている生産方法、販売方法その他の事業活動に有用な技術上または営業上の情報であって、公然と知られていないものをいう（不正競争防止法２条６項）。

②は適切でない。特許権を取得するためには、出願された発明が、**産業上利用可能性、新規性、進歩性のすべてを備えている必要がある**（特許法29条）。

【第12問】

次のア～エの記述のうち、その内容が適切なものを○、適切でないものを×とした場合の組み合わせを①～⑥の中から1つだけ選びなさい。

ア. 実用新案権は、自然法則を利用した技術的思想の創作のうち高度のものであって、物品の形状、構造または組合せに関するものを保護する権利である。

イ. 意匠権は、意匠を創作した時に成立し、権利として保護を受けるために特許庁へ登録をする必要はない。

ウ. 他人がすでに登録を受けている商標と同一の商標については、商標権の設定登録を受けることはできないが、他人がすでに登録を受けている商標と類似する商標については、自由に商標権の設定登録を受けることができる。

エ. 商標権は、その存続期間の満了によって当然に消滅し、その登録を更新することはできない。

①	ア－○	イ－○	ウ－○	エ－○
②	ア－○	イ－○	ウ－○	エ－×
③	ア－○	イ－×	ウ－×	エ－×
④	ア－×	イ－○	ウ－○	エ－○
⑤	ア－×	イ－×	ウ－×	エ－○
⑥	ア－×	イ－×	ウ－×	エ－×

第12問　　(公式テキストP.191～P.203)

［正　解］⑥

［解　説］

アは適切でない。**実用新案法は、物品の形状、構造または組合せにかかる考案の保護および利用を図ることにより、その考案を奨励し、もって産業の発達に寄与することを目的としており**（実用新案法１条）、保護の対象となる「考案」を「自然法則を利用した技術的思想の創作」と定義している（実用新案法２条１項）。

イは適切でない。**意匠権は、所定の事項を記載した願書に意匠登録を受けようとする意匠を記載した図面を添付して出願し、特許庁で一定の審査を経て、意匠登録を受けることで成立する**のであり（意匠法３条以下）、著作権などと異なり、創作の時点で自動的に成立するのではない。

ウは適切でない。**商標登録出願の日の前に他人が商標登録出願していた商標やこれに類似する商標であって、その指定商品や指定役務またはこれらに類似する商品や役務について使用する商標については、商標登録を受けることができない**（商標法４条１項11号）。

エは適切でない。商標権は、設定登録の日から10年間保護されることとされているが、その**期間が経過しても10年単位で何回でも更新することができる。**

【第13問】

X社では商品の製造方法・実験データ等の技術情報、顧客リストや販売マニュアル等の営業情報を担当部署で一括して管理しており、その担当部署の責任者はAである。この場合に関する次の①〜④の記述のうち、その内容が最も適切でないものを1つだけ選びなさい。

① これらの情報が、X社の担当部署において秘密として管理されている場合には、営業秘密として不正競争防止法の保護の対象となり得る。

② Aの担当する部署で保管する文書等を別の部署のBが無断で持ち出し、第三者に売却した場合、Bに窃盗罪が成立する可能性がある。

③ Aが、その保管権限を有する営業秘密を記載した文書を外部に持ち出した場合には、窃盗罪が成立する可能性がある。

④ Aが、その管理する営業秘密を外部に漏らして対価を得た場合、背任罪が成立する可能性がある。

第13問　(公式テキストP.203〜P.206、P.245)

[正　解] ③

[解　説]

①は適切である。不正競争防止法は、営業秘密を**役員、従業員、第三者などによる不正使用**から保護している。

②は適切である。**保管権限のない者**が持ち出した場合は**窃盗罪**（刑法235条）が成立する可能性がある。

③は最も適切でない。**保管権限を有する者**が持ち出した場合は**業務上横領罪**（刑法253条）が成立する可能性がある。

④は適切である。秘密自体を他社に漏らした場合などは、**秘密の保管義務のある責任者**であれば**背任罪**（刑法247条）が成立する可能性がある。

■関連知識

不正競争防止法上の営業秘密に該当するための要件

営業秘密として保護されるためには、その情報が次の要件を充たしている必要がある。

秘密管理性	秘密として管理されていること
有用性	事業活動に有用であること
非公知性	公然と知られていないこと

第 4 章

企業活動に関する法規制

【第1問】

独占禁止法に関する次の①および②の記述のうち、その内容が適切なものを1つだけ選びなさい。

① 不当な取引制限とは、複数の事業者が対等の立場から一定の事業活動について協定を結び、その協定に従って行動することにより、公共の利益に反して一定の取引分野における競争を実質的に制限することをいう。

② 不公正な取引方法については、公正取引委員会の告示により一般指定として、不公正な取引方法に該当する具体的な行為類型を定めているが、独占禁止法の規定で行為類型を定めてはいない。

【第2問】

独占禁止法に関する次のアおよびイの文についての①〜④の記述のうち、その内容が最も適切なものを1つだけ選びなさい。

ア．不当な取引制限には、事業者が協議して市場価格を引き上げたりする価格カルテルや、入札の際の受注予定者を決定するための事業者によるカルテル、いわゆる談合などがある。

イ．独占禁止法に違反する行為に対しては、公正取引委員会から排除措置命令が出されることがあるが、課徴金の納付を命じられることはない。

① アおよびイのいずれも適切である。
② アのみが適切である。
③ イのみが適切である。
④ アおよびイのいずれも適切でない。

第1問　(公式テキストP.208～P.214)

［正　解］①

［解　説］

①は適切である。**不当な取引制限**は、複数の事業者が対等の立場から一定の事業活動について協定を結び、その協定に従って行動することにより、公共の利益に反して一定の取引分野における競争を実質的に制限することである（独占禁止法２条６項）。

②は適切でない。不公正な取引方法については、独占禁止法の規定で共同供給拒絶など11種類を定めているほか（独占禁止法２条９項）、**公正取引委員会の告示**により一般指定として、不公正な取引方法に該当する具体的な行為類型を定めている。

第2問　(公式テキストP.208～P.214)

［正　解］②

［解　説］

アは適切である。不当な取引制限には、事業者が協議して市場価格を引き上げたりする価格カルテルやいわゆる**談合**などがある。

イは適切でない。独占禁止法に違反する行為に対しては、公正取引委員会から排除措置命令が出されるほか、**課徴金納付命令**が出されることがある。

【第3問】

独占禁止法上の概念に関する次の①～④の記述のうち、その内容が最も適切でないものを1つだけ選びなさい。

① 事業者団体とは、事業者としての共通の利益を増進することを主たる目的とする2以上の事業者の結合体またはその連合体をいい、その組織形態や名称を問わない。

② 私的独占とは、ある事業者が他の事業者の事業活動を排除しまたは支配することにより、公共の利益に反して一定の取引分野における競争を実質的に制限することをいう。例えば、競争入札に参加する事業者の間であらかじめ受注予定者を決定する談合は、この私的独占に該当するとされる。

③ 不当な取引制限とは、複数の事業者が対等な立場から一定の事業活動について協定を結び、その協定に従って行動することにより、公共の利益に反して一定の取引分野における競争を実質的に制限することをいう。事業者が協議して市場価格を引き上げる価格カルテルは、不当な取引制限に該当する。

④ 不公正な取引方法は、それ自体は競争を直接制限していなくても、公正な競争を阻害する可能性のある行為である。独占禁止法では、不公正な取引方法として、その類型を定め、公正取引委員会の告示により、不公正な取引方法に該当する具体的な行為類型が定められている。

第3問　(公式テキストP.208～P.214)

[正　解] ②

[解　説]

①は適切である。**事業者団体は、その組織形態や名称は問わない**とされており、一般社団法人、一般財団法人、組合等の形態の組織も事業者団体に含まれる。

②は最も適切でない。いわゆる**談合は、不当な取引制限の一態様**であり、私的独占の態様ではない。なお、私的独占における「他の事業者の排除」は、不当な競争制限的行為により他の事業者の事業活動に圧力を加え、その事業活動の継続を困難にして、その事業者を市場から実質的に締め出すことである。また、「他の事業者の支配」は、他の事業者に圧力を加え、自己の意思に従わせたり、自由な判断に基づいた事業活動を行えなくすることである。

③は適切である。不当な取引制限の定義およびその主なものとして価格カルテルがあることについては本肢記載の通りである。

④は適切である。独占禁止法は、不公正な取引方法として、下記の11種類を定めている（独占禁止法２条９項）。そして、不公正な取引方法の具体的な行為類型については、**公正取引委員会の告示である一般指定、特殊指定**によって定められている。

(不公正な取引方法)

①	共同供給拒絶	⑦	不当対価取引
②	差別対価	⑧	不当な顧客誘引および不当強制
③	不当廉売	⑨	不当拘束条件付取引
④	再販売価格の拘束	⑩	取引上の優越的地位の不当利用
⑤	優越的地位の濫用	⑪	競争者に対する不当妨害
⑥	不当な差別的取扱い		

【第4問】

次のア～エの記述のうち、その内容が適切なものの組み合わせを①～⑥の中から1つだけ選びなさい。

ア. 大規模小売店舗立地法は、大規模小売店舗について、その周辺地域の生活環境を保持するため、その立地について一定の調整等を図る法律である。

イ. 個人事業者が自己の事業のために他の事業者と契約を締結した場合、当該契約には消費者契約法が適用されない。

ウ. 割賦販売業者が、購入者との間で、割賦販売法上の割賦販売に該当する契約を締結した。この場合、当該割賦販売業者は購入者に対して、所定の事項について当該契約内容を明示しなければならないが、この明示は口頭で行えば足り、書面の交付等による必要はない。

エ. 特定商取引法上の訪問販売について、消費者が、特定商取引法に基づきクーリング・オフを行使し、事業者との間の契約を解除するには、消費者は、クーリング・オフを行使する旨を口頭で事業者に通知すればよい。

① アイ　② アウ　③ アエ　④ イウ　⑤ イエ　⑥ ウエ

第4問 (公式テキストP.215、P.217〜P.230)

[正　解] ①

[解　説]

アは適切である。大規模小売店舗立地法（大店立地法）は、大規模小売店舗の立地に関し、**その周辺の地域の生活環境の保持**のため、大規模小売店舗を設置する者によりその施設の配置および運営方法について適正な配慮がなされることを確保することにより、小売業の健全な発達を図り、もって国民経済および地域社会の健全な発展ならびに国民生活の向上に寄与することを目的とする（大店立地法１条）。

イは適切である。消費者契約法は、消費者と事業者との間で締結される契約（消費者契約）について適用される。消費者契約法上、消費者とは個人をいうが、そのうち**事業としてまたは事業のために契約の当事者となる場合における者**は消費者契約法上の個人から除かれる（消費者契約法２条１項）。したがって、自己の事業のために個人事業者が他の事業者と契約をしても、個人事業者は消費者に当たらないため、消費者契約法は適用されない。

ウは適切でない。割賦販売業者は、割賦販売法所定の割賦販売の方法により指定商品・指定権利を販売する契約または指定役務を提供する契約を締結したときは、原則として、遅滞なく、経済産業省令・内閣府令で定めるところにより、一定の事項について、**その契約の内容を明らかにする書面等**を購入者または役務の提供を受ける者に交付しなければならない（割賦販売法４条１項２項・４条の２）。

エは適切でない。**特定商取引法に基づくクーリング・オフは、必ず書面または電磁的記録で行わなければならず**（特定商取引法９条）、口頭で行っても、クーリング・オフの効果は生じない。

【第5問】

消費者保護法制に関する次の①～④の記述のうち、その内容が適切なものを2つ選びなさい。

① 事業者が個人消費者を誤認させたり困惑させたりする方法によって契約を締結させた場合、その消費者は消費者契約法に基づき当該契約を取り消すことができるが、事業者が個人消費者との間で過量な内容の契約を締結した場合、その消費者は当該契約を取り消すことができない。

② 割賦販売業者は、割賦販売の方法により契約を締結したときは、賦払金の額等の事項につき、契約内容を明らかにする書面等を割賦販売法に基づき購入者に交付する必要がある。

③ 特定商取引法の適用される訪問販売とは、営業所以外の場所で行われる商品・権利の販売、役務の有償提供であり、業者の配布したビラを見て営業所に来た者に対する商品・権利の販売、役務の有償提供は一切含まれない。

④ 特定商取引法の適用される取引においては、契約の履行等をめぐってトラブルが生じた場合に、事業者が高額な損害賠償金を消費者に請求する例があるので、消費者の利益が損なわれないよう、損害賠償額の上限が定められている。

第5問　(公式テキストP.217～P.230)

[正　解] ②、④

[解　説]

①は適切でない。現在の消費者取引においては、事業者が圧倒的な知識と交渉力を有する一方で、消費者は、そのような状況から疎外されている。そして、特に**事業者によって不実の情報を伝達されたり、あるいは断定的判断を提供されたり、または事業者の不退去や退去妨害等の行為により、誤認または困惑して契約を締結した場合や、過量な内容の契約を締結した場合に、消費者を保護するため、消費者契約法によって取消権が定められている**（消費者契約法４条）。

②は適切である。賦払金の額等の情報は、契約を締結するにあたって極めて重要な事項である。これらを含む一定の事項について、**書面等で交付する義務**が規定されている（割賦販売法４条・４条の２）。

③は適切でない。特定商取引法のうち、訪問販売の適用対象は、原則的に**営業所等以外の場所での販売**であるが、特定の方法・態様での取引については、営業所等において取引がなされても適用の対象となる。その中には、例えば、**販売目的を隠匿して、ビラ、パンフレット等を配り店舗への勧誘をする行為**も含まれている。したがって、「一切含まれない」ということはない。

④は適切である。事業者が消費者と取引する際に交わされる契約書に、債務不履行の場合に支払うべき損害賠償金額をあらかじめ定めておく条項を入れることもある。そのような場合、当事者の力関係から事業者に一方的に有利で、かつ過大な金額を要求されたのでは、消費者の保護に欠ける。そこで、あらかじめ、**損害金の上限**が定められている（特定商取引法10条）。

【第6問】

消費者保護法制に関する次のア～エの記述のうち、その内容が適切なものを○、適切でないものを×とした場合の組み合わせを①～⑥の中から1つだけ選びなさい。

ア．取引の細分化・複雑化した経済社会において、企業などの事業者と消費者との間に専門的知識や技術の有無につき格差が生じており、これにより消費者が思わぬ被害を被るなどの事態に対処するために、消費者と事業者との間で締結される契約に、一般的に適用される割賦販売法が定められている。

イ．訪問販売や通信販売、連鎖販売取引など所定の取引を規制の対象とする、特定商取引法が定められている。

ウ．特定商取引法の適用がある訪問販売に該当すると、まず販売に際して、販売業者はその氏名、販売する商品等の種類等を相手方に明らかにしなければならない。

エ．消費者は、事業者との間で、特定商取引法の適用がある訪問販売に該当する契約を締結した。この場合、当該消費者は、一定期間は、無条件で契約を解除することができ、これを一般にクーリング・オフという。

① ア－○　イ－○　ウ－○　エ－○
② ア－○　イ－○　ウ－×　エ－○
③ ア－○　イ－×　ウ－×　エ－×
④ ア－×　イ－○　ウ－○　エ－○
⑤ ア－×　イ－×　ウ－○　エ－×
⑥ ア－×　イ－×　ウ－×　エ－×

第6問　(公式テキストP.217～P.230)

[正　解] ④

[解　説]

アは適切でない。消費者が思わぬ被害を被るなどの事態に対処するために、消費者と事業者との間で締結される契約に一般的に適用されるのは、**消費者契約法**である。

イは適切である。**特定商取引法**は、訪問販売や通信販売、連鎖販売取引などの取引を規制の対象とする。

ウは適切である。特定商取引法上の訪問販売に該当すると、まず販売に際して、販売業者はその氏名、販売する商品等の種類等、**一定の事項を相手方に明らかにしなければならない**（特定商取引法３条）。

エは適切である。特定商取引法上の訪問販売に該当すると、消費者は、一定期間は、無条件で契約を解除することができ（特定商取引法９条）、これを一般に**クーリング・オフ**という。

【第7問】

消費者契約法に関する次の①～④の記述のうち、その内容が最も適切でないものを1つだけ選びなさい。

① 消費者契約法は、事業者が消費者に商品を販売する契約だけでなく、事業者が消費者に役務を提供する契約にも適用される。

② 消費者契約法上の事業者には、法人その他の団体のほか、個人事業主のように、事業としてまたは事業のために契約の当事者となる個人も含まれる。

③ 消費者が消費者契約法に基づき事業者との間の消費者契約を取り消した場合、事業者は当該契約に基づきすでに消費者から受領していた代金を返還する必要はない。

④ 消費者契約において、例えば、事業者の債務不履行により消費者に損害が生じたときに事業者が負うべき責任の全部を免除する条項のように、消費者にとって一方的に不利益な条項が含まれている場合、当該条項は無効である。

第7問　(公式テキストP.217～P.222)

[正　解] ③

[解　説]

①は適切である。消費者契約法にいう**消費者契約とは、消費者と事業者との間で締結される契約をいい**（消費者契約法２条３項)、取引の対象は特に限定されていない。したがって、消費者契約法は、事業者が消費者に役務を提供する契約にも適用される。ただし、**労働契約については、労働契約法・労働基準法による規律があるため、消費者契約法は適用されない**（消費者契約法48条)。

②は適切である。消費者契約法にいう**事業者とは、法人その他の団体および事業としてまたは事業のために契約の当事者となる場合における個人をいう**（消費者契約法２条２項)。

③は最も適切でない。消費者契約法に基づき契約が取り消された場合、**その契約は初めから無効であったものとされ**（消費者契約法11条１項、民法121条)、両当事者は原状回復義務を負うため（民法121条の２)、事業者は、すでに消費者から受領していた代金を消費者に返還しなければならない。

④は適切である。消費者契約法では、消費者にとって一方的に不利な一定の条項が消費者契約に含まれている場合、その条項を**無効**とする旨が定められており、本肢のような条項はこれに当たる（消費者契約法８条１項１号)。

【第8問】

Xは、宝石販売を営むY社の営業担当者から電話で「抽選に当選しましたので、Y社においで下さい」と勧誘を受け、Y社の事務所に赴き、宝石を購入したが、数日経ってこの購入を後悔している。この場合に関する次のア～エの記述のうち、その内容が適切なものの個数を①～⑤の中から1つだけ選びなさい。

ア．この場合、Y社の事務所における契約なので、特定商取引法の適用のある訪問販売に該当しない。

イ．Xがクーリング・オフを行う場合には、XがY社に対し、所定の期間内にその旨を口頭で通知しなければならない。

ウ．Xがクーリング・オフを行った場合でも、契約解除に伴う違約金が定められている場合には、XがY社に対しその違約金を支払わなければならない。

エ．Xがクーリング・オフを行った場合、Xは購入した宝石をY社に返還しなければならず、その返還のための送料はXが負担しなければならない。

① 0個　② 1個　③ 2個　④ 3個　⑤ 4個

第8問　　　　　　　　　　　　　　　　（公式テキストP.222～P.226）

［正　解］①

［解　説］

アは適切でない。営業所における契約であっても、**事業者が電話、郵便、電報等によって呼びかけて営業所に来させた者との間の契約**は、特定商取引法上の訪問販売に該当するとされている。

イは適切でない。クーリング・オフの行使は、一定期間内に**書面または電磁的記録により解約等の通知を発送すること**が要件とされている。

ウは適切でない。クーリング・オフは、消費者が一定期間は、**無条件で契約関係を解消することができるとする制度であり、違約金等の定めがあってもその違約金を支払う必要はない。**

エは適切でない。クーリング・オフを行使した場合、商品が引き渡されていても、購入者は**事業者の負担で**購入した商品を引き取らせることができる。

■ポイント
（特定商取引法上の訪問販売に関する規制）

①販売をする際、販売業者は氏名・販売目的などを相手方に告げなければならない。		
②クーリング・オフ	要件	ア）営業所等以外の場所で契約の申込みを受けたり、契約を締結した場合であること イ）**書面または電磁的方法（相手方の承諾を得た上で提供することを要する）で**クーリング・オフできる旨の告知を受けた日から一定期間内であること ウ）上記イ）の期間内に**書面または電磁的記録による解約の告知を発信**すること エ）契約対象の金額が一定額以上であること オ）契約の目的が政令所定の商品・役務ではないこと、または特定権利であること
	効果	**無条件での申込みの撤回や解除が認められる** ・損害賠償金や違約金を支払う必要がない。 ・引渡しを受けた商品を業者の負担で引き取らせることができる。
③解除に伴う損害賠償などの額が制限される。		

【第9問】

製造物責任法に関する次のアおよびイの文についての①～④の記述のうち、その内容が最も適切なものを1つだけ選びなさい。

ア．製造物責任法では、製造物に欠陥があり、これによって人の生命、身体または財産に損害が生じた場合、被害者は、製造業者に故意または過失があり、かつこれによって損害が生じたことを証明することにより製造業者に損害賠償を請求することができる。

イ．製造物とは、製造または加工された動産をいい、製造物に該当しないものについては、製造物責任法の適用対象とはならない。

①　アおよびイのいずれも適切である。
②　アのみが適切である。
③　イのみが適切である。
④　アおよびイのいずれも適切でない。

【第10問】

製造物責任法に関する次の①および②の記述のうち、その内容が適切なものを1つだけ選びなさい。

①　製造物に欠陥があり、これによって生じた損害が当製造物に限られる場合、製造物責任法が適用される。

②　欠陥とは、製造物が通常有すべき安全性を欠いていることをいう。

第9問　(公式テキストP.231～P.232)

[正　解] ③

[解　説]

アは適切でない。製造物に欠陥があり、これによって人の生命、身体または財産に損害が生じた場合、被害者は、原則として、**製造業者の故意または過失を証明しなくても、製造物に欠陥があり、かつこれによって損害が生じたことを証明することにより製造業者に損害賠償を請求することができる**（製造物責任法３条本文）。

イは適切である。**製造物**とは、製造または加工された動産をいう（製造物責任法２条１項）。

第10問　(公式テキストP.231～P.232)

[正　解] ②

[解　説]

①は適切でない。製造物に欠陥があり、これによって人の財産に損害が生じた場合であっても、**損害が当製造物についてのみ生じた場合には、製造物責任法は適用されない**（製造物責任法３条但書）。

②は適切である。**欠陥**とは、製造物が通常有すべき安全性を欠いていることをいう（製造物責任法２条２項）。

【第11問】

個人情報保護法に関する次のア～エの記述のうち、その内容が適切なものを○、適切でないものを×とした場合の組み合わせを①～⑧の中から1つだけ選びなさい。

ア．個人情報は、生存する個人に関する情報であって、当該情報に含まれる氏名、生年月日その他の記述等により特定の個人を識別することができるものまたは個人識別符号が含まれるものをいう。

イ．個人情報データベース等を事業の用に供している者は、原則として、個人情報取扱事業者に当たる。

ウ．個人情報取扱事業者は、あらかじめ本人の同意を得ずに、利用目的の達成に必要な範囲を超えて個人情報を取り扱ってはならない。

エ．個人情報取扱事業者は、原則として、あらかじめ本人の同意を得ないで、個人データを第三者に提供してはならない。

①	ア－○	イ－○	ウ－○	エ－○
②	ア－○	イ－○	ウ－○	エ－×
③	ア－○	イ－○	ウ－×	エ－○
④	ア－○	イ－×	ウ－×	エ－×
⑤	ア－×	イ－○	ウ－○	エ－○
⑥	ア－×	イ－×	ウ－○	エ－×
⑦	ア－×	イ－×	ウ－×	エ－○
⑧	ア－×	イ－×	ウ－×	エ－×

第11問 (公式テキストP.232〜P.236)

［正　解］①

［解　説］

デジタル社会の進展に伴い、個人情報の利用が著しく拡大していることから、個人情報の有用性に配慮しつつ、**個人の権利利益の保護**を図ることを目的として「個人情報の保護に関する法律」（個人情報保護法）が定められている。

個人情報	生存する個人に関する情報であって、次のいずれかに該当するものをいう。 ・当該情報に含まれる氏名、生年月日その他の記述等により特定の個人を識別することができるもの ・個人識別符号（※１）が含まれるもの
個人情報取扱事業者	個人情報データベース等（個人情報を含む情報の集合物であり、特定の個人情報をコンピュータで検索できるよう体系的に構成したもの等）を事業の用に供している者。ただし、一定の者は除かれる。
個人情報取扱事業者の義務	**●利用目的に関する義務** ・利用目的を特定すること ・原則として、あらかじめ本人の同意を得ずに利用目的の達成に必要な範囲を超えて個人情報を取り扱ってはならない **●個人情報取得に関する義務** ・偽りその他不正の手段により個人情報を取得してはならない **●第三者提供に関する義務** ・原則として、あらかじめ本人の同意を得ずに個人データを第三者に提供してはならない ・オプトアウトの手続をとっている場合、個人データを第三者に提供することができる（ただし、要配慮個人情報（※２）を除く） **●安全管理に関する義務** ・取り扱う個人データの漏えい・滅失等の防止等、安全管理のために必要かつ適切な措置を講じる義務 ・従業者に個人データを取り扱わせる際、安全管理が図られるよう、必要かつ適切な監督をする義務 など

（※１）個人識別符号とは、次のいずれかに該当する符号のうち、政令で定めるものをいう。
・指紋データや顔認識データなど特定の個人の身体的特徴を変換した符号であって、当該特定の個人を識別することができるもの
・運転免許証番号やパスポート番号など個人に割り当てられた番号、記号その他の符号であって、特定の者を識別することができるもの

（※２）要配慮個人情報とは、人種、信条、社会的身分、病歴、犯罪の経歴その他本人に対する不当な差別、偏見その他の不利益が生じないようにその取扱いに特に配慮を要するものとして政令で定める記述等が含まれる個人情報をいう。

【第12問】

個人情報保護法に関する次の①～④の記述のうち、その内容が最も適切なものを1つだけ選びなさい。

① 個人情報保護法に定める個人情報には、会社等の法人の情報や死者に関する情報も当然に含まれる。

② 個人情報取扱事業者は、利用目的の達成に必要な範囲内において、個人データを正確かつ最新の内容に保つとともに、利用する必要がなくなった場合においても、当該利用する必要がなくなった日から10年間、営業所において保管しなければならない。

③ 個人情報取扱事業者は、個人情報を取り扱うにあたり、その利用目的を特定しそれを本人に通知していれば、個人データの漏えいや滅失を防止するための措置を講じる必要はまったくない。

④ 個人情報取扱事業者は、個人データの取扱いの全部または一部を委託する場合は、その取扱いを委託された個人データの安全管理が図られるよう、委託を受けた者に対する必要かつ適切な監督を行わなければならない。

第12問　　　　　　　　　　　　　　　　（公式テキストP.232〜P.236）

［正　解］④

［解　説］

①は適切でない。個人情報保護法に定める**個人情報とは、生存する個人に関する情報であって、当該情報に含まれる氏名、生年月日その他の記述等により特定の個人を識別することができるものまたは個人識別符号が含まれるものである**（個人情報保護法２条１項）から、会社等の法人の情報や死者に関する情報は、当然に個人情報に含まれるわけではない。

②は適切でない。個人情報取扱事業者は、**利用目的の達成に必要な範囲内において、個人データを正確かつ最新の内容に保つとともに、利用する必要がなくなったときは、当該個人データを遅滞なく消去するよう努めなければならない**（個人情報保護法22条）。

③は適切でない。**個人情報取扱事業者は、個人データの漏えいや滅失を防止するための措置を講じなければならない**とされており（個人情報保護法23条）、利用目的を特定し、それを本人に通知しているからといって、上記の義務は減免されない。

④は最も適切である。**個人情報取扱事業者が、その保有する個人データの取扱いの全部または一部を他者に委託する場合、その個人データの安全管理が図られるよう、当該委託を受けた者に対し必要かつ適切な管理を行わなければならない**（個人情報保護法25条）。

第 5 章
債権の管理と回収

【第1問】

債権の消滅事由に関する次のア～エの記述のうち、民法の規定に照らし、その内容が適切なものを○、適切でないものを×とした場合の組み合わせを①～⑥の中から1つだけ選びなさい。

ア．債務がその本旨に従って履行されたことにより消滅することを更改という。

イ．本来の給付に代えて他の給付をすることで債権を消滅させることを供託という。

ウ．債務の要素を変更することで、新しい債務を成立させることにより、従来の債務を消滅させることを相殺という。

エ．債務者が債権者を相続するなど、債権と債務が同一人に帰属することにより消滅させることを免除という。

①	ア－○	イ－○	ウ－○	エ－○
②	ア－○	イ－○	ウ－○	エ－×
③	ア－○	イ－×	ウ－×	エ－×
④	ア－×	イ－○	ウ－○	エ－○
⑤	ア－×	イ－×	ウ－×	エ－○
⑥	ア－×	イ－×	ウ－×	エ－×

第1問　　　　　　　　　　　　　　　　　　　　（公式テキストP.257～P.261）

［正　解］⑥

［解　説］

契約などにより成立した**債権**は種々の事由により消滅する。

内容実現によって消滅する場合	弁済	債務者が債務の内容である給付を実現して、債務を消滅させること。 債務の本旨に従った給付がなされる必要がある。
	代物弁済	債務者が債権者との間で、本来の給付に代えて他の給付をすることで債権を消滅させる旨の契約をし、これに基づき当該他の給付をすること。
	供託	債務者が債権者のために、弁済の目的物を供託所に寄託することにより、債務を免れる制度。 （民法上の供託原因） ・弁済の提供をした場合において、債権者が弁済の受領を拒んだとき ・債権者が弁済を受領することができないとき ・弁済者が過失なくして債権者を確知することができないとき
内容実現が不要となったことによって消滅する場合	相殺	互いに相手方に対して同種の債権を有する場合に、その債務を対当額で消滅させること。
	更改	債務の要素を変更すること（債権者・債務者の交替や債務の内容の重要な変更）で、新債務を成立させ、旧債務を消滅させる契約。
	免除	債権を無償で消滅させる、債権者の一方的な意思表示。
	混同	債権と債務が同一人に帰属すること。 例えば、親一人子一人の関係で親から借金をしていた子が親を相続した場合、子に対して親が有していた貸金債権は原則として消滅する。

【第2問】

債権の消滅に関する次の①～④の記述のうち、民法の規定に照らし、その内容が最も適切でないものを1つだけ選びなさい。

① Xは、Yから50万円を借り入れたが、返済時に、Yから「50万円のうち、10万円は支払わなくてよい」との意思表示を受けた。この場合、XのYに対する借入金債務は10万円の限度で消滅し、XはYに残額の40万円を支払えばよい。

② X社は、Y社との間で商品甲を50万円で購入する契約を締結した。X社は、Y社に代金を支払うにあたり、約定の期日を過ぎても返済されていないY社への貸付金30万円を差し引いて、残額の20万円を支払うこととした。このようなX社の行為は無効であり、X社はY社に代金50万円の全額を支払わなければならない。

③ Xは、Yとの間でY所有の自動車を購入する契約を締結し自動車の引渡しを受けた。Xは、契約の定めに従ってYの自宅に売買代金を持参したが、Yは正当な理由なくその受領を拒絶したため、Xは売買代金相当額を供託所に供託した。この場合、XのYに対する売買代金債務は消滅する。

④ Xは、父親Yから50万円を借りていたが、Yが死亡し、Yの唯一の相続人であるXがYのすべての債権債務を承継した。この場合、XのYに対する借入金債務は、原則として混同により消滅する。

第2問　　　　　　　　　　　　　　　　　　　　（公式テキストP.257～P.261）

［正　解］②

［解　説］

①は適切である。本肢のYの意思表示は、50万円の債務のうち、10万円の部分について免除する旨の意思表示である（民法519条）。**免除は債権者の債務者に対する一方的意思表示によって成立する**ので、本肢の場合、XはYに対し、残額の40万円のみ支払えばよい。

②は最も適切でない。X社がY社に対して有する30万円の貸付金債権と、X社がY社に対して負う50万円の売買代金債務とは、**互いに金銭債権という同種の債権であるから、相殺をすることが可能である**（民法505条）。本肢の場合、Xは、相殺後の残金20万円のみをYに対して支払えばよい。

③は適切である。**供託とは、弁済者が弁済の目的物を債権者のために供託所に供託して債務を免れる制度である**（民法494条）。本肢の場合、Xが弁済の提供をしているにもかかわらず、Yは、正当な理由なく売買代金の受領を拒絶しているので、供託原因が認められ、有効な供託となっているため、この供託により、XはYに対する売買代金債務を免れる。

④は適切である。混同とは、債権と債務が同一人に帰属することであり（民法520条）、**混同が生じた場合には債権債務が消滅する**。本肢の場合、XがYを相続することにより、YがXに対して有する貸付金債権につき混同が生じ、XのYに対する借入金債務は消滅する。

【第3問】

相殺に関する次の①～④の記述のうち、民法の規定に照らし、その内容が適切なものを2つ選びなさい。

① AがBに対して100万円の売買代金債権を有し、BがAに対して80万円の賃料債権を有している場合には、両債権を対当額で相殺することができる。

② Aが札幌に本店がある株式会社であり、Bが東京に本店がある株式会社である場合には、それぞれが相手方に対して有している金銭債権を相殺することができない。

③ AがBに対して2000万円の金銭債権を有し、BがAに対して建物の引渡債権を有している場合には、両債権を相殺することができる。

④ BはAに対して弁済期が到来している金銭債権を有するとともに、弁済期が未到来の金銭債務を負っている。この場合、Bは、自らの債務の期限の利益を放棄することにより、Aに対して相殺の意思表示をすることができる。

第3問　(公式テキストP.258～P.259)

[正　解] ①、④

[解　説]

相殺とは、互いに相手方に対して同種の債権を有する者が、その債務を対当額で消滅させることをいう（民法505条）。相殺の意思表示をする側が有する債権を**自働債権**といい、相殺される側が有する債権を**受働債権**という。

①は適切である。相殺を行うためには、**双方の債権が同種の債権**でなければならない。ここでいう同種とは、債権の対象が同種であればよく、発生原因まで同種である必要はないので、本肢の場合には相殺可能である。

②は適切でない。本店所在地の違いは、相殺の可否に影響を与える事項ではない。

③は適切でない。**一方の債権が金銭債権、他方の債権が建物の引渡請求権である場合には、同種の債権とはいえない**ので、相殺することはできない。

④は適切である。民法上、相殺を行うためには、双方の債権につき弁済期が到来していることが必要とされているが、債務者は**期限の利益を放棄**（民法136条2項）して弁済することが可能なので、**自働債権の弁済期が到来していれば相殺をすることができる。**

【第4問】

時効制度に関する次の①～④の記述のうち、民法の規定に照らし、その内容が最も適切でないものを1つだけ選びなさい。

① 時効の進行や完成を妨げる事由には、時効をそのまま完成させるのが妥当でない一定の事由がある場合に、一定期間は時効を完成させないという「時効の完成猶予」と、完成猶予の事由のうち一定のものについて、その事由が終了した時から新たな時効を開始させる「時効の更新」とがある。

② 債権は、原則として、債権者が権利を行使することができることを知った時から5年間行使しないとき、または権利を行使することができる時から10年間行使しないときは、時効によって消滅するが、人の生命または身体の侵害による損害賠償請求権については、10年間という時効期間が20年間に延長される。

③ 債権および所有権以外の財産権は、時効によって消滅することはない。

④ 不法行為に基づく損害賠償請求権の消滅時効については、被害者またはその法定代理人が損害および加害者を知った時から3年間または不法行為の時から20年間で時効によって消滅するが、人の生命または身体の侵害による損害賠償請求権の時効期間については、このうち3年間という時効期間が5年間に延長される。

第4問

（公式テキストP.261～P.264）

［正　解］③

［解　説］

①は適切である。時効の進行や完成を妨げる事由には、本肢に記載の通り、**時効の完成猶予**と**時効の更新**とがある（民法147条～161条）。

②は適切である。契約に基づく一般的な債権については、**権利行使可能な時から10年間**の時効期間としつつ（民法166条1項2号）、債権者は債権の発生時にその原因、債務者および履行期等を認識しているのが通常であるから、**権利行使が可能となったことを知った時から5年間**という短期の時効期間を導入し（民法166条1項1号）、時効期間の長期化を回避しようとする趣旨である。また、人の生命または身体の侵害による損害賠償請求権の時効期間については、被害者保護の観点から、時効期間が20年間に延長される（民法167条）。

③は最も適切でない。**債権または所有権以外の財産権は、権利を行使することができる時から20年間**行使しないときは、時効によって消滅する（民法166条2項）。

④は適切である。**不法行為に基づく損害賠償請求権の消滅時効**については、**被害者またはその法定代理人が損害および加害者を知った時から3年間または不法行為の時から20年間**で時効によって消滅するが（民法724条）、**人の生命または身体の侵害による損害賠償請求権の時効期間**については、債務不履行に基づく場合と不法行為に基づく場合で時効期間を統一するため、3年間という時効期間が**5年間に延長**される（民法724条の2）。

【第5問】

手形および小切手の法律的特徴に関する次のアおよびイの文についての①〜④の記述のうち、その内容が最も適切なものを1つだけ選びなさい。

ア．手形や小切手の記載事項は法律によって定められているという性質を要式証券性という。

イ．手形や小切手の権利・義務の内容は、証券の記載事項に基づいて決定されるという性質を設権証券性という。

① アおよびイのいずれも適切である。
② アのみが適切である。
③ イのみが適切である。
④ アおよびイのいずれも適切でない。

【第6問】

手形および小切手の法律的特徴に関する次の①および②の記述のうち、その内容が適切なものを1つだけ選びなさい。

① 振出人が手形や小切手に一定の金額を記載して振り出せば、証券に記載された内容の債権が発生するという性質を文言証券性という。

② 手形や小切手が振り出されると、原因関係の存否や有効無効の影響を受けないという性質を無因証券性という。

第5問

(公式テキストP.273～P.274)

[正　解] ②

[解　説]

アは適切である。**要式証券性**は、手形や小切手の記載事項は法律によって定められているという性質のことである。

イは適切でない。手形や小切手の権利・義務の内容は、証券の記載事項に基づいて決定されるという性質は、**文言証券性**である。

第6問

(公式テキストP.273～P.274)

[正　解] ②

[解　説]

①は適切でない。振出人が手形や小切手に一定の金額を記載して振り出せば、証券に記載された内容の債権が発生するという性質は、**設権証券性**である。

②は適切である。**無因証券性**は、手形や小切手が振り出されると、原因関係の存否や有効無効の影響を受けないという性質のことである。

【第7問】

小切手に関する次のア～エの記述のうち、その内容が適切なものを○、適切でないものを×とした場合の組み合わせを①～⑧の中から1つだけ選びなさい。

ア．小切手は、常に一覧払いとされるため、支払期日の記載は一般に無意味とされる。

イ．一般線引とは、小切手用紙の表面に2本の平行線が引かれているもの、あるいはその間に「銀行」またはそれと同じ意味の文字が書かれているものをいい、この場合、支払銀行は、「他の銀行」または「支払銀行の取引先」に対してのみ支払うことができる。

ウ．特定線引とは、2本の平行線の間に特定の銀行名が書かれているものであり、この場合、支払銀行は「線内に記載された銀行」に対してのみ支払うことができる。

エ．銀行が自分自身を支払人として振り出す小切手のことを先日付小切手という。

① ア－○ イ－○ ウ－○ エ－○
② ア－○ イ－○ ウ－○ エ－×
③ ア－○ イ－○ ウ－× エ－○
④ ア－○ イ－× ウ－× エ－×
⑤ ア－× イ－○ ウ－○ エ－○
⑥ ア－× イ－× ウ－○ エ－×
⑦ ア－× イ－× ウ－× エ－○
⑧ ア－× イ－× ウ－× エ－×

第7問　　　　　　　　　　　　　　　　　　(公式テキストP.282〜P.285)

［正　解］②

［解　説］

アは適切である。小切手は、迅速に処理することが予定されており、**常に一覧払いとされる**ため（小切手法28条１項）、支払期日の記載は一般に無意味である。

イは適切である。一般線引の場合、支払銀行は、**「他の銀行」または「支払銀行の取引先」に対してのみ支払うことができる**（小切手法38条１項）。

ウは適切である。特定線引の場合、支払銀行は**「線内に記載された銀行」に対してのみ支払うことができる**（小切手法38条２項）。

エは適切でない。銀行が自分自身を支払人として振り出す小切手は、預金小切手（預手）である。

【第8問】

約束手形に関する次のア～エの記述のうち、その内容が適切なものの個数を①～⑤の中から1つだけ選びなさい。

ア．約束手形の必要的記載事項である支払約束文句に条件をつけた場合、手形自体が無効となる。

イ．約束手形の支払期日について、確定日払い以外の支払方法も認められる。

ウ．約束手形の振出日欄に、実際の振出日と異なる日付を記入すると、当該約束手形は無効とされる。

エ．約束手形に記載される支払地とは、満期に手形金の支払いがなされるべき地域のことである。

① 0個　② 1個　③ 2個　④ 3個　⑤ 4個

第8問　　　　　　　　　　　　　　　　　　　　　　（公式テキストP.274～P.278）

［正　解］④

［解　説］

アは適切である。**手形の支払約束文句は無条件でなければならず、**例えば「商品の受領と引替えに手形金を支払う」というような条件が付されている場合は、その手形自体が無効となる。このような記載を有害的記載事項という。

イは適切である。統一手形用紙には確定日払い（支払期日欄に記載された特定の日を満期とする支払方法）を前提とした記載がなされているが、**法律上、確定日払いに限定されているわけではない。**

ウは適切でない。振出日は、手形が振り出された日として手形上に記載された日のことであり、**必ずしも現実に手形を振り出した日である必要はない。**

エは適切である。支払地の意味は本肢に記載の通りである。統一手形用紙では、**最小独立行政区画**で記載されている。

■関連知識

本問のテーマである必要的記載事項（手形要件）の欠けた手形は無効であるが、実際の取引では手形要件が記載されていない白地手形が流通している。
白地手形は、将来手形要件が補充されれば有効な手形となることを予定した、いわば未完成な手形として商慣習法上その効力が認められている。

【第9問】

債権の担保に関する次の①および②の記述のうち、その内容が適切なものを1つだけ選びなさい。

① 債務者の財産がすべての債務を支払うのに十分ではない場合には、債権者平等の原則により、債権者は債権額に応じて按分された額しか回収することができない。

② 物的担保のうち、法律の定める要件を充たせば当然に生じるものを約定担保物権という。

【第10問】

債権の担保に関する次のアおよびイの文についての①～④の記述のうち、その内容が最も適切なものを1つだけ選びなさい。

ア．債権を担保する手段は、債務者または第三者の特定の財産から自己の債権を優先的に回収することができる手段である物的担保と、債務者以外の第三者にも請求できる手段である人的担保とに分けることができる。

イ．法定担保物権のうち、先取特権は、不動産の賃料、動産売買の代価、従業員の給料等の一定の債権について、債務者の特定財産または一般の財産から優先弁済を受けることができる権利である。

① アおよびイのいずれも適切である。
② アのみが適切である。
③ イのみが適切である。
④ アおよびイのいずれも適切でない。

第9問　(公式テキストP.296～P.299)

[正　解] ①

[解　説]

①は適切である。債務者の財産が債務者が負担するすべての債務を弁済するのに十分ではない場合には、その債権の成立の前後にかかわらず、債権者は債権額に応じて按分された額しか回収することができないという原則を**債権者平等の原則**という。

②は適切でない。物的担保のうち、法律の定める要件を充たせば当然に生じるものは、**法定担保物権**である。

第10問　(公式テキストP.296～P.299)

[正　解] ①

[解　説]

アは適切である。担保には、債務者または第三者の特定の財産から自己の債権を優先的に回収することができる手段である**物的担保**と、債務者以外の第三者にも請求できる手段である**人的担保**とがある。

イは適切である。法定担保物権のうち、不動産の賃料、動産売買の代価、従業員の給料等の一定の債権について、債務者の特定財産または一般の財産から優先弁済を受けることができる権利は、**先取特権**である。

【第11問】

自動車修理業者であるA社は、運送会社であるB社の依頼に基づき、B社が所有する甲トラックを修理したが、B社は、支払期日を経過した後も修理代金を支払わない。この場合に関する次のア～エの記述のうち、その内容が適切なものの組み合わせを①～⑥の中から1つだけ選びなさい。なお、A社とB社との間には留置権に関する特段の合意はない。

ア．商法上、A社は、B社から修理代金の支払いを受けるまでは甲トラックを留置することができるが、B社から甲トラックの返還請求を受けたときは、直ちに甲トラックをB社に返還しなければならない。

イ．B社が修理代金を支払わない場合、民事執行法上、A社は、裁判所の競売手続を経ずに留置権を実行して、甲トラックの所有権を取得することができる。

ウ．A社は、修理代金が支払われる前に甲トラックをB社に引き渡した。この場合、民法上、甲トラックに成立していた留置権は消滅する。

エ．B社は、A社に修理代金を支払わないうちに、第三者であるC社に甲トラックを譲渡した。この場合、民法上、A社は、C社から甲トラックの引渡しを請求されても、修理代金の弁済を受けるまでは、留置権を主張して甲トラックの引渡しを拒むことができる。

① アイ　② アウ　③ アエ　④ イウ　⑤ イエ　⑥ ウエ

第11問　　　　　　　　　　　　　　　　　　　(公式テキストP.300～P.301)

[正　解] ⑥

[解　説]

アは適切でない。**商人間においてその双方のために商行為となる行為によって生じた債権が弁済期にあるときは、債権者は、その債権の弁済を受けるまで、その債務者との間における商行為によって自己の占有に属した債務者の所有する物または有価証券を留置することができる**（商事留置権、商法521条本文）。本肢では、商人であるA社は、商人であるB社から修理依頼を受けて甲トラックを占有するに至っているから、B社から弁済を受けるまでは、甲トラックを留置することができる。留置権は、支払いを受けるまでその物の引渡しを拒むことができる権利であるから、仮にB社から甲トラックの返還請求を受けたとしても、支払いを受けるまでは返還する必要はない。

イは適切でない。留置権には、民事留置権、商事留置権を問わず、競売権が認められている。すなわち、留置権者は、債務者の履行がないために目的物を長期間に渡って留置せざるを得なくなったときなど一定の場合に、目的物の競売を申し立てることができ（形式競売、民事執行法195条）、これにより目的物を換価することができる。留置権者は、目的物の所有者に対して換価金の返還債務を負うが、この債務と被担保債権とを相殺することで、事実上優先弁済を受けることができる。このように、A社は甲トラックを換価して事実上の優先弁済を受けることができるが、**留置権を私的に実行し、目的物の所有権を取得することは認められていない**。

ウは適切である。**留置権は、留置権者が留置物の占有を失うことによって消滅する**（民法302条本文）。したがって、A社がB社に甲トラックを引き渡すと、この時点で留置権は消滅する。

エは適切である。上述の通り、A社は甲トラックにつき留置権を有している。**留置権は物権である**から、その後に目的物を取得した第三者にも留置権を対抗し、B社から修理代金の支払いを受けるまでは、甲トラックの引渡しを拒むことができる。

【第12問】

質権に関する次の①～④の記述のうち、その内容が最も適切でないものを1つだけ選びなさい。

① 質権とは、債権者が債権の担保として債務者などから受け取った質物を債務が弁済されるまで手元に置き、弁済がないときは他の債権者に優先してその質物から弁済を受ける担保物権をいう。

② 民法上の質権には、質屋営業法上の営業質屋の質権とは異なり、原則として流質が認められていない。

③ 民法上、質権の目的物となるのは、不動産や動産に限られ、債権を質権の目的物とすることはできない。

④ 質権と抵当権とは、質権の場合には目的物を質権者に引き渡す必要があるのに対し、抵当権の場合には目的物を抵当権者に引き渡さないで手元に置いたまま抵当権設定者が利用できる点が異なる。

第12問　　(公式テキストP.303～P.305)

[正　解] ③

[解　説]

①は適切である。**質権とは**、本肢記載の通り、**債権者が債権の担保として債務者または第三者から受け取った目的物を債務が弁済されるまで手元に留めておき、債務者の弁済を間接的に促すとともに、弁済されない場合にはその目的物を競売に付し債権に充当することを内容とする担保物権である**。

②は適切である。民法上の質権には、営業質屋とは異なり**原則として流質が認められていない**（民法349条、質屋営業法18条）。

③は最も適切でない。質権は設定する目的物により、**動産質・不動産質・権利質**に分けられる。つまり質権は、不動産、動産だけでなく債権もその目的とすることができる。

④は適切である。質権では債権者が目的物の引渡しを受けるのに対し、抵当権では債権者が目的物の引渡しを受けないで抵当権設定者に従来通り利用させる点が異なる。すなわち**抵当権には、質権と異なり留置的効力がない**。

【第13問】

抵当権に関する次の①～④の記述のうち、民法の規定に照らし、その内容が最も適切なものを1つだけ選びなさい。

① 債務者以外の第三者（物上保証人）の所有物を抵当目的物とする場合は、債権者、債務者および物上保証人の三者で抵当権設定契約を締結しなければならない。

② 抵当権者は、抵当権の登記をすれば第三者に対抗できるから、登記後に第三者に対し当該抵当目的物にさらに抵当権を設定しても無効である。

③ 抵当権によって担保される被担保債権が一部弁済されたときは、弁済額に相当する割合に応じて抵当権も一部消滅する。

④ 抵当権の目的物が火災で焼失するなど滅失・損傷した場合、物上代位により保険金請求権など、その滅失・損傷によって抵当権設定者が受けるべき金銭その他の物に対して抵当権の効力が及ぶ。

第13問　　　　　　　　　　　　　（公式テキストP.306～P.310）

［正　解］④

［解　説］

①は適切でない。抵当権は、**債権者と抵当目的物の所有者（抵当権設定者）との合意**だけで設定することができる。

②は適切でない。抵当権を抵当目的物の第三取得者その他の第三者に対抗するには、抵当権の登記をしなければならない。抵当権の登記をすれば、登記後に抵当権を設定した他の抵当権者に対しても、自己の抵当権が優先することを主張でき（民法373条）、**登記の順序により、一番抵当権、二番抵当権などと呼ばれる**。抵当権設定登記がされた後に設定された抵当権は、先に設定された抵当権に劣後するにすぎず、無効となるわけではない。

③は適切でない。**抵当権は、担保する債権全部が弁済されるまで、抵当目的物全部にその効力が及ぶ**。例えば、債務が半分弁済されたからといって、抵当権が半分消滅するものではない。このような性質を、**抵当権の不可分性**という（民法372条・296条）。

④は最も適切である。抵当目的物が、火災・地震等により滅失・損傷した場合であっても、保険金請求権や損害賠償請求権など、その**滅失・損傷によって抵当権設定者が受けるべき金銭その他の物**があれば、それらに抵当権の効力が及ぶ。これを**抵当権の物上代位性**という（民法372条・304条）。もっとも、この場合に抵当権者が保険金や損害賠償金から債権を回収するには、**それらが抵当権設定者に支払われる前に差押えをしなければならない**。

【第14問】

非典型担保に関する次のア～エの記述のうち、その内容が適切なものを○、適切でないものを×とした場合の組み合わせを①～⑥の中から1つだけ選びなさい。

ア．担保のために債務者の財産をいったん債権者に譲渡し、債務が弁済された場合には返還するという形式による債権担保方法を所有権留保という。

イ．譲渡担保は、民法上、明文の規定を定められておらず、判例によって認められた担保権である。

ウ．譲渡担保が設定され、債務者が債務を弁済しない場合には、譲渡担保権者は自らの評価（私的実行）によって優先的に弁済を受けることができる。

エ．債権者と債務者の間で、不動産を目的物として代物弁済の予約をした場合に、その目的物の所有権移転を仮登記することにより第三者に対抗する方法も債権担保方法として認められており、これを仮登記担保という。

①	ア－○	イ－○	ウ－○	エ－○
②	ア－○	イ－○	ウ－×	エ－○
③	ア－○	イ－×	ウ－×	エ－×
④	ア－×	イ－○	ウ－○	エ－○
⑤	ア－×	イ－×	ウ－○	エ－×
⑥	ア－×	イ－×	ウ－×	エ－×

第14問　　　　　　　　　　　　　　　　　　　　（公式テキストP.311～P.313）

［正　解］④

［解　説］

担保物権には民法で規定されている抵当権や質権、留置権、先取特権以外にも、**他の法律や判例によって認められているものもある**。その例が問題文で述べられている譲渡担保や仮登記担保である。

なお、肢アの債権担保方法は、譲渡担保である。

■関連知識

	譲渡担保	仮登記担保
意味	担保のために、財産をいったん債権者に譲渡し、債務が弁済された場合には返還するという形式による債権担保。	金銭債務を担保するため、その不履行があるときは債権者に債務者または第三者に属する所有権その他の権利の移転等をすることを目的としてされた代物弁済の予約、停止条件付代物弁済契約その他の契約で、その契約による権利について仮登記または仮登録できるもの。
実行手続	債権者は、債務者からの弁済がないときはその財産権を裁判所の手続によらず自ら評価して（私的実行）、優先的に弁済を受けることができる。	裁判所による競売手続によらず、私的実行により権利者自らが目的不動産の所有権等を取得する。
清算	目的物の評価額・売却価格と債権額との間に差額が生じた場合、譲渡担保権者はその差額分を設定者に支払う義務を負う。	目的物の価額が債権額を上回っている場合、仮登記担保権者は債務者等に対して清算金の支払義務を負う。

【第15問】

貸主X、借主Yとの間で300万円の金銭消費貸借契約を締結するにあたり、ZはYの保証人となった。この場合に関する次の①～④の記述のうち、その内容が適切なものを2つ選びなさい。

① ZがYの保証人になるためには、XYZの三者間で保証契約を結ぶことが必要である。

② XがZに対して300万円の支払いを請求した場合、Zが連帯保証人でなければ、Zは、まずYに対して請求するようXに主張することができる。

③ Xが、Yに請求したもののYが支払わないとしてZに300万円の支払いを請求した場合において、Zが連帯保証人であるときは、Zはまず執行容易なYの財産から弁済を受けるようにXに主張することができる。

④ XがZに対して300万円の支払いを請求した場合、すでにYがXに対して300万円の弁済をしていれば、Zは自己の保証債務は消滅している旨をXに主張することができる。

第15問　(公式テキストP.313〜P.314)

［正　解］②、④

［解　説］

①は適切でない。保証契約は、債権者と保証人との間で締結される契約であり、**その成立に主債務者の関与は不要である。**

②は適切である。連帯保証でない保証債務は、主たる債務が履行されない場合に、主たる債務者に代わって保証人が債務を履行するという二次的なものである。これを**保証債務の補充性**という。この**補充性を具体化するものとして民法は保証人に催告の抗弁権を定めている**（民法452条）。

③は適切でない。②の解説で述べたように連帯保証でない保証債務には補充性がある。この**補充性の現れとして、催告の抗弁権のほか、検索の抗弁権がある**（民法453条）。Zが連帯保証人であるときは、検索の抗弁権は認められない。

④は適切である。保証債務は、主たる債務を担保するためのものであるから、**主たる債務が消滅すれば、保証債務も消滅する**。これを**保証債務の附従性**という。なお、通常の保証だけでなく、連帯保証についても同様に附従性が認められる。

【第16問】

人的担保に関する次の①および②の記述のうち、民法の規定に照らし、その内容が適切なものを1つだけ選びなさい。

① 連帯債務は、数人の債務者が同じ債務を負い、それぞれが債務の全額について履行する義務を負い、そのうちの1人が履行すれば、他の債務者の債務もまた消滅する関係にある債務のことをいう。

② 債権者が、主たる債務者に債務の履行を請求することなく、保証人に保証債務の履行を請求した場合、原則として、保証人は、債権者に対し、まず主たる債務者に催告すべき旨を求める検索の抗弁権を有する。

【第17問】

保証に関する次のアおよびイの文についての①～④の記述のうち、その内容が最も適切なものを1つだけ選びなさい。

ア. 保証債務は、本来の債務が履行されない場合に行使される二次的な債務であり、このような保証債務の性質を随伴性という。

イ. 保証人が債権者に弁済した場合、保証人は、その弁済した金額等を主たる債務者に対して請求することができ、これを保証人の先取特権という。

① アおよびイのいずれも適切である。
② アのみが適切である。
③ イのみが適切である。
④ アおよびイのいずれも適切でない。

第16問　(公式テキストP.313〜P.315)

[正　解] ①

[解　説]

①は適切である。数人の債務者が同じ債務を負い、それぞれが債務の全額について履行する義務を負い、そのうちの１人が履行すれば、他の債務者の債務もまた消滅する関係にある債務のことを**連帯債務**という。

②は適切でない。債権者が、主たる債務者に債務の履行を請求することなく、保証人に保証債務の履行を請求した場合に、保証人が、債権者に対し、まず主たる債務者に催告すべき旨を求めることができるのは、**催告の抗弁権**である。

第17問　(公式テキストP.313〜P.314)

[正　解] ④

[解　説]

アは適切でない。保証債務は、本来の債務が履行されない場合に行使される二次的な債務であるという保証債務の性質は**補充性**である。

イは適切でない。保証人は、債権者に弁済した場合、その弁済した金額等を主たる債務者に対して請求することができる**求償権**を有する。

【第18問】

Xは、Yに対して1,000万円を貸与するにあたり、その担保としてZを連帯保証人にするとともに、Y所有の甲土地（時価3,000万円）に仮登記担保の設定を受けることにした。仮登記担保の内容は、1,000万円が弁済期に弁済されない場合には当然に甲土地の所有権がXに移転する旨を合意し、甲土地につきYからXへの所有権移転仮登記を行うものであった。この場合に関する次の①～④の記述のうち、その内容が最も適切でないものを1つだけ選びなさい。

① XとZとの間で連帯保証契約が締結されれば、特にYの同意がなくても、ZはYの連帯保証人となる。

② Yが弁済期に債務を弁済しない場合、Xは直ちにZに対して1,000万円の支払いを請求することができる。

③ Xが仮登記担保権を実行する場合、Xは甲土地の時価とYに対する債権の額との差額を清算する必要はまったくない。

④ Xが仮登記担保権を実行する場合に、甲土地について競売手続をとらなくてもよい。

第18問　　　　　　　　　　（公式テキストP.311～P.312、P.313～P.314）

［正　解］③

［解　説］

①は適切である。連帯保証契約は、債権者と連帯保証人との間で連帯保証契約を締結することによって成立する。**主債務者の同意等は必要とされていない。**

②は適切である。通常の保証と異なり、**連帯保証人には、催告の抗弁権・検索の抗弁権がない**（民法454条）。したがって、主債務者が弁済期に債務を弁済しない場合、債権者は直ちに連帯保証人に弁済を請求できる。

③は最も適切でない。仮登記担保権を実行する場合において、金銭債権の額を担保物の価額が超えるときは、**債権者はその超過部分を債務者に返還しなければならない**（**清算義務**、仮登記担保法３条）。

④は適切である。仮登記担保の特徴として、所有権移転の場合に比較して、登記費用が安いということのほか、問題文の通り、**担保権実行の際も裁判所における競売手続をとる必要がない**こと（私的実行）が挙げられる。

【第19問】

緊急時の債権回収手続に関する次のア～エの記述のうち、その内容が適切なものを○、適切でないものを×とした場合の組み合わせを①～⑧の中から1つだけ選びなさい。

ア．債権者が債権を強制的に回収するための裁判所の手続として、裁判所に訴状を提出し、当事者である原告と被告が法廷で口頭弁論を行い、判決の言渡しを受ける、民事訴訟がある。

イ．債権者が金銭債権を強制的に回収するための簡易迅速な手続である支払督促では、債権者は、簡易裁判所の書記官から債務者に対して支払督促を発するよう、簡易裁判所の書記官に申立てを行う。

ウ．強制執行の申立てをするには、強制執行を根拠づけ、正当化する文書である債権証書が必要である。

エ．強制執行の手続では、例えば、債務者が有する不動産を換価して債権を回収する場合、裁判所が当該不動産を差し押さえ、所定の手続を経て当該不動産を競売に付し、その代金から債権を回収することとなる。

① ア－○ イ－○ ウ－○ エ－○
② ア－○ イ－○ ウ－○ エ－×
③ ア－○ イ－○ ウ－× エ－○
④ ア－○ イ－× ウ－× エ－×
⑤ ア－× イ－○ ウ－○ エ－○
⑥ ア－× イ－× ウ－○ エ－×
⑦ ア－× イ－× ウ－× エ－○
⑧ ア－× イ－× ウ－× エ－×

第19問　(公式テキストP.316〜P.317)

［正　解］③

［解　説］

アは適切である。裁判所に訴状を提出し、当事者である原告と被告が法廷で口頭弁論を行い、判決の言渡しを受ける手続は、**民事訴訟**である。

イは適切である。**支払督促**は、債権者が金銭債権を強制的に回収するための簡易迅速な手続であり、債権者は、簡易裁判所の書記官から債務者に対して支払督促を発するよう、簡易裁判所の書記官に申立てを行う。

ウは適切でない。強制執行の申立てをするために必要とされる、強制執行を根拠づけ、正当化する文書は、**債務名義**である（民事執行法22条）。

エは適切である。強制執行の手続において、債務者が有する不動産を換価して債権を回収する場合、裁判所が当該不動産を差し押さえ、所定の手続を経て当該不動産を**競売**に付し、その代金から債権を回収することとなる。

【第20問】

緊急時の債権の回収に関する次のア～エの記述のうち、その内容が適切なものの組み合わせを①～⑥の中から1つだけ選びなさい。

ア．強制執行の申立てをするには、強制執行を根拠づけ正当化する文書、すなわち債務名義が必要である。

イ．債権者と債務者との間で成立した調停に基づき作成された調停調書は、債務名義とはならない。

ウ．民事訴訟の原告および被告は、第一審の裁判所に言い渡された判決に不服がある場合、控訴をすることができる。

エ．債務者が債務の履行期を過ぎてもその履行をしない場合は、債権者は、自らの実力を行使し、自力救済により自己の債権を回収することができる。

① アイ　② アウ　③ アエ　④ イウ　⑤ イエ　⑥ ウエ

第20問　　　　　　　　　　　　　　（公式テキストP.316〜P.317、P.319）

［正　解］②

［解　説］

アは適切である。強制執行は、私有財産に対する国家権力の行使であるため、慎重に行われなければならない。そのため、**強制執行を根拠づけ正当化する文書である債務名義がある場合に限り、強制執行をすることができる**（民事執行法22条）。

イは適切でない。裁判所の調停手続の結果作成された**調停調書にも、**確定判決などと同様、**債務名義としての効力が認められている。**

ウは適切である。**第一審の判決に対する不服申立てのことを控訴といい、**第一審において敗訴（一部敗訴を含む）した当事者は、上級裁判所に対して控訴をすることができる。

エは適切でない。**権利を有する者が自らの実力を行使して権利の実現を図ることを自力救済というが、**これを認めたのでは社会秩序を維持することができなくなるため、**自力救済は原則として禁止されており、**権利の実現は、あくまで裁判などの法の定めた手続等を通じて行わなければならないとされている。

【第21問】

裁判所が関与する債権回収手続に関する次のア～エの記述のうち、その内容が適切なものの個数を①～⑤の中から1つだけ選びなさい。

ア．民事訴訟は、裁判所に訴状を提出し、口頭弁論を経た上で、判決の言渡しを受ける手続である。

イ．調停は、裁判所に当事者が出頭し、話合いの上調停を成立させる手続である。調停が成立すると調停調書が作成されるが、調停調書は債務名義とはならないので、これに基づいて強制執行を行うことはできない。

ウ．支払督促は、債務者に対して簡易裁判所から支払督促を発してもらう手続である。

エ．即決和解は、当事者間の紛争に関する解決に向けた合意を前提に、簡易裁判所に対し、即決和解の申立てをし、和解を行う手続である。

①　0個　　②　1個　　③　2個　　④　3個　　⑤　4個

第21問　　　　　　　　　　　　　　　　（公式テキストP.316〜P.317）

［正　解］④

［解　説］

アは適切である。本肢の記述の通り、**民事訴訟は、原告が裁判所に訴状を提出して、当事者（原告・被告）が法廷で口頭弁論を行い、判決の言渡しを受ける手続である。**

イは適切でない。調停が成立すると調停調書が作成され、**調停調書は確定判決と同じ効力を有するので**（民事調停法16条、民事訴訟法267条）、**これを債務名義として強制執行をすることも可能である**（民事執行法22条７号）。

ウは適切である。支払督促は、**債権者が債務者の所在地を管轄する簡易裁判所の裁判所書記官**に対して支払督促の申立てをし、裁判所書記官がそれを受けて債務者に対して支払督促を発する手続である（民事訴訟法382条・383条）。

エは適切である。本肢の記述の通りである。なお、**即決和解の成立に際して作られる和解調書は債務名義となる**ので（民事訴訟法275条・267条、民事執行法22条７号）、一方当事者が和解条項を履行しないときには、本訴を提起せずに強制執行をすることが可能となる。

【第22問】

倒産処理手続に関する次のアおよびイの文についての①～④の記述のうち、その内容が最も適切なものを1つだけ選びなさい。

ア．倒産処理には、手続が法律上規定されており裁判所が関与する法的整理と、債権者と債務者の協議によって進められる任意整理がある。

イ．再建型整理であり、経済的に窮境にある債務者の事業または経済生活の再生を図ることを目的とする民事再生手続では、管財人が選任され、債務者は財産の管理処分権を失う。

① アおよびイのいずれも適切である。
② アのみが適切である。
③ イのみが適切である。
④ アおよびイのいずれも適切でない。

【第23問】

倒産処理手続に関する次の①および②の記述のうち、その内容が適切なものを1つだけ選びなさい。

① 清算型整理のうち、債務者が総債務を完済する見込みがない場合に強制的に債務者の全財産を換価して、総債権者に公平に分配し、清算することを目的とするものを破産といい、債務者が個人の場合にのみ利用することができる。

② 会社更生と民事再生は、ともに再建型整理であるが、担保権の行使について、会社更生の場合は担保権の行使が制限されるのに対し、民事再生の場合は原則として担保権は別除権とされる。

第22問 (公式テキストP.317~P.319)

[正　解] ②

[解　説]

アは適切である。倒産処理は、**法的整理**と**任意整理**とに分けることができる。

イは適切でない。再建型整理であり、経済的に窮境にある債務者の事業または経済生活の再生を図ることを目的とする民事再生手続では、原則として、**債務者は財産の管理処分権を失わない**。

第23問 (公式テキストP.317~P.319)

[正　解] ②

[解　説]

①は適切でない。破産は、**債務者が法人または個人いずれの場合も利用することができる**。

②は適切である。会社更生と民事再生は、再建型整理であるが、**担保権の扱いが異なる**。

第６章

企業と会社のしくみ

【第1問】

次のア～エの記述のうち、その内容が適切なものの個数を①～⑤の中から1つだけ選びなさい。

ア．消費者が小売店で物品を購入する場合のように、当事者の一方が商人ではない場合にも商法が適用されることがある。

イ．主債務者の債務が主債務者の商行為によって生じた場合でも、商法上、保証債務は連帯保証債務とはならない。

ウ．代理による取引を行う場合、その取引が商行為に該当するときも代理人の顕名がなければ原則として本人に取引の効果は帰属しない。

エ．債権者が債務者の債務不履行を理由に損害賠償を請求する場合、商行為についての賠償方法は金銭賠償が原則であるが、商行為でない取引についての賠償方法は原状回復が原則である。

①　0個　　②　1個　　③　2個　　④　3個　　⑤　4個

第1問　　(公式テキストP.334～P.338)

[正　解] ②

[解　説]

アは適切である。一般の消費者が小売店で物品を購入する場合には、小売店の販売行為は商行為であるが、消費者が商品を購入する行為は商行為ではない。このように、**当事者の一方にとってのみ商行為となるものを一方的商行為という。一方的商行為では、当事者双方に商法が適用される**（商法３条１項）。よって、本肢は適切である。

イは適切でない。**連帯保証は、通常の保証債務に認められる催告の抗弁権・検索の抗弁権を持たない**ため、債権者側からすれば、通常の保証と比べはるかに有利である。保証人が主たる債務者と連帯して履行することを特に合意した場合の保証は連帯保証となるが、このような合意がなくても、**債務が主たる債務者の商行為によって生じた場合や、保証が商行為の場合には、保証債務は当然に連帯保証債務となる**（商法511条２項）。よって、本肢は適切でない。

ウは適切でない。代理が成立するためには、i）代理権の存在、ii）顕名、iii）代理行為の３つの要件がすべて充たされることが必要である。しかし、**その代理行為が商行為である場合には、代理人の顕名がなくても原則として本人に取引の効果は帰属する**（商法504条）。よって、本肢は適切でない。

エは適切でない。**民法では、損害賠償は別段の意思表示がない場合には、金銭をもってその額を定める**（民法417条）とする。つまり、損害賠償を請求する場合には、その賠償方法は金銭賠償が原則とされている。よって、商行為でない取引については原状回復が原則であるとする本肢は適切でない。商行為に関する損害賠償請求についても、商法に規定がない限り、民法が適用されるため、民法417条により金銭賠償が原則である。

【第2問】

商法上の商行為に関する次のア～エの記述のうち、その内容が適切なものを○、適切でないものを×とした場合の組み合わせを①～⑥の中から1つだけ選びなさい。

ア．絶対的商行為は、例えば売却して利益を得るために不動産や有価証券を取得する行為などが該当し、強度の営利性があるために、商人でない者が行っても商行為となる。

イ．営業的商行為は、例えば賃貸して利益を得るための不動産や動産の取得、作業の請負、運送契約などが該当し、営業として反復的に営まれたときに商行為となる。

ウ．附属的商行為は、商人が営業のためにする補助的な商行為である。

エ．消費者が小売店で商品を購入する場合のように、一方の当事者にとってのみ商行為となるものを一方的商行為といい、一方的商行為については商人のみに商法が適用される。

	ア	イ	ウ	エ
①	アー○	イー○	ウー○	エー○
②	アー○	イー○	ウー○	エー×
③	アー○	イー×	ウー×	エー×
④	アー×	イー○	ウー○	エー○
⑤	アー×	イー×	ウー×	エー○
⑥	アー×	イー×	ウー×	エー×

第2問　　(公式テキストP.336～P.337)

[正　解] ②

[解　説]

アは適切である。**絶対的商行為**は、強度の営利性があるために、商人でない者が行っても商行為となる（商法501条）。

イは適切である。**営業的商行為**は、営業として反復的に営まれたときに商行為となる（商法502条）。

ウは適切である。商人が営業のためにする補助的な商行為を、**附属的商行為**という（商法503条）。

エは適切でない。消費者が小売店で商品を購入する場合のように、一方の当事者にとってのみ商行為となるものを**一方的商行為**といい、**一方的商行為**については当事者双方に商法が適用される（商法３条１項）。

【第3問】

商業登記に関する次の①および②の記述のうち、その内容が適切なものを1つだけ選びなさい。

① 株式会社については、会社の内容を示す重要事項が登記されているので、新たに重要な取引を行うにあたって相手方企業について調査する場合には、相手方企業の登記事項証明書を登記所（法務局）で入手し、確認するという方法が実務上一般に行われる。

② 会社が支配人に選任していない者を支配人として登記してもその登記は無効であり、その登記を信じて取引を行った者は一切保護されない。

【第4問】

商業登記に関する次のアおよびイの文についての①～④の記述のうち、その内容が最も適切なものを1つだけ選びなさい。

ア．商業登記に関し、登記事項は法定されていないが、例えば株式会社の場合には、設立時に会社の目的、商号などを登記するのが一般である。

イ．商業登記をすれば、交通途絶などの正当の事由により知らなかった者を除き、善意の第三者に対しても、登記した事項の存在を主張することができる。

① アおよびイのいずれも適切である。
② アのみが適切である。
③ イのみが適切である。
④ アおよびイのいずれも適切でない。

第3問 (公式テキストP.338～P.341)

［正　解］①

［解　説］

①は適切である。株式会社との間で新たに重要な取引を行うにあたり、相手方企業について調査する場合には、相手方企業の**登記事項証明書**を登記所（法務局）で入手し、確認するという方法が実務上一般的である。

②は適切でない。故意または過失によって不実の事項を登記した者は、その事項が不実であることをもって**善意の第三者に対抗することができない**（商法９条２項、会社法908条２項）。したがって、不実の登記を信じて取引を行った者は、一切保護されないわけではない。

第4問 (公式テキストP.338～P.341)

［正　解］③

［解　説］

アは適切でない。**登記事項は法定されている**。株式会社の場合には、会社の目的や商号などは登記事項として法定されている（会社法911条３項）。

イは適切である。このような登記の効力を**積極的公示力**という（商法９条１項、会社法908条１項）。

■ポイント

（商業登記の効力）

一般的効力	**消極的公示力**：登記事項については、登記がない限り善意の第三者に対抗できない。 **積極的公示力**：登記があれば、正当の事由（交通途絶など）により知らなかった者を除き、善意の第三者に対しても、登記した事項の存在を主張することができる。
特別な効力	①商号の譲渡は登記をすることにより、第三者に対抗することができる。 ②会社は本店所在地において設立の登記をすることによって成立する。

【第5問】

商号に関する次のア～エの記述のうち、その内容が適切なものの組み合わせを①～⑥の中から1つだけ選びなさい。

ア．会社は、商号の中にその会社の種類を示す文字（株式会社、合名会社、合資会社、合同会社）を使用しなければならない。

イ．商法では原則として商号は自由に選定できる旨を定めているが、商号は商人を他の商人と区別する機能を持つことから、1個の営業についての商号は原則として1個に限られる。

ウ．商号は設立時の登記事項とされており、個人企業の場合も会社の場合も常に登記しなければならないと定められている。

エ．商号が登記された場合には、他の者は、同一の都道府県内においては同一の営業のために同一あるいは類似の商号を登記することはできなくなる。

①　アイ　　②　アウ　　③　アエ　　④　イウ　　⑤　イエ　　⑥　ウエ

第5問 (公式テキストP.341〜P.343)

[正　解] ①

[解　説]

アは適切である（会社法6条2項）。問題文の記述とは逆に、**会社でない者はその商号中に会社であると誤認されるおそれのある文字を用いてはならない**（会社法7条）。また、銀行業や保険業など、一定の業種の会社は、商号中にその業種を表す特定の名称を用いなければならず、それ以外の者がその業種を表す文字を商号に用いることは禁じられている。

イは適切である。このことを**商号単一の原則**という。

ウは適切でない。**個人の場合には、商号を登記するか否かは自由である。**

エは適切でない。**商号が登記された場合、同一の営業所（会社の場合は本店）の所在場所で同一の商号を登記することはできない**（商業登記法27条）。

■関連知識

不正競争防止法による商号の保護

広く認識されている商号と同一あるいは類似の商号を使用して、その商品・営業と混同を生じさせる行為がなされ、それによって営業上の利益が侵害されるおそれがある場合には、その侵害の停止・予防を請求することができる。また、そうした行為により営業上の信用が侵害された場合、損害賠償請求・信用回復措置請求をすることができる（不正競争防止法2条1項1号2号・3条・4条・14条）。

【第6問】

株式会社のしくみに関する次のア〜エの記述のうち、その内容が適切なものを○、適切でないものを×とした場合の組み合わせを①〜⑥の中から1つだけ選びなさい。

ア. 株式会社においては、株主はその持株数に応じて会社から平等に取り扱われるという株主平等の原則がとられている。

イ. 株主は、株式を自由に譲渡することは認められておらず、すべての株式会社において株主は、株式会社の承認を得なければ、株式を譲渡することができない。

ウ. 株式会社の経営は、株主総会で選任した取締役などに委ねることとしており、これを所有と経営の分離という。

エ. 株主が間接有限責任しか負わない結果、会社債権者に対する財産的基礎は、会社財産だけということになるため、会社財産確保の観点から資本制度が設けられ、その確保や充実、維持に関する規定が設けられている。

①	アー○	イー○	ウー○	エー○
②	アー○	イー○	ウー×	エー○
③	アー○	イー×	ウー○	エー○
④	アー×	イー○	ウー×	エー×
⑤	アー×	イー×	ウー○	エー×
⑥	アー×	イー×	ウー×	エー×

第6問　(公式テキストP.348～P.349)

[正　解] ③

[解　説]

アは適切である。株主は、原則として、その持株数に応じて会社から平等に取り扱われることとされており、これを**株主平等の原則**という（会社法109条１項）。

イは適切でない。株主は、原則として、株式の自由な譲渡を認められており、これを**株式譲渡自由の原則**という。

ウは適切である。株式会社の経営は、機動的に行うことを可能とする等のため、株主総会で選任した取締役などに委ねることとしており、これを**所有と経営の分離**という。

エは適切である。株式会社では、会社財産確保の観点から**資本制度**が設けられ、その確保や充実、維持に関する規定が設けられている。

【第7問】

取締役に関する次のアおよびイの文についての①～④の記述のうち、その内容が最も適切なものを1つだけ選びなさい。

ア．株式会社の実質的所有者である株主で構成される株主総会は、取締役を選任する権限を有するが、解任する権限は有しない。

イ．取締役が2名以上いる場合には、定款、定款の定めに基づく取締役の互選または株主総会の決議によって、代表取締役を選定しなければならない。

① アおよびイのいずれも適切である。
② アのみが適切である。
③ イのみが適切である。
④ アおよびイのいずれも適切でない。

【第8問】

取締役および取締役会に関する次の①および②の記述のうち、その内容が適切なものを1つだけ選びなさい。

① 代表取締役は、対外的に会社を代表する機関である。

② 取締役会は、社外取締役を除く取締役で構成され、業務執行に関する意思決定を行う。

第7問 (公式テキストP.354～P.358)

[正　解] ④

[解　説]

アは適切でない。株主総会は、**取締役の選任および解任の権限を有する**（会社法329条1項・339条1項）。

イは適切でない。代表取締役は、取締役が2名以上いる場合に、定款、定款の規定に基づく**取締役の互選または株主総会の決議によって選定することができる**（会社法349条3項）が、必ずしも選定を義務付けられるわけではない。

第8問 (公式テキストP.354～P.358)

[正　解] ①

[解　説]

①は適切である。**代表取締役**は、対外的に会社を代表する機関である（会社法47条1項）。

②は適切でない。取締役会は、社外取締役を含む**すべての取締役で構成され**、業務執行に関する意思決定を行う（会社法362条）。

【第9問】

取締役に関する次の①～④の記述のうち、会社法の規定に照らし、その内容が最も適切でないものを1つだけ選びなさい。

① 取締役は、その職務の執行について、会社に対して損害賠償責任を負うことはあっても、第三者に対して損害賠償責任を負うことはあり得ない。

② 取締役の責任は、本来会社自身が追及すべきであるが、会社がその追及を怠っている場合、原則として引き続き6か月以上株式を有する株主は自ら会社のために取締役の責任を追及する訴えを提起することが認められている。

③ 取締役が会社から金銭を借り入れたり、取締役が会社に商品等を売ったりする、利益相反取引を行うには、株主総会（取締役会設置会社では取締役会）の承認が必要とされている。

④ 配当可能な利益がないのに剰余金の配当議案を株主総会に提出して違法な配当がなされた場合、取締役はその配当額に相当する金銭を会社に支払わなければならない。

第9問　(公式テキストP.354～P.357)

[正　解] ①

[解　説]

①は最も適切でない。取締役は、会社との関係で忠実義務（会社法355条）ないし委任関係に基づく善管注意義務（会社法330条、民法644条）があり、契約法上は会社に対してのみ責任を負い、第三者に対しては、一般の不法行為責任を負うだけである。しかし、取締役の権限の強大さに鑑み、不法行為責任とは別に法が特別に定めたのが取締役の第三者に対する責任である。**取締役が職務を執行するにあたり、悪意・重過失によって第三者に損害を与えた場合、当該取締役はそれと相当因果関係のある損害について賠償責任を負う**（会社法429条）。

②は適切である。いわゆる株主代表訴訟（責任追及等の訴え）である（会社法847条）。委任者である会社に対して責任を負う取締役は、会社からその責任を追及されるのが本来の形である。しかし、会社とのなれ合いやその他の人的な事情等から、会社が取締役に対して厳しく責任を追及しないことも予想される。そこで、会社法は、**会社の実質的な所有者である株主に、会社に代わって取締役の責任を追及する手段を与えた**のである。

③は適切である。利益相反取引については、取締役の利益のために会社が損害を受けるおそれがある。そこで、**利益相反取引を行うには、株主総会または取締役会の承認が必要とされている**（会社法356条１項・365条１項）。

④は適切である。違法配当については、取締役には自らその職務を行うについて注意を怠らなかったことを証明すべき極めて重い責任が課せられている。**違法配当をした取締役は、その交付した金銭等の帳簿価額に相当する金銭を会社に弁済しなければならない**（会社法462条）。

【第10問】

株式会社の機関に関する次の①～④の記述のうち、その内容が適切なものを2つ選びなさい。

① 取締役会設置会社の株主総会においては、会社法や定款に定められた株式会社の基本的事項に限り、決議することができる。

② 会社法の規定に基づき、株主が会社に対し取締役の責任を追及する訴えの提起を請求したにもかかわらず、所定の期間内に会社が訴えを提起しなかった場合、当該株主は、会社に対する取締役の責任を追及する訴え（株主代表訴訟）を提起することができる。

③ 株式会社の監査役は、取締役および会計参与の職務執行や会社の計算書類を監査する権限を有するが、取締役、会計参与および支配人等の使用人に対して事業の報告を求める権限は有しない。

④ 会計参与を設置した株式会社では、取締役が作成した計算書類等について、会計参与の監査を受けなければならない。

第10問　(公式テキストP.352、P.356～P.359)

[正　解] ①、②

[解　説]

①は適切である。会社法上、株主総会は、会社法に規定する事項および株式会社の組織、運営、管理その他株式会社に関する一切の事項について決議をすることができるとされているが（会社法295条１項）、**取締役会が設置されている会社においては、株主総会は会社法に規定する事項および定款で定めた事項に限り決議をすることができる**とされている（会社法295条２項）。

②は適切である。６か月（これを下回る期間を定款で定めた場合にあっては、その期間）前から引き続き株式を有する株主は、株式会社に対し、書面その他の法務省令で定める方法により、役員等の責任を追及する訴えの提起を請求することができる（会社法847条１項本文）。そして、株式会社がこの請求の日から60日以内に責任追及等の訴えを提起しないときは、当該請求をした株主は、株式会社のために、責任追及等の訴えを提起することができる（会社法847条３項）。

③は適切でない。**監査役は、いつでも取締役および会計参与ならびに支配人その他の使用人に対して事業の報告を求めることができる**（会社法381条２項）。

④は適切でない。**会計参与は、取締役と共同して計算書類を作成する権限を有する会社法上の機関**であり（会社法374条１項）、監査役や会計監査人と異なり、計算書類を監査する立場にはない。

【第11問】

会社法上の会社の使用人に関する次の①～④の記述のうち、その内容が最も適切でないものを1つだけ選びなさい。

① 事業に関するある種類または特定の事項の委任を受けた使用人は、会社に代わって当該事項に関する一切の裁判外の行為をする権限を有する。

② 支配人は、会社の許可を受けなくても、自己または第三者のために会社の事業の部類に属する取引をすることができる。

③ 支配人が有する包括的代理権に、会社が何らかの制限を加えたとしても、会社はその制限を善意の第三者に対抗することはできない。

④ 物品の販売等を目的とする店舗の使用人は、相手方が悪意であるときを除き、その店舗にある物品の販売等をする権限を有するものとみなされる。

第11問　(公式テキストP.362～P.365)

［正　解］②

［解　説］

①は適切である。事業に関するある種類または特定の事項の委任を受けた使用人は、一般に、部長、課長、係長、主任などが該当すると考えられているが、これらの者は、**当該事項に関しては、会社に代わって一切の裁判外の行為をする権限を有する**とされる（会社法14条１項）。

②は最も適切でない。支配人は、競業避止義務を課せられており、**会社の許可を受けなければ、自己または第三者のために会社の事業の部類に属する取引を行うことはできない**（会社法12条）。

③は適切である。会社が支配人に加えた権限の制限については、これを**善意の第三者**に対抗することができない（会社法11条３項）。

④は適切である。**物品の販売等を目的とする店舗の使用人は、その店舗にある物品の販売等をする権限を有するものとみなされる**ため（会社法15条）、実際にはその権限がなかったとしても、その権限がないことにつき善意の相手方には、権限がないことを主張することができない。ただし、**権限がないことにつき悪意の相手方**に対しては、その権限がないことを主張することができる。

第7章 企業と従業員の関係

【第1問】

労働契約に関する次の①および②の記述のうち、その内容が適切なものを1つだけ選びなさい。

① 労働者が使用者に使用されて労働し、使用者がこれに対して賃金を支払うことについて、両者が合意することによって成立する契約を労働契約といい、労働契約に適用される法律として、労働契約法が定められている。

② 労働基準法上、使用者による労働者の解雇は、少なくとも10日前に予告して行わなければならない。

【第2問】

労働契約に関する次のアおよびイの文についての①〜④の記述のうち、その内容が最も適切なものを1つだけ選びなさい。

ア．労働契約が成立すると、使用者は、労働者がその生命、身体等の安全を確保しつつ労働することができるよう、必要な配慮をすることが求められ、これを一般に安全配慮義務という。

イ．賃金とは、労働基準法上、賃金、給料、手当、賞与その他名称の如何を問わず、労働の対償として使用者が労働者に支払うすべてのものをいう。

① アおよびイのいずれも適切である。
② アのみが適切である。
③ イのみが適切である。
④ アおよびイのいずれも適切でない。

第1問　(公式テキストP.368～P.387)

[正　解] ①

[解　説]

①は適切である。**労働契約**は、労働者が使用者に使用されて労働し、使用者がこれに対して賃金を支払うことについて、両者が合意することによって成立する契約であり、労働契約法が適用される。

②は適切でない。労働基準法上、使用者による労働者の解雇は、原則として、**少なくとも30日前**に予告して行うことが必要である（労働基準法20条１項）。

第2問　(公式テキストP.368～P.387)

[正　解] ①

[解　説]

アは適切である。労働契約が成立すると、使用者は、労働者がその生命、身体等の安全を確保しつつ労働することができるよう、必要な配慮をすることが求められ、これを一般に**安全配慮義務**という（労働契約法５条）。

イは適切である。**賃金**とは、賃金、給料、手当、賞与その他名称の如何を問わず、労働の対償として使用者が労働者に支払うすべてのものをいう（労働基準法11条）。

【第3問】

労働基準法に関する次のア～エの記述のうち、その内容が適切なものを○、適切でないものを×とした場合の組み合わせを①～⑥の中から1つだけ選びなさい。

ア．常時労働者を使用する使用者は、その労働者の人数の多寡にかかわらず、労働条件や職場の規律などを定めた就業規則を作成しなければならない。

イ．賃金について、使用者は、その全額を、通貨で、毎月1回以上、一定の期日を定めて、直接、労働者に支払わなければならない。

ウ．使用者は、労働時間が一定の長さを超える場合、労働時間の途中に所定の休憩時間を労働者に与えなければならない。

エ．就業規則の内容が労働協約に抵触する場合、当該事業場を管轄する労働基準監督署長は、就業規則の変更命令を出すことができる。

① ア－○　イ－○　ウ－○　エ－○
② ア－○　イ－○　ウ－×　エ－○
③ ア－○　イ－×　ウ－×　エ－×
④ ア－×　イ－○　ウ－○　エ－○
⑤ ア－×　イ－×　ウ－○　エ－×
⑥ ア－×　イ－×　ウ－×　エ－×

第3問　　(公式テキストP.370～P.387)

［正　解］④

［解　説］

アは適切でない。**常時10名以上の労働者を使用する使用者**は、就業規則を作成し、所轄の労働基準監督署長に届け出なければならない（労働基準法89条）。

イは適切である。使用者は、**賃金**について、その全額を、通貨で、毎月１回以上、一定の期日を定めて、直接、労働者に支払わなければならない（労働基準法24条）。

ウは適切である。使用者は、労働時間が６時間を超える場合においては少なくとも45分、８時間を超える場合においては少なくとも１時間の**休憩時間**を労働時間の途中に与えなければならない（労働基準法34条１項）。

エは適切である。当該事業場を管轄する労働基準監督署長は、**法令または労働協約に抵触する就業規則**の変更を命ずることができる（労働基準法92条２項）。

【第4問】

労働関連法規に関する次のア～エの記述のうち、その内容が適切なものの個数を①～⑤の中から1つだけ選びなさい。

ア．A社は未成年労働者の生活態度が乱れるのをおそれ、給与の大部分は使用者が管理する銀行口座に繰り入れ、小遣いだけを毎月渡すことにしている。このような取扱いは、未成年労働者が成年に達するまでの短期間に限り、やむを得ないものとして労働基準法上認められている。

イ．労働者は、2人以上集まれば労働組合を結成して組合活動をすることができるが、労働組合への加入・脱退は各労働者の自由である。

ウ．労働者派遣法上の派遣元事業主であるB社は、雇用契約を締結しているDを派遣先であるC社に派遣している。この場合、C社はDに対して労働時間等に関する労働基準法上の責任は負わない。

エ．使用者が労働者を法定労働時間を超えて労働させるには、公共職業安定所長の許可を得なければならない。

① 0個　② 1個　③ 2個　④ 3個　⑤ 4個

第4問　　　　　　　　　　　（公式テキストP.378～P.380、P.388、P.397～P.400）

［正　解］②

［解　説］

アは適切でない。たとえ未成年でも、労働者である以上、**賃金を通貨で・本人に直接・全額を・毎月1回以上・一定期日に支払うという、賃金支払いの原則**が適用される（労働基準法24条）。

イは適切である。**労働者は2人以上集まれば労働組合を結成し組合活動をすることができ、自由に加入・脱退することもできる。**

ウは適切でない。派遣先は派遣労働者に対して**労働時間、休憩等の労働条件に関する労働基準法上の責任を負う**。

エは適切でない。労働者を法定労働時間を超えて労働させるのには、**時間外労働に関する労使協定（いわゆる三六協定）の締結が必要であり、所轄労働基準監督署長に届け出る必要がある**（労働基準法36条）が、公共職業安定所長の許可を得るものではない。

■キーワード

法定労働時間

法定労働時間は、労働基準法32条に次の通り規定されており、使用者は、これを超えて労働者に労働させることは原則としてできない。

・1週間について……休憩時間を除き40時間
・1週間の各日について……休憩時間を除き1日について8時間

【第5問】

企業と従業員の労働関係を律する各種の法律に関する次のア～エの記述のうち、その内容が適切なものの組み合わせを①～⑥の中から1つだけ選びなさい。

ア．三六協定を締結すれば、使用者は、労働者に法定労働時間を超えて労働させても割増賃金を支払う必要はない。

イ．賃金は、労働者に直接支払わなければならない。

ウ．期間の定めのない労働契約においては、使用者はいつでも当該労働契約を解約することができる。この場合、使用者側からの労働契約の解除（解雇）について、労働法上の制限は一切ない。

エ．労働基準法は、労働者の労働条件や待遇等に関する最低基準を定めるとともに、それに違反した使用者に対する刑事罰を定めている。

① アイ　② アウ　③ アエ　④ イウ　⑤ イエ　⑥ ウエ

第5問 (公式テキストP.370～P.387)

[正　解] ⑤

[解　説]

労働基準法は、原則として、労働組合が存在するか否かにかかわらず、労働者を１人でも使用するすべての事業または事務所に適用される。同法は、労働条件の最低基準を定め、これに違反する使用者を罰則と行政官庁による監督指導をもって取り締まる法律である。労働基準法に定める基準が遵守されているかどうかを監督するために、労働基準監督署が設置されている。

アは適切でない。いわゆる三六協定を締結しても、使用者が**法定労働時間を超えて労働者に労働をさせた場合、所定の割増賃金を支払わなければならない**。

イは適切である。**賃金の直接払いの原則**である。

ウは適切でない。使用者からの労働契約の解除（解雇）について、**解雇権濫用法理の適用**、解雇制限、解雇予告等の制限がある。

エは適切である。労働基準法については、本肢の記述の通りである。

【第6問】

労働組合法に関する次の①～④の記述のうち、その内容が最も適切でないものを1つだけ選びなさい。

① 労働組合を結成した者を使用者が人事等で不利益に扱うことは労働組合法で禁じられている。

② 労働者は、2人以上集まれば労働組合を結成でき、また労働組合への加入、脱退は原則として自由である。

③ 労働組合は、団体交渉で労働条件等の交渉ができ、使用者と労働協約を定めることができる。

④ 労働組合は、労使関係について使用者と団体交渉をする権利を有しており、使用者側はいかなる場合でも団体交渉を拒否することは認められない。

第6問　　　　　　　　　　　　　　　　　　　　　（公式テキストP.388）

［正　解］④

［解　説］

労働組合とは、労働者が主体となって自主的に労働条件の維持改善その他経済的地位の向上を図ることを主たる目的として組織する団体または連合団体である（労働組合法２条）。

労働組合を結成し、使用者と交渉することは、労働者の正当な権利であり、この権利を不当に侵害する使用者の行為は、労働組合法により不当労働行為として禁止されている（労働組合法７条）。

（不当労働行為の類型）

- **正当な組合活動などを理由とする不利益取扱いおよび黄犬契約の締結**

  使用者は、労働者が労働組合の組合員であること、労働組合に加入もしくは結成しようとしたことなどを理由として、人事、給与等について不利益な取扱いをしてはならない。

  また、黄犬契約（労働組合への不加入または脱退を条件とする労働契約）を締結してはならない。

- **正当な理由がない団体交渉の拒否**

  労働組合は、労働組合または労働者のために、労使関係事項について使用者と団体交渉をする権利を有し、使用者は団体交渉の申入れを正当な理由なく拒否してはならない。

- **労働組合の結成、運営に対する支配介入および労働組合の運営経費に対する経理上の援助**

  労働組合は自主的に運営されなければならない。したがって、労働組合の経費の支払いにつき使用者が経理上の援助を与えることは原則として許されない。

- **労働委員会の手続に関与したことを理由とする不利益取扱い**

したがって、①、②、③は適切である。④は、「いかなる場合でも」という記述が適切でない。正当な理由があれば拒否することができる。

【第7問】

男女雇用機会均等法に関する次の①～④の記述のうち、その内容が適切なものを2つ選びなさい。

① 事業主は、職場において行われる性的な言動により労働者の就業環境が害されることのないよう、当該労働者からの相談に応じ、適切に対応するために必要な体制の整備その他の雇用管理上必要な措置を講じなければならない。

② 事業主は、労働者の配置、教育訓練等一定の事項については、労働者の性別を理由として、差別的取扱いをすることができる。

③ 事業主は、女性労働者が婚姻し、妊娠し、または出産したことを退職理由として予定する定めをしてはならない。

④ 事業主は、労働者の募集および採用にあたり、労働者の身長および体重を要件とするなど、労働者の性別以外の事由を要件とすることは、実質的に性別を理由とする差別となるおそれがあるとしても、男女雇用機会均等法に違反することはない。

第7問　(公式テキストP.390～P.392)

[正　解] ①、③

[解　説]

①は適切である。事業主は、職場において行われる性的な言動により労働者の就業環境が害されることのないよう、当該労働者からの相談に応じ、適切に対応するために必要な体制の整備その他の**雇用管理上必要な措置**を講じなければならない（男女雇用機会均等法11条1項）。

②は適切でない。事業主は、労働者の配置、教育訓練等一定の事項について、**労働者の性別を理由として、差別的取扱いをしてはならない**（男女雇用機会均等法6条）。

③は適切である。事業主は、**女性労働者が婚姻し、妊娠し、または出産したこと**を退職理由として予定する定めをしてはならない（男女雇用機会均等法9条1項）。

④は適切でない。事業主は、募集および採用等に関する措置であって労働者の性別以外の事由を要件とするもののうち、労働者の身長、体重または体力を要件とすることのように、**実質的に性別を理由とする差別となるおそれがある措置**として厚生労働省令で定めるものについては、一定の合理的な理由がある場合でなければ、これを講じてはならない（男女雇用機会均等法7条）。

【第8問】

労働者派遣法に関する次のアおよびイの文についての①～④の記述のうち、その内容が最も適切なものを1つだけ選びなさい。

ア．労働者派遣とは、自己の雇用する労働者を、当該雇用関係の下に、かつ、他人の指揮命令を受けて、当該他人のために労働に従事させることをいい、当該他人に対し当該労働者を当該他人に雇用させることを約してするものを含まないものとされる。

イ．派遣労働者と派遣先の関係は、当該労働者が派遣先の指揮命令を受けて労働に従事する点で、請負契約関係にあるといえる。

① アおよびイのいずれも適切である。
② アのみが適切である。
③ イのみが適切である。
④ アおよびイのいずれも適切でない。

【第9問】

労働者派遣法に関する次の①および②の記述のうち、その内容が適切なものを1つだけ選びなさい。

① 労働者派遣事業を行うことのできる業務には、特に種類の制限はなく、すべての業務が労働者派遣事業の対象となる。

② 派遣先は、派遣労働者と雇用関係はないが、労働時間や休憩などの労働法上の責任を負う。

第8問
(公式テキストP.397〜P.400)

[正　解] ②

[解　説]

アは適切である。**労働者派遣**の定義については、本肢の記述の通りである（労働者派遣法２条１号）。

イは適切でない。派遣労働者は派遣先の指揮命令を受けるが、**派遣労働者と派遣先の関係は、雇用契約関係でも請負契約関係でもない。**

第9問
(公式テキストP.397〜P.400)

[正　解] ②

[解　説]

①は適切でない。港湾運送業務、建設業務、警備業務その他政令で定める業務については、**労働者派遣事業を行ってはならない**（労働者派遣法４条１項）。

②は適切である。派遣先は、派遣労働者に対し、**労働時間や休憩のほか、時間外労働や休日労働などについて労働法上の責任を負う。**

第８章

ビジネスに関連する家族法

【第1問】

夫婦間の法律関係に関する次のアおよびイの文についての①～④の記述のうち、その内容が最も適切なものを1つだけ選びなさい。

ア．夫婦財産契約が締結されていない場合、夫婦のいずれに属するか明らかでない財産は、その共有に属するものとみなされる。

イ．婚姻は、社会的に夫婦と認められる状況があれば、婚姻の届出がなくても、その効力を生じる。

① アおよびイのいずれも適切である。
② アのみが適切である。
③ イのみが適切である。
④ アおよびイのいずれも適切でない。

【第2問】

夫婦間の法律関係に関する次の①および②の記述のうち、その内容が適切なものを1つだけ選びなさい。

① 夫婦財産契約が締結されていない場合、婚姻費用の支出など日常必要な家事について生じた債務については、夫婦は連帯して責任を負う。

② 夫婦が離婚した場合、夫婦の財産関係は、婚姻の時に遡って消滅する。

第1問

(公式テキストP.402～P.407)

[正　解] ④

[解　説]

アは適切でない。夫婦財産契約がない場合、夫婦間の財産関係は、民法が定める基準に従って決定される（**法定財産制**）。そして、夫婦のいずれに属するか明らかでない財産は、その**共有に属するものと推定される**（民法762条2項）のであって、みなされるのではない。

イは適切でない。婚姻は、戸籍法の定めるところにより**届け出ることによって、**その効力を生じる（民法739条1項）。

第2問

(公式テキストP.402～P.407)

[正　解] ①

[解　説]

①は適切である。法定財産制の下では、夫婦の一方が日常の家事に関して第三者と法律行為をしたときは、他の一方は、これによって生じた債務について、**連帯して責任を負う**（民法761条本文）。このような債務を、**日常家事債務**という。

②は適切でない。夫婦が離婚した場合、夫婦の財産関係は、**将来に向かって消滅する**。

【第3問】

夫婦間における法定財産制に関する次のア〜エの記述のうち、民法の規定に照らし、その内容が適切なものを○、適切でないものを×とした場合の組み合わせを①〜⑥の中から1つだけ選びなさい。

ア．法定財産制の下では、夫婦がそれぞれ自分の財産を所有し管理することとされており、これを夫婦別産制という。

イ．夫婦の一方が、婚姻前から有する預金等の財産や、婚姻中に親から相続した財産のように婚姻中に自己の名で取得した財産は、夫婦の共有財産となる。

ウ．婚姻生活を維持していくためには、生計費や医療費などの婚姻費用が必要となるが、婚姻費用は、夫婦が、その資産、収入その他一切の事情を考慮して、分担する。

エ．食料や衣類の購入など、日常で必要な家事に関して生じた債務については、原則として、夫婦が連帯して責任を負う。

① ア−○　イ−○　ウ−○　エ−○
② ア−○　イ−○　ウ−×　エ−○
③ ア−○　イ−×　ウ−○　エ−○
④ ア−×　イ−○　ウ−×　エ−×
⑤ ア−×　イ−×　ウ−○　エ−×
⑥ ア−×　イ−×　ウ−×　エ−×

第3問　(公式テキストP.404～P.407)

[正　解] ③

[解　説]

アは適切である。夫婦がそれぞれ自分の財産を所有し管理する制度を**夫婦別産制**という。

イは適切でない。夫婦の一方が、婚姻前から有する預金等の財産や、婚姻中に親から相続した財産のように婚姻中に自己の名で取得した財産は、夫婦の一方が単独で有する**特有財産**となる（民法762条１項）。

ウは適切である。夫婦は、その資産、収入その他一切の事情を考慮して、婚姻から生ずる費用（**婚姻費用**）を分担する（民法760条）。

エは適切である。夫婦の一方が日常の家事に関して第三者と法律行為をしたときは、他の一方は、原則として、これによって生じた債務（**日常家事債務**）について、連帯してその責任を負う（民法761条）。

【第4問】

AとBが夫婦である場合に関する次のア～エの記述のうち、民法の規定に照らし、その内容が適切なものの個数を①～⑤の中から選びなさい。

ア．婚姻後にAがA名義で取得した財産は、常にA個人の特有財産とされ、夫婦共有の財産とされることはない。

イ．Aが物を購入したことによって負った債務につき、Bが支払義務を負うことは一切ない。

ウ．婚姻後にAB間で取り交わされた契約は、夫婦といえども、一切取り消すことはできない。

エ．AとBが離婚した場合、婚姻に際して改氏していたBは、婚姻前の氏に復し、いかなる場合でも、離婚時に称していた氏をそのまま称することはできない。

① 0個　② 1個　③ 2個　④ 3個　⑤ 4個

第4問　　　　　　　　　　　　　　　　(公式テキストP.402～P.407)

［正　解］①

［解　説］

アは適切でない。婚姻中に取得した財産が誰の所有になるのかということは、**その名義ではなく、どのように取得したのかという実態によって判断される**ので、AがA名義で取得した財産だからといって必ずしもA個人の財産と認定されるわけではない。

イは適切でない。**日常家事債務については、夫婦は、連帯して責任を負う**とされており（民法761条）、Aの負った債務が日常家事債務に該当すれば、Bも支払義務を負うこととなる。

ウは適切でない。**夫婦間の契約は、婚姻中はいつでも取り消すことができる**とされている（民法754条）。

エは適切でない。婚姻に際して改氏した配偶者は婚姻前の氏に復するのが原則であるが、**離婚のときから3か月以内に本籍地または住所地の市区町村役場に届け出る**ことによって離婚時に称していた氏をそのまま称することができる（民法767条）。

【第5問】

相続に関する次のア～エの記述のうち、民法の規定に照らし、その内容が適切なものの組み合わせを①～⑥の中から1つだけ選びなさい。

ア. 相続により相続人に承継される財産は、不動産、動産、預金等の積極財産に限られ、金銭債務等の消極財産は相続されない。

イ. Xが配偶者Yに自己の財産をすべて相続させる旨の遺言を作成した。この場合、民法上、Xは、その生存中に遺言を撤回することができない。

ウ. 相続人が複数いる場合、個々の相続人が単独で限定承認をすることはできないが、相続放棄は個々の相続人が単独ですることができる。

エ. 遺産分割協議は、相続を放棄した者を除き、共同相続人の全員の合意がなければ成立しない。

① アイ　② アウ　③ アエ　④ イウ　⑤ イエ　⑥ ウエ

第5問　　(公式テキストP.408～P.423)

［正　解］⑥

［解　説］

アは適切でない。相続により相続人に承継される財産には、被相続人に帰属していたすべての財産が含まれ（民法896条）、**不動産、動産、預金等のプラスの財産（積極財産）だけでなく、金銭債務のようなマイナスの財産（消極財産）**も相続される。

イは適切でない。遺言は、被相続人の最終の意思を尊重することを目的としているので、いったん遺言を作成した場合も、その遺言書を破棄するなどして**遺言を撤回することは、理由の如何を問わず自由に認められている**（民法1022条・1024条）。

ウは適切である。相続放棄は、個々の相続人が単独で行うことができるため、複数の相続人がいる場合、相続放棄を行う相続人と行わない相続人とにわかれる可能性がある。これに対し、限定承認は、**相続人全員が共同して行わなければならず**（民法923条）、相続人の一部のみ限定承認をするという事態は生じ得ない。

エは適切である。遺産分割協議は、相続人の全員によってなされなければ有効とはならない。しかし、**相続放棄をした相続人は、相続放棄をした時点で相続人ではなくなる**ため（民法939条）、その者を含めずに遺産分割協議を行うことができる。

【第6問】

相続に関する次のアおよびイの文についての①～④の記述のうち、民法の規定に照らし、その内容が最も適切なものを1つだけ選びなさい。

ア．被相続人の配偶者は、常に相続人となる。

イ．相続の限定承認は、被相続人が死亡した時から一定の期間内に家庭裁判所に申述して行わなければならない。

① アおよびイのいずれも適切である。
② アのみが適切である。
③ イのみが適切である。
④ アおよびイのいずれも適切でない。

【第7問】

相続に関する次の①および②の記述のうち、その内容が適切なものを1つだけ選びなさい。

① 相続の開始によって生じた相続の効力を家庭裁判所に申述して拒絶することを相続の放棄という。

② 複数の相続人がいる場合、限定承認は、各相続人がそれぞれ個別に選択することができる。

第6問　(公式テキストP.408〜P.423)

［正　解］②

［解　説］

アは適切である。被相続人の配偶者は、**常に相続人となる**（民法890条）。

イは適切でない。相続の限定承認は、**相続人が自己のために相続の開始があったことを知った時から3か月以内**に家庭裁判所に申述して行わなければならない（民法924条）。

第7問　(公式テキストP.408〜P.423)

［正　解］①

［解　説］

①は適切である。**相続の放棄**とは、相続の開始によって生じた相続の効力を家庭裁判所に申述して拒絶することであり、相続の放棄をした者は、その相続に関しては、初めから相続人とならなかったものとみなされる（民法939条）。

②は適切でない。複数の相続人がいる場合、限定承認は、**相続人全員が共同して行わなければならない**（民法923条）。

【第8問】

Aには、配偶者Bとの間に長男C、長女Dがいる。また、Aには父E、母F、弟Gがいる。Cには妻Hとの間に長男Iがいる（Aにはこのほかに親族がいないものとする）が、Cは3年前に交通事故ですでに死亡している。
この場合において、Aが遺言をせずに死亡したときに相続人となる者の組合せを①～④の中から1つだけ選びなさい。

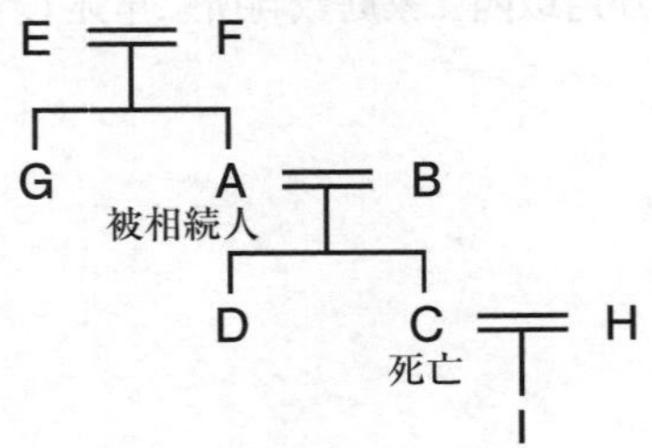

① BDI
② BDH
③ BDHI
④ DEFG

第8問　　　　　　　　　　　　　　　　　　（公式テキストP.409～P.410）

［正　解］①

［解　説］

配偶者は常に相続人となる（民法890条）。よってBは相続人となる。次に、**子は第一順位の相続人であるから**（民法887条１項）、Dは相続人となる。また、Cはすでに死亡しているので、その子のＩが代襲相続する（民法887条２項）。**子が相続人となる場合には、直系尊属や兄弟姉妹は相続人になれない。**

■ポイント

（法定相続人の範囲）

配偶者は常に相続人となる		
配偶者以外	第一順位	**被相続人の子** （子が先に死亡していて孫がいる場合は代襲相続がなされる）
	第二順位 （被相続人に子がいない場合）	**被相続人の直系尊属**
	第三順位 （被相続人に子も直系尊属もいない場合）	**兄弟姉妹** （兄弟姉妹が先に死亡している場合はその子（被相続人の甥・姪）が代襲相続する）

【第9問】

Aには配偶者Bがおり、AB間には長男C、長女Dがいる。また、Aには、父E、姉Fがいる（そのほかに親族はいないものとする）。Aが6,000万円の財産を残して死亡した。この場合に関する次の①～④の記述のうち、民法の規定に照らし、その内容が適切なものを2つ選びなさい。

① 法定相続人になるのは、B・C・D・E・Fであり、それぞれの法定相続分は、Bが3,000万円、C・D・E・Fがそれぞれ750万円である。

② AがDにすべての財産を遺贈するとの遺言をした場合、遺留分権利者はB・C・E・Fであり、その額はBが1,500万円、C・E・Fがそれぞれ500万円である。

③ 法定相続人になるのは、B・C・Dであり、それぞれの法定相続分は、Bが3,000万円、C・Dがそれぞれ1,500万円である。

④ AがDにすべての財産を遺贈するとの遺言をした場合、遺留分権利者はB・Cであり、その額はBが1,500万円、Cが750万円である。

第9問　　(公式テキストP.409～P.410、P.416～P.417)

[正　解] ③、④

[解　説]

本問において、**法定相続人になるのは配偶者であるB、長男Cおよび長女Dであり**、それぞれの法定相続分は、Bが3,000万円、C・Dがそれぞれ1,500万円である。よって、①は適切でなく、③が適切である。

なお、**AがDにすべての財産を遺贈するとの遺言をした場合、遺留分権利者はB・Cであり**、その額はBが1,500万円、Cが750万円である。よって、②は適切でなく、④が適切である。

■ポイント

(法定相続分)

配偶者と子が相続人である場合	配偶者＝２分の１　子＝２分の１ (子が複数いる場合は、相続分を人数で均等に分ける)
配偶者と直系尊属が相続人である場合	配偶者＝３分の２　直系尊属＝３分の１ (直系尊属が複数いる場合は、相続分を人数で均等に分ける)
配偶者と兄弟姉妹が相続人である場合	配偶者＝４分の３　兄弟姉妹＝４分の１ (兄弟姉妹が複数いる場合は、相続分を人数で均等に分ける)

模擬問題

（注意）模擬問題は、過去問題および過去の「ビジネス実務法務検定3級試験」の形式・出題傾向を踏まえて作成したオリジナル問題で構成されています。

ビジネス実務法務検定試験　3級模擬問題①

問1 過去問題

私法の基本原理に関する次の①および②の記述のうち、その内容が適切なものを1つだけ選びなさい。

① 人はたとえ他人に損害を与えても、故意または過失がなければ損害賠償責任を負わないという原則を過失責任主義という。
② 契約当事者が法律の規定中の強行法規と異なる合意をした場合に、当該合意が強行法規よりも優先するという原則を契約自由の原則という。

問2

財産権に関する次のアおよびイの文についての①～④の記述のうち、その内容が最も適切なものを1つだけ選びなさい。

ア．知的財産を対象とする権利を知的財産権という。知的財産権は、特許権・実用新案権・意匠権・商標権・著作権のように権利の対象となる知的財産自体を公にして保護するものに限られ、ノウハウや顧客リストのような財産的価値はあるが公にされないものは知的財産権としての保護は認められていない。
イ．用益物権と担保物権は、いずれも所有権に一定の制限を加える物権である。

① アおよびイのいずれも適切である。
② アのみが適切である。
③ イのみが適切である。
④ アおよびイのいずれも適切でない。

問3

権利の実現方法に関する次の①および②の記述のうち、その内容が適切なものを1つだけ選びなさい。

① 裁判所で扱うすべての訴訟は、犯罪を犯した人に対して国家が刑罰を科すことができるかどうかを決めるための刑事訴訟と、行政権の行使その他の公法上の権利関係についての争いを解決することを目的とする行政訴訟とのいずれか

に分けることができる。

② 裁判所の判決に不服がある者が、より上級の裁判所に対して再審査を求めることを上訴という。

問4 過去問題

いったん成立した契約を取り止めることができる制度である「契約の無効」、「契約の取消し」および「契約の法定解除」の比較に関する次のアおよびイの文についての①〜④の記述のうち、その内容が最も適切なものを1つだけ選びなさい。

ア．契約の無効は、契約の申込みまたは承諾の意思表示の有効性に関する制度であるのに対し、契約の取消しおよび契約の法定解除は契約が有効に成立した後に、契約当事者の一方に債務不履行が存在する場合に関する制度である。

イ．契約の無効および契約の取消しは、無効または取消しの意思表示をしなくても契約は最初から効力を生じないとされる制度であるのに対し、契約の法定解除は、解除の意思表示をすることにより契約は最初から効力を失うとされる制度である。

① アおよびイのいずれも適切である。
② アのみが適切である。
③ イのみが適切である。
④ アおよびイのいずれも適切でない。

問5

代理に関する次のアおよびイの文についての①〜④の記述のうち、その内容が最も適切なものを1つだけ選びなさい。

ア．Aは、B社から3000万円以下の価格の土地を購入する代理権を付与されていたが、B社の代理人と称してC社との間で甲土地を5000万円で購入する旨の売買契約を締結した。この場合、C社は、本件売買契約の締結がAの代理権の範囲内の行為ではないと知っていたときであっても、表見代理の成立を主張することができる。

イ．Aから何らの代理権も付与されていないBが、自らAの代理人と称して第三者Cと売買契約を締結したが、CはBに代理権がないことを知らなかった。この場合、Cは、Aが追認をしない間は、当該売買契約を取り消すことができる。

① アおよびイのいずれも適切である。
② アのみが適切である。
③ イのみが適切である。
④ アおよびイのいずれも適切でない。

問6
手付に関する次の①および②の記述のうち、その内容が適切なものを1つだけ選びなさい。

① AとB社が土地の売買契約を締結した際にAがB社に交付した手付が違約手付としての意味を有する場合、Aに債務不履行があったときは、B社は、手付を違約罰として没収することができる。
② Aは、Bとの間で、B所有の住宅を購入する旨の売買契約を締結し、民法上の解約手付として500万円をBに交付した。この場合、Aは、Bから当該住宅の引渡しを受け所有権移転登記を経た後であっても、この500万円を放棄すれば、当該売買契約を解除することができる。

問7
賃貸借契約に関する次のアおよびイの文についての①～④の記述のうち、その内容が最も適切なものを1つだけ選びなさい。

ア．X社は、Y社との間でY社所有のオフィスビルの一室を、期間を２年と定めて賃借する旨の賃貸借契約を締結し、その引渡しを受けた。この場合、Y社が、賃貸借契約の期間の満了の際に、その更新を拒絶するには、借地借家法上、正当の事由があると認められなければならない。
イ．Xは、Y社との間で、Y社の所有する住宅を賃借する旨の賃貸借契約を締結し、当該住宅の引渡しを受けた。この場合において、Xは、当該住宅の修繕費として、Y社の負担に属する必要費を支出したときは、民法上、賃貸借契約が終了する時まで、その費用の償還をY社に対して請求することはできない。

① アおよびイのいずれも適切である。
② アのみが適切である。
③ イのみが適切である。
④ アおよびイのいずれも適切でない。

問8

委任契約に関する次のアおよびイの文についての①～④の記述のうち、民法の規定に照らし、その内容が最も適切なものを1つだけ選びなさい。

ア．委任契約は、各当事者がいつでもその解除をすることができるが、当事者の一方が相手方の不利な時期に委任契約を解除した場合、解除をした当事者は、やむを得ない事由があったときを除き、相手方の損害を賠償しなければならない。

イ．委任契約において受任者が委任者に対し報酬を請求することができる旨を定めなかった場合、受任者は、自己の財産に対するのと同一の注意をもって、委任事務を処理する義務を負う。

① アおよびイのいずれも適切である。
② アのみが適切である。
③ イのみが適切である。
④ アおよびイのいずれも適切でない。

問9

契約書に関する次の①および②の記述のうち、その内容が適切なものを1つだけ選びなさい。

① 契約書には、一般に、署名または記名押印がなされる。署名は本人の手書きによるサインであり、記名押印は署名以外の方法で氏名等を表示し、そのそばに印を押すことである。法律上は、署名と記名押印は同等の効力を持つとされている。

② 印紙税法上、印紙の貼付が必要な契約書に印紙の貼付を怠った場合であっても、印紙税額や過怠税が徴収されることはない。

問10

不法行為に関する次のアおよびイの文についての①～④の記述のうち、その内容が最も適切なものを1つだけ選びなさい。

ア．Aは、Bから受けた暴行により負傷し、Bに対し、損害賠償を請求する場合、原則として原状回復を請求しなければならず、原状回復が不可能である場合に限り、金銭による賠償を請求することができる。

イ．A（5歳）が親権者Bと公園で遊んでいたところ、Aの投げた石が第三者Cに当たり、Cは負傷した。この場合、Aは、責任能力が認められないためCに対して不法行為に基づく損害賠償責任を負わないが、Bは、原則として、民法の監督義務者等の責任の規定に基づき、Cに対する損害賠償責任を負う。

① アおよびイのいずれも適切である。
② アのみが適切である。
③ イのみが適切である。
④ アおよびイのいずれも適切でない。

問11

事務管理および不当利得に関する次の①および②の記述のうち、その内容が適切なものを1つだけ選びなさい。

① Xは、法律上の原因なくYの財産により利益を受けた。この場合、Xは、原則として、これによってYに損失が及ばなかったとしても、Yに対して、その利益を不当利得として返還する義務を負う。

② Xは、義務がないのに、Yのために事務の管理を始めたときは、原則として、その事務の性質に従い、最もYの利益に適合する方法によって、その管理をしなければならない。

問12 過去問題

不動産登記に関する次のアおよびイの文についての①～④の記述のうち、その内容が最も適切なものを1つだけ選びなさい。

ア．不動産登記において建物とその敷地は一体として処理され、建物とその敷地の登記記録はすべて１つの不動産登記簿になされる。
イ．不動産につき登記されている事項を確認するため、誰でもその不動産を管轄する法務局等で登記事項証明書等の発行を受けることができる。

① アおよびイのいずれも適切である。
② アのみが適切である。
③ イのみが適切である。
④ アおよびイのいずれも適切でない。

問13
商標法および意匠法に関する次の①および②の記述のうち、その内容が適切なものを1つだけ選びなさい。

① 商標権の設定登録を受けた者は、商標登録出願に際して指定した商品・役務について登録商標を独占的に使用し、類似範囲における他人の使用を禁止することができる。
② 意匠にかかる物品の形状等がその物品の有する機能に基づいて変化する場合に、その変化の前後にわたる形状等は、意匠登録の対象とならない。

問14
不正競争防止法上の営業秘密に関する次のアおよびイの文についての①～④の記述のうち、その内容が最も適切なものを1つだけ選びなさい。

ア．企業は、その営業上の機密情報を第三者によって不正に利用されていても、当該情報を営業秘密として特許庁の登録を受けていなければ、当該第三者に対し、不正競争防止法に基づく差止めや損害賠償を請求することができない。
イ．企業において、秘密として管理されている生産方法、販売方法その他の技術上または営業上の情報であって、公然と知られていないものは、事業活動に有用なものに限り、不正競争防止法上の営業秘密に該当する。

① アおよびイのいずれも適切である。
② アのみが適切である。
③ イのみが適切である。

④　アおよびイのいずれも適切でない。

問15

消費者保護を目的とする法律に関する次のアおよびイの文についての①～④の記述のうち、その内容が最も適切なものを1つだけ選びなさい。

ア．消費者は、特定商取引法上の訪問販売に該当する取引を行い、事業者との間で商品等の売買契約を締結し、当該事業者から売買契約の解除に関する事項その他所定の事項を記載した書面を受領した。この場合、当該消費者は、当該書面を受領した日から８日以内に、書面または電磁的記録により、無条件に当該契約を解除することができる。

イ．割賦販売法は、事業者が消費者から代金を分割して受領することを条件とする、あらゆる商品、役務、権利に関する取引に例外なく適用される。

①　アおよびイのいずれも適切である。
②　アのみが適切である。
③　イのみが適切である。
④　アおよびイのいずれも適切でない。

問16

個人情報保護法に関する次の①および②の記述のうち、その内容が適切なものを1つだけ選びなさい。

①　個人情報取扱事業者は、個人情報を取り扱うにあたり、その利用目的を特定しそれを本人に通知していれば、個人データの漏えいや滅失を防止するための措置を講じなくてもよい。

②　個人情報データベース等を事業の用に供している者は、当該個人情報データベース等を構成する個人情報によって識別される特定の個人の数の多寡にかかわらず、原則として、個人情報保護法上の個人情報取扱事業者に該当する。

問17 ……………………………………………… 過去問題

「行政手続における特定の個人を識別するための番号の利用等に関する法

律」（マイナンバー法）に関する次のアおよびイの記述についての①～④の記述のうち、その内容が最も適切なものを1つだけ選びなさい。

ア．マイナンバーカード（個人番号カード）は、マイナンバー（個人番号）が記載された顔写真付のカードであり、本人確認のための身分証明書として利用できるほか、自治体サービス、e-Tax等の電子証明書を利用した電子申請等、様々な行政サービスを受ける際にも利用することができる。

イ．マイナンバー法は、行政運営の効率化を目的とする法律であり、国民の利便性の向上はその目的として規定されていない。

① アおよびイのいずれも適切である。
② アのみが適切である。
③ イのみが適切である。
④ アおよびイのいずれも適切でない。

問18

大規模小売店舗立地法に関する次のアおよびイの文についての①～④の記述のうち、その内容が最も適切なものを1つだけ選びなさい。

ア．大規模小売店舗立地法（大店立地法）は、中小の小売店を大規模小売店舗から保護するため、大規模小売店舗の出店を制限することを目的とする法律である。

イ．大店立地法は、店舗面積が一定の面積を超える店舗を新設する場合に、都道府県または政令指定都市への届出を義務付けている。

① アおよびイのいずれも適切である。
② アのみが適切である。
③ イのみが適切である。
④ アおよびイのいずれも適切でない。

問19

約束手形に関する次のアおよびイの文についての①～④の記述のうち、その内容が最も適切なものを1つだけ選びなさい。

ア．約束手形の振出人は、約束手形を振り出した後に、当該約束手形が不渡りとなった場合、その後6か月以内に再度、約束手形の不渡りを出すと、銀行取引停止処分を受ける。

イ．約束手形の振出人は、統一手形用紙に印刷されている「上記金額をあなたまたはあなたの指図人へこの約束手形と引換えにお支払いいたします」という支払約束文句に、「商品の受領と引換えに手形金を支払います」という条件を書き加えた。この場合、当該手形は有効である。

① アおよびイのいずれも適切である。
② アのみが適切である。
③ イのみが適切である。
④ アおよびイのいずれも適切でない。

問20 過去問題

小切手に関する次のアおよびイの記述についての①〜④の記述のうち、その内容が最も適切なものを1つだけ選びなさい。

ア．小切手の所持人は、小切手の振出日の翌日から起算して1年を経過する日までの間に呈示をすれば、小切手金の支払いを受けることができる。

イ．小切手は、その権利の発生、移転、行使のすべてにおいて証券が必要とされることから、その権利義務の内容は証券の記載内容に基づいて決定されるという性質、すなわち文言証券性を有する。

① アおよびイのいずれも適切である。
② アのみが適切である。
③ イのみが適切である。
④ アおよびイのいずれも適切でない。

問21

譲渡担保に関する次の①および②の記述のうち、その内容が適切なものを1つだけ選びなさい。

① 譲渡担保が設定された場合、債権者は、債務者からの弁済がないときはその

財産権を裁判所の手続によらず自ら評価して、優先的に弁済を受けることが認められている。

② 例えば倉庫に保管されている商品全部というように、構成部分の変動する集合動産は、譲渡担保の目的物とはなり得ない。

問22

保証に関する次のアおよびイの文についての①～④の記述のうち、民法の規定に照らし、その内容が最も適切なものを1つだけ選びなさい。

ア．保証人が債権者との間で、主たる債務者と連帯してその債務を履行することを特に合意し、連帯保証人となった場合、連帯保証人には、催告の抗弁権および検索の抗弁権は認められない。

イ．保証人が民法の規定に従い債権者に対し保証債務を履行したとしても、当該保証人には、主たる債務者に対する求償権は認められない。

① アおよびイのいずれも適切である。
② アのみが適切である。
③ イのみが適切である。
④ アおよびイのいずれも適切でない。

問23

共同企業に関する次のアおよびイの文についての①～④の記述のうち、その内容が最も適切なものを1つだけ選びなさい。

ア．特定非営利活動促進法上、特定非営利活動法人（NPO法人）は、保健、医療または福祉の増進を図る活動等であって、不特定かつ多数のものの利益の増進に寄与することを主たる目的とするものについて設立することができる。

イ．株式会社を設立する場合、当該会社をどのような商号とするかは原則として自由であり、商号の中に「株式会社」と表示する必要はない。

① アおよびイのいずれも適切である。
② アのみが適切である。
③ イのみが適切である。

④ アおよびイのいずれも適切でない。

問24

株式会社に関する次の①および②の記述のうち、会社法の規定に照らし、その内容が適切なものを1つだけ選びなさい。

① 公開会社とは、その発行する全部または一部の株式の内容として譲渡による当該株式の取得について株式会社の承認を要する旨の定款の定めを設けていない株式会社をいう。

② 株式会社の取締役は、その職務を行うについて悪意または重大な過失があった場合であっても、これによって第三者に生じた損害を賠償する責任を負うことはない。

問25

労働基準法に関する次のアおよびイの文についての①～④の記述のうち、その内容が最も適切なものを1つだけ選びなさい。

ア．賃金とは、労働の対償として使用者が労働者に支払うすべてのものをいい、賃金・給料・手当・賞与等その名称のいかんを問わない。

イ．労働基準法上、使用者は、その事業場の労働者の過半数で組織する労働組合との間で時間外労働等に関する労使協定（三六協定）を締結した場合には、割増賃金を支払うことなく、労働者に、休憩時間を除き１日につき８時間、１週間につき40時間を超えて労働させることができる。

① アおよびイのいずれも適切である。
② アのみが適切である。
③ イのみが適切である。
④ アおよびイのいずれも適切でない。

問26

労働基準法および男女雇用機会均等法に関する次のアおよびイの文についての①～④の記述のうち、その内容が最も適切なものを1つだけ選びなさ

い。

ア，労働基準法上、使用者は、その労働者の請求する時季に年次有給休暇を与えなければならないが、その請求された時季に有給休暇を与えることが事業の正常な運営を妨げる場合においては、他の時季にこれを与えることができる。

イ．男女雇用機会均等法上、事業主は、女性労働者が婚姻し、妊娠し、または出産したことを退職理由として予定する定めをすることができる。

① アおよびイのいずれも適切である。
② アのみが適切である。
③ イのみが適切である。
④ アおよびイのいずれも適切でない。

問27

労働者派遣法に関する次のアおよびイの文についての①〜④の記述のうち、その内容が最も適切なものを1つだけ選びなさい。

ア．労働者派遣事業を行うことができる業務に制限はなく、派遣元事業主は、自己の雇用する労働者を派遣労働者としてあらゆる業務に派遣することができる。

イ．派遣中の労働者の派遣就業に関しては、派遣先の事業もまた、派遣中の労働者を使用する事業とみなして、労働基準法上の一定の規定が適用される。

① アおよびイのいずれも適切である。
② アのみが適切である。
③ イのみが適切である。
④ アおよびイのいずれも適切でない。

問28

法定相続人に関する次の①および②の記述のうち、民法の規定に照らし、その内容が適切なものを1つだけ選びなさい。

① 甲が死亡した場合において、甲に配偶者乙、子丙および母丁がおり、そのほ

かに親族がいないときは、甲の法定相続人になるのは、乙、丙および丁である。
② 甲には、子乙と、乙の子であり甲の孫である丙がいる。この場合において、乙が死亡した後に、甲が遺言をせずに死亡したときは、丙は、甲の法定相続人となる。

問29 ……………………………………………………………………………… 過去問題

遺言に関する次のアおよびイの文についての①～④の記述のうち、民法の規定に照らし、その内容が最も適切なものを1つだけ選びなさい。

ア. 遺言は、自筆による方法や公正証書による方法等、民法の規定する方式に従わなければ、することができない。
イ. 民法の規定する方式に従い一度有効になされた遺言は、撤回することができない。

① アおよびイのいずれも適切である。
② アのみが適切である。
③ イのみが適切である。
④ アおよびイのいずれも適切でない。

問30

相続に関する次の①および②の記述のうち、民法の規定に照らし、その内容が適切なものを1つだけ選びなさい。

① 相続人の協議による遺産の分割が成立するには、被相続人のすべての法定相続人の合意が必要であり、この法定相続人には、すでに相続の放棄をした者も含まれる。
② 相続人が複数いる場合、限定承認は、共同相続人の全員が共同してしなければならず、個々の相続人が単独ですることはできない。

問31 ……………………………………………………………………………… 過去問題

法律の分類方法に関する次の①～④の記述のうち、その内容が最も適切でないものを1つだけ選びなさい。

① 法は、文書の形に表されている成文法と、文書の形に表されていない不文法とに分けることができ、成文法に該当するものとして判例法が挙げられる。
② 実体法とは権利義務など法律関係の内容を定める法律であり、手続法とは実体法の内容を実現するための手続を定める法律である。
③ 経済政策や行政目的に基づき、国民に対してある行為を制限または禁止する旨の規定は、一般に取締規定と呼ばれる。
④ 一般法に当たる法律と特別法に当たる法律の両方に、同一の事項について定める規定が存在する場合、特別法の規定が一般法の規定に優先してその事項に適用される。

問32

意思能力および行為能力に関する次の①～④の記述のうち、民法の規定に照らし、その内容が最も適切でないものを1つだけ選びなさい。

① 法律行為を有効に行うためには、自己の行為の結果を判断することのできる精神的能力、すなわち意思能力が必要であり、意思能力を有しない者が行った法律行為は、無効である。
② 未成年者が、法定代理人から営業の許可を得て、その営業に関して商品の売買契約を締結した。この場合、未成年者とその法定代理人は、その売買契約を取り消すことができない。
③ 被保佐人が、保佐人の同意を得ずに、第三者との間で自己の所有する不動産を当該第三者に売却する旨の売買契約を締結した。この場合、被保佐人は、その売買契約を取り消すことができる。
④ 成年被後見人が単独で日用品の購入その他日常生活に関し売買契約を締結した。この場合、成年後見人は、その売買契約を取り消すことができる。

問33

期限および条件に関する次のア～エの記述のうち、その内容が適切なものを○、適切でないものを×とした場合の組み合わせを①～⑧の中から1つだけ選びなさい。

ア．期限を定めることによって享受できる利益を期限の利益といい、民法上、期限の利益は、債権者ではなく債務者のために定めたものと推定される。

イ．債務の履行について確定期限があるときは、債務者は、その期限の到来した時から遅滞の責任を負う。

ウ．契約の効力の発生ないし履行を、「人の死亡」のように、発生することは確実であるが、いつ到来するかは確定していない事実にかからせる特約は、不確定期限に該当する。

エ．条件のうち、条件の成就により契約の効力を生じさせるものを停止条件という。例えば、「第一志望の企業に就職することができたら、スーツをプレゼントする」旨の特約がこれに当たる。

① ア－○ イ－○ ウ－○ エ－○
② ア－○ イ－○ ウ－× エ－○
③ ア－○ イ－× ウ－○ エ－×
④ ア－○ イ－× ウ－× エ－×
⑤ ア－× イ－○ ウ－○ エ－○
⑥ ア－× イ－○ ウ－× エ－○
⑦ ア－× イ－× ウ－○ エ－×
⑧ ア－× イ－× ウ－× エ－×

問34

債務不履行に関する次のア～エの記述のうち、その内容が適切なものを○、適切でないものを×とした場合の組み合わせを①～⑥の中から1つだけ選びなさい。

ア．債務不履行による損害賠償の対象となる損害は、債務不履行により通常生ずべき損害であり、特別の事情によって生じた損害については、当事者がその特別の事情を予見すべきであったとしても、損害賠償の対象とはならない。

イ．一般に、契約を締結した時点では履行が可能だった債務が、履行ができなくなったことを履行不能という。

ウ．一般に、債務者が債務を履行できるのに、履行期限までに債務を履行しないことを履行遅滞という。

エ．一般に、債務は履行されたが、目的物に不具合があるなどの不完全な履行で、債務の本旨に従った履行といえない場合を不完全履行という。

① ア－○ イ－○ ウ－○ エ－○

② ア－○　イ－○　ウ－○　エ－×
③ ア－○　イ－×　ウ－×　エ－×
④ ア－×　イ－○　ウ－○　エ－○
⑤ ア－×　イ－×　ウ－×　エ－○
⑥ ア－×　イ－×　ウ－×　エ－×

問35

甲社は、取引先である乙社との間で、乙社から金銭を借り入れる旨の金銭消費貸借契約を締結することとした。この場合に関する次の①～④の記述のうち、その内容が最も適切でないものを1つだけ選びなさい。

① 甲社と乙社は、本件金銭消費貸借契約を書面によらずに締結することとした。この場合、本件金銭消費貸借契約は、民法上、甲社と乙社との間の合意のみでは成立せず、甲社が乙社から金銭を受け取ることによって成立する。
② 甲社と乙社との間の金銭消費貸借契約においては、金銭の返済期限を定めなければならず、返済期限の定めがない金銭消費貸借契約は無効である。
③ 本件金銭消費貸借契約において、甲社と乙社との間で利息の約定をしなかったとしても、商法上、乙社は、甲社に対し、法定利息を請求することができる。
④ 本件金銭消費貸借契約において、甲社と乙社は、利息制限法の規定する利率の上限を超過する利息の約定をした。この場合、利息制限法上、当該上限を超過する部分の利息の約定は無効である。

問36

建設会社であるA社は、B社との間で、ビル1棟を建設して引き渡す旨の請負契約を締結することとした。この場合に関する次のア～エの記述のうち、その内容が適切なものの個数を①～⑤の中から1つだけ選びなさい。

ア．A社とB社との間の請負契約が有効に成立するためには、民法上、A社とB社で意思表示が合致するだけでは足りず、合意内容を契約書等の書面にしなければならない。
イ．A社が本件ビルの建築工事を一括して他の建設業者に請け負わせることは、建設業法上、禁止されていない。
ウ．A社とB社との間で本件請負契約が締結され、A社が品質に関して契約の内容に適合しないビルをB社に引き渡した。この場合において、当該契約不適合がB社の与えた指図によって生じたときであっても、B社は、原則として、B社の与えた指図によって生じた不適合を理由として、A社に対し、履行の追完を請求することができる。

エ．A社とB社との間で本件請負契約が締結された場合、A社は、適当な時期に工事などに着手し、本件請負契約の本旨に従って本件ビルを完成させる義務を負う。

① 0個　② 1個　③ 2個　④ 3個　⑤ 4個

問37

不法行為による損害賠償責任に関する次の①～④の記述のうち、その内容が適切なものを2つ選びなさい。

① 不法行為に際して、被害者にも過失があって、それが損害の発生や拡大の一因になった場合であっても、裁判所は、これを考慮して損害賠償の額を定めることはできない。

② 抵当権が設定されている建物の一部が毀損された場合のように、不法行為により担保権が侵害されたときは、一般に、被害者である担保権者は、加害者に対し、被担保債権の全額ではなく、その侵害によって被担保債権が担保されなくなった部分を損害額として請求することができる。

③ 不法行為により個人の名誉が毀損された場合、一般に、被害者は、加害者に対し、これによって受けた精神的苦痛を慰謝料として請求することができる。

④ 不法行為によりその被害者が死亡した場合、一般に、被害者の相続人は、加害者に対し、葬式費用を損害額として請求することはできないが、逸失利益や死亡に至るまでの治療費を損害額として請求することはできる。

問38 ……………… 過去問題

著作権法に関する次のア～エの記述のうち、その内容が適切なものの組み合わせを①～⑥の中から1つだけ選びなさい。

ア．著作者は、その創作した著作物を公衆に提供する場合において、著作物に著作者名を表示していないときは、その著作物についての著作権を認められない。

イ．著作権の存続期間は、著作物の創作の時に始まり、原則として、著作者の死後70年を経過するまでの間である。

ウ．複数の者がそれぞれ別個に著作物を創作した場合において、完成させた著作物同士が類似していたときは、最初に創作された著作物のみに著作権が発生する。

エ．著作者には、その著作物を複製する権利である複製権が認められる。

① アイ　② アウ　③ アエ　④ イウ　⑤ イエ　⑥ ウエ

問39

特許法に関する次の①～④の記述のうち、その内容が最も適切でないものを1つだけ選びなさい。

① 特許権は、その設定登録によりその効力を生じ、その存続期間は、原則として特許出願の日から20年をもって終了する。

② 特許権者は、自己の特許権が第三者に侵害された場合、当該第三者に対して、侵害行為の差止請求、損害賠償請求、信用回復措置請求、不当利得返還請求をすることができる。

③ 特許権者は、その有する特許権について第三者に専用実施権を設定し、その旨の登録をしても、専用実施権を設定した特許発明を自ら自由に実施することができる。

④ 同一の発明について異なる日に２以上の特許出願がなされた場合、最先の特許出願人のみがその発明について特許を受けることができる。

問40

独占禁止法に関する次のア～エの記述のうち、その内容が適切なものを○、適切でないものを×とした場合の組み合わせを①～⑧の中から1つだけ選びなさい。

ア．優越した市場支配力を得た事業者A社が、その力を利用して競争事業者であるB社を市場から実質的に締め出す行為は、私的独占に該当するおそれがある。

イ．C社が、競争事業者であるD社との間で、C社の製品甲とD社における同種の製品乙の双方の出荷量を制限する協定を締結し、その協定に基づいて、制限された量の製品甲および製品乙のみを出荷する行為は、不当な取引制限に該当しない。

ウ．E社は、自己の取引上の地位がF社に優越していることを利用して、正常な商慣習に照らして不当に、F社に不利益となるように取引条件を設定しF社との間で取引を行った。この場合のE社の行為は、不公正な取引方法に該当するおそれがある。

エ．タイヤの製造会社であるG社は、正当な理由がないのに、原価を大幅に下回る価格でタイヤの販売を継続した結果、競合他社の販売活動が困難となった。この場合のG社の行為は、不公正な取引方法に該当しない。

① ア－○　イ－○　ウ－○　エ－○
② ア－○　イ－○　ウ－×　エ－○
③ ア－○　イ－×　ウ－○　エ－×
④ ア－○　イ－×　ウ－×　エ－×
⑤ ア－×　イ－○　ウ－○　エ－○
⑥ ア－×　イ－○　ウ－×　エ－○
⑦ ア－×　イ－×　ウ－○　エ－×
⑧ ア－×　イ－×　ウ－×　エ－×

問41 ……………………………………………………………… 過去問題

消費者契約法に関する次のア～エの記述のうち、その内容が適切なものを○、適切でないものを×とした場合の組み合わせを①～⑥の中から1つだけ選びなさい。

ア．消費者Aは、新聞の折込みチラシを見て築５年の中古の一戸建て住宅甲が気に入ったので、不動産業者Bから「築５年である」旨の説明を受けて、甲の売買契約を締結した。Aが念のため甲について不動産登記簿を調べてみると、実際には築10年であることが判明した。この場合、AとBとの間の売買契約は、取消しの対象となり得る。

イ．消費者Aは、画商Bに、「絵画甲の価格は２年後には必ず２倍以上になる」と言われて甲を購入する旨の売買契約を締結し甲の引渡しを受けた。この場合、甲を購入した後２年の期間内に２倍以上にならなかったときは、AとBとの間の売買契約は、取消しの対象となり得る。

ウ．消費者Aは、貴金属販売店Bの店内の個室において２時間にわたり宝石甲の購入の勧誘を受けた。Bは、Aが店舗から退去する旨の意思を示したにもかかわらず、Aを退去させなかったため、Aは困惑してBとの間で甲を購入する旨の売買契約を締結した。この場合、AとBとの間の売買契約は、取消しの対象となり得る。

エ．消費者Aは、自己の乗用車にガソリンを入れようとガソリンスタンドBに立ち寄ったところ、店員が「無料点検を実施しています」と言いながら、勝手にボンネットを開けてエンジンオイルも交換してしまった。突然のことだったため、Aはエンジンオイルの交換を断ることができず、エンジンオイルの交換費用をBに支払った。この場合、Bの店員が行ったエンジンオイルを交換する行為は、取消しの対象となり得る。

① ア－○　イ－○　ウ－○　エ－○
② ア－○　イ－○　ウ－○　エ－×
③ ア－○　イ－×　ウ－×　エ－×
④ ア－×　イ－○　ウ－○　エ－○
⑤ ア－×　イ－×　ウ－×　エ－○
⑥ ア－×　イ－×　ウ－×　エ－×

問42

ビジネスにかかわる犯罪に関する次の①～④の記述のうち、その内容が最も適切なものを1つだけ選びなさい。

① 個人情報取扱事業者であるA株式会社の従業員として、個人情報データベース等を取り扱う事務に従事していたBは、A社を退職した後、不正な利益を得る目的で、当該個人情報データベース等を第三者に提供した。この場合、Bは、刑事罰を科される可能性はない。

② A株式会社の従業員Bは、取引先から集金し、自己が管理する売上金を自己のために使い込んだ。この場合、Bは、刑事罰を科される可能性はない。

③ A銀行の融資担当役員Bが、回収の見込みがないのに、そのことを認識しながら、十分な担保の設定を受けることなくC社に融資を行った。この場合、Bは、刑事罰を科される可能性がある。

④ A社の取締役Bが、株主総会での議決権の行使に関し、当該株式会社の株主Cから財産上の利益の供与を要求された。この場合、Bは、Cからの要求を拒絶し、何らの財産上の利益も供与しなかったとしても、その要求を受けただけ

で刑事罰を科される可能性がある。

問43 …………………………………………………………………………………………… 過去問題

民法上の債権・債務の消滅事由に関する次の①～④の記述のうち、民法の規定に照らし、その内容が最も適切でないものを1つだけ選びなさい。

① 債権は、債権者が債権を無償で消滅させる意思表示である免除により消滅させることができる。

② 債務の弁済は、債務者がすることができるほか、債務者以外の第三者もすることができる。

③ 貸主である子と借主である親との間の金銭消費貸借契約において、貸金債権が弁済されないうちに当該借主（親）が死亡し、当該貸主（子）が唯一の相続人として、当該借主の財産をすべて相続した。この場合、当該貸金債権は、原則として、混同により消滅する。

④ 金銭消費貸借契約における貸主は、借主が当該貸主に対して負う借入金債務を弁済しようとするのに対し、その受領を拒んだ。この場合、当該借主は、当該借入金債務の全額に相当する金銭を供託所に寄託しても、当該貸主が当該金銭の全額を受領しない限り、当該借入金債務を消滅させることはできない。

問44

A社は、B社との間で、B社に金銭を貸し付ける旨の金銭消費貸借契約を締結するにあたり、B社の所有する財産に質権の設定を受けることを検討している。この場合に関する次のア～エの記述のうち、民法の規定に照らし、その内容が適切なものを○、適切でないものを×としたときの組み合わせを①～⑥の中から1つだけ選びなさい。

ア．A社がB社の所有する絵画に質権の設定を受ける場合、質権設定契約が有効に成立するためには、A社とB社との間の合意のみでは足りず、B社からA社への当該絵画の引渡しが必要である。

イ．不動産は質権の目的物とすることができないため、A社は、B社が所有する土地に質権の設定を受けることはできない。

ウ．A社は、B社がC社に対して有する売掛金債権に質権の設定を受けた。この場合、A社は、当該売掛金債権を直接取り立てることができる。

エ．A社は、B社の所有する絵画に質権の設定を受けた。この場合において、B社がA社に対して負う借入金債務を弁済しない場合、A社は、裁判所の手続を経ることなく、当然に当該絵画の所有権を取得する。

① ア－○ イ－○ ウ－○ エ－○
② ア－○ イ－○ ウ－○ エ－×
③ ア－○ イ－× ウ－○ エ－×
④ ア－× イ－○ ウ－× エ－○
⑤ ア－× イ－× ウ－× エ－○
⑥ ア－× イ－× ウ－× エ－×

問45

裁判所が関与する民事上の紛争解決手続に関する次の①～④の記述のうち、その内容が適切なものを2つ選びなさい。

① 強制執行の申立てをするには、強制執行を根拠づけ正当化する文書、すなわち転付命令が必要である。
② 民事訴訟は、民事上の法的紛争について、当事者の一方が裁判所に訴状を提出し、口頭弁論を経た上で、判決を受ける手続である。
③ 即決和解は、当事者間における民事上の法的紛争のうち、手形金の支払請求についてのみ用いることのできる手続であり、簡易裁判所に対し、即決和解の申立てをし、和解を行うものである。
④ 支払督促は、金銭の支払請求権等について、債権者の申立てにより、簡易裁判所の裁判所書記官が、債務者に宛て発するものである。

問46

商業登記に関する次のア～エの記述のうち、その内容が適切なものの組み合わせを①～⑥の中から1つだけ選びなさい。

ア．個人企業においても、会社においても、商号の登記をするか否かは自由であり、商号の登記を義務付けられることはない。
イ．会社が支配人を解任した後、解任の登記をする前に、その支配人であった者が、当該会社の支配人と称して善意の第三者との間で売買契約を締結した。この場合、原則として、当該売買契約の効果が会社に帰属する。

ウ．登記すべき事項について登記がなされていても、交通途絶などの正当な事由により登記した事項を知らなかった善意の第三者に対しては、登記した事項の存在を対抗することができない。

エ．商業登記簿は、市町村役場に備え付けられており、誰でも市町村役場の窓口で所定の手続を経ることにより、登記事項証明書を取得することができる。

① アイ　② アウ　③ アエ　④ イウ　⑤ イエ　⑥ ウエ

問47 ………………………………………………………………………… 過去問題

X株式会社における株主総会に関する次のア～エの記述のうち、会社法の規定に照らし、その内容が適切なものの組み合わせを①～⑥の中から1つだけ選びなさい。

ア．X社の株主総会における議決権の数は、X社の株主の出資の額や持株数に関わりなく、X社の株主１人につき１個である。

イ．X社は、毎事業年度終了後一定の時期に定時株主総会を招集しなければならないほか、必要がある場合には、いつでも、臨時株主総会を招集することができる。

ウ．X社の取締役および監査役の選任および解任は、X社の株主総会の決議によって行われる。

エ．X社は、会社法上の公開会社または大会社に該当しない場合において、株主全員の同意があるときは、株主総会を廃止することができる。

① アイ　② アウ　③ アエ　④ イウ　⑤ イエ　⑥ ウエ

問48

甲株式会社は、会社法上の公開会社であるが、監査等委員会設置会社ではなく、かつ、指名委員会等設置会社でもない。甲社の機関に関する次のア～エの記述のうち、会社法の規定に照らし、その内容が適切なものの個数を①～⑤の中から1つだけ選びなさい。

ア．甲社の監査役Aは、甲社の取締役等の機関の職務執行や甲社の計算書類を監査する権限を有するが、甲社の取締役等に対して事業の報告を求める権限は有しない。

イ．代表取締役は、対外的に会社を代表する機関であるから、甲社において選定することができる代表取締役は１名のみである。

ウ．甲社の取締役Bが自己のために甲社の事業の部類に属する取引をしようとするときは、Bは、甲社の取締役会において、当該取引につき重要な事実を開示し、その承認を受けることを要する。

エ．会社法の規定に基づき、甲社の株主Cが、甲社に対し、甲社の取締役Dの責任を追及する訴えの提起を請求したにもかかわらず、所定の期間内に甲社が訴えを提起しなかった場合、Cは、甲社に対するDの責任を追及する訴え（株主代表訴訟）を提起することができる。

① ０個　② １個　③ ２個　④ ３個　⑤ ４個

問49

労働組合に関する次のア～エの記述のうち、その内容が適切なものを○、適切でないものを×とした場合の組み合わせを①～⑥の中から1つだけ選びなさい。

ア．株式会社においては、株主総会の承認を受けなければ、労働組合を結成することはできない。

イ．労働組合に加入している労働者は、労働組合法による保護を受けるので、労働基準法の適用を受けない。

ウ．労働基準法上、使用者は、就業規則の作成にあたり、その事業場に労働者の過半数で組織する労働組合がある場合には、その労働組合の意見を聴いた上で、就業規則にその意見書を添付して所轄の労働基準監督署長に届け出なければならない。

エ．使用者と労働組合との間で労働協約が締結された場合、就業規則は、法令または当該事業場について適用される労働協約に反してはならない。

① ア－○　イ－○　ウ－○　エ－○
② ア－○　イ－○　ウ－×　エ－×
③ ア－○　イ－×　ウ－○　エ－×
④ ア－×　イ－○　ウ－×　エ－○

⑤ ア－× イ－× ウ－◯ エ－◯
⑥ ア－× イ－× ウ－× エ－×

問50 …………………………………………………………………… 過去問題

XとYが夫婦である場合に関する次の①～④の記述のうち、民法の規定に照らし、その内容が最も適切なものを1つだけ選びなさい。

① XとYとの間で夫婦財産契約が締結されていない場合、XまたはYのいずれに属するか明らかでない財産は、XとYとの共有に属するものと推定される。
② XとYとの間で夫婦財産契約が締結されていない場合、Xが婚姻前から有する預金は、婚姻後は、XとYの共有財産となる。
③ XとYとの間で夫婦財産契約が締結されていない場合、婚姻後にYが生活必需品を購入したことによって負った債務につき、Xは、連帯して責任を負うことは一切ない。
④ XとYが離婚した場合、婚姻後に生じたXとYとの間の財産にかかわる法律関係は、婚姻が成立した時に遡って消滅する。

ビジネス実務法務検定試験　3級模擬問題②

問1　過去問題

財産権に関する次のアおよびイの記述についての①～④の記述のうち、その内容が最も適切なものを1つだけ選びなさい。

ア．債権は、特定の人（債務者）に対して一定の行為を請求することができる権利であり、例えば、賃貸借契約に基づき、賃貸人が賃借人に対して賃料を求める権利は債権に該当するが、自動車事故において被害者が加害者に対して損害賠償を求める権利は債権に該当しない。

イ．物権とは、特定の物を直接的・排他的に支配することができる権利であり、所有権がその例である。

①　アおよびイのいずれも適切である。
②　アのみが適切である。
③　イのみが適切である。
④　アおよびイのいずれも適切でない。

問2

法律の分類方法に関する次のアおよびイの文についての①～④の記述のうち、その内容が最も適切なものを1つだけ選びなさい。

ア．契約当事者間の特約において法律の規定中の強行法規の内容と異なる内容が定められた場合、強行法規は、当該特約に優先して適用される。

イ．ある事項について定める規定が一般法と特別法の関係にある法律の両方に存在する場合、一般法の規定が特別法の規定に優先してその事項に適用される。

①　アおよびイのいずれも適切である。
②　アのみが適切である。
③　イのみが適切である。
④　アおよびイのいずれも適切でない。

問3

権利の実現方法に関する次のアおよびイの文についての①〜④の記述のうち、その内容が最も適切なものを1つだけ選びなさい。

ア．裁判所の判決に対して不服があるときには、より上級の裁判所に対して再審査を求めることができ、この制度を審級制度という。

イ．日本の裁判所は、最高裁判所、高等裁判所、家庭裁判所、簡易裁判所の４種類に限られている。

① アおよびイのいずれも適切である。
② アのみが適切である。
③ イのみが適切である。
④ アおよびイのいずれも適切でない。

問4

契約の取消しに関する次の①および②の記述のうち、民法の規定に照らし、その内容が適切なものを1つだけ選びなさい。

① 契約が取り消された場合、当該契約の効力は、取り消された時から将来に向かって無効となるものとされており、はじめに遡って無効とされることはない。

② 錯誤による意思表示の取消しは、善意でかつ過失がない第三者に対抗することができない。

問5

X社は、Y社との間で、Y社から工作機械を購入する旨の売買契約を締結し、民法上の解約手付として50万円をY社に交付した。この場合に関する次のアおよびイの文についての①〜④の記述のうち、民法の規定に照らし、その内容が最も適切なものを1つだけ選びなさい。

ア．X社がY社に交付した手付には、本件売買契約が成立した証拠としての意味が認められる。

イ．X社は、Y社から当該工作機械の引渡しを受けた後であっても、解約手付として交付した50万円を放棄すれば、本件売買契約を解除することができる。

① アおよびイのいずれも適切である。
② アのみが適切である。
③ イのみが適切である。
④ アおよびイのいずれも適切でない。

問6 ……………………………………………………………… 過去問題

制限行為能力者の相手方の保護に関する次のアおよびイの文についての①～④の記述のうち、民法の規定に照らし、その内容が最も適切なものを1つだけ選びなさい。

ア．制限行為能力者と取引をした相手方は、その制限行為能力者が行為能力者(行為能力の制限を受けない者）となった後、その者に対し、1か月以上の期間を定めて、その期間内にその取り消すことができる行為を追認するかどうかを確答すべき旨の催告をし、その者がその期間内に確答を発しないときは、その行為の追認を拒絶したものとみなされる。

イ．未成年者の両親が婚姻中である場合、通常、両名が共同して当該未成年者の法定代理人（親権者）となる。両親が離婚する際には、両親以外の第三者を当該未成年者の親権者と定めなければならない。

① アおよびイのいずれも適切である。
② アのみが適切である。
③ イのみが適切である。
④ アおよびイのいずれも適切でない。

問7

債務の履行に関する次の①および②の記述のうち、その内容が適切なものを1つだけ選びなさい。

① A社は、B社との間で、A社を貸主、B社を借主とする金銭消費貸借契約を締結し、B社に事業資金を貸し付けた。本件金銭消費貸借契約において、借入金を返済する場所に関する約定がなされていない場合、商法上、B社は、本件金銭消費貸借契約を締結した場所で借入金債務を弁済しなければならない。

② 民法上、弁済の提供をするにあたっては、原則として、債務の本旨に従って

現実にしなければならない。

問8

国際取引に関する次のアおよびイの文についての①～④の記述のうち、その内容が最も適切なものを1つだけ選びなさい。

ア．国際取引における民事上の法的紛争が生じた場合に、どの国の裁判所に訴えることができるかという国際裁判管轄の問題については、日本の民事訴訟法上、当事者間であらかじめ国際裁判管轄に関する合意をすることを認めておらず、当事者間であらかじめ国際裁判管轄に関する合意をしても無効である。

イ．国際取引における民事上の法的紛争を解決するために適用される法を準拠法という。法の適用に関する通則法上、準拠法選択の決定を当事者の意思にゆだねる当事者自治の原則が採用されている。

① アおよびイのいずれも適切である。
② アのみが適切である。
③ イのみが適切である。
④ アおよびイのいずれも適切でない。

問9 …………………………………………………… 過去問題

ビジネス文書に関する次のアおよびイの文についての①～④の記述のうち、その内容が最も適切なものを1つだけ選びなさい。

ア．電子データで帳票をやり取りする電子契約は、電子取引に該当するため、電子帳簿保存法の要件である、ⅰ）保存されたデータが改ざんされていないこと（真実性の確保）とⅱ）保存されたデータを検索・表示できること（可視性の確保）を満たした保存が必要である。

イ．電子データによって契約を締結する（電子契約を締結する）ことは、「課税文書の作成」には当たらないため、印紙税は課税されず、収入印紙の貼付による印紙税の納付は不要である。

① アおよびイのいずれも適切である。
② アのみが適切である。

③　イのみが適切である。
④　アおよびイのいずれも適切でない。

問10
製造物責任法に関する次の①および②の記述のうち、その内容が適切なものを1つだけ選びなさい。

①　製造物とは、製造または加工された動産をいい、製造物に該当しないものについては、製造物責任法の適用対象とはならない。
②　製造物に欠陥がある場合には、当該欠陥によって人の生命、身体または財産に損害が生じたときだけでなく、当該欠陥による損害が当該製造物についてのみ生じたときであっても、当該製造物の製造業者等は、製造物責任法に基づく損害賠償責任を負う。

問11
不法行為に関する次のアおよびイの文についての①～④の記述のうち、民法の規定に照らし、その内容が最も適切なものを1つだけ選びなさい。

ア．Aは、前方不注視により自転車をBに衝突させ、Bを負傷させた。AのBに対する不法行為が成立する場合、民法上、AのBに対する損害賠償は、金銭によるのが原則である。
イ．Cは、DおよびEによる共同の不法行為によって200万円の損害を被った。この場合、民法上、Cは、DおよびEに対して、それぞれ100万円に限り、損害賠償を請求することができる。

①　アおよびイのいずれも適切である。
②　アのみが適切である。
③　イのみが適切である。
④　アおよびイのいずれも適切でない。

問12
不当利得に関する次のアおよびイの文についての①～④の記述のうち、民

法の規定に照らし、その内容が最も適切なものを1つだけ選びなさい。

ア．法律上の原因なく他人の財産または労務により利益を受けた者（受益者）は、原則として、これにより損失を被った者（損失者）に対して、その利益を不当利得として返還する義務を負うが、返還すべき利益の範囲は、受益者が法律上の原因がないことにつき善意であったか悪意であったかにより異ならない。

イ．Xは、賭博行為の掛け金としてYに金銭を支払った場合、賭博行為が公序良俗に反して無効であることを理由として、当該金銭につき、Yに対して、不当利得に基づく返還請求をすることができない。

① アおよびイのいずれも適切である。
② アのみが適切である。
③ イのみが適切である。
④ アおよびイのいずれも適切でない。

問13

商標法に関する次のアおよびイの文についての①～④の記述のうち、その内容が最も適切なものを1つだけ選びなさい。

ア．商標権は、存続期間の満了によって当然に消滅するため、商標権者は、商標登録を更新することはできない。

イ．商標につき商標登録を受けるには、商標登録出願をしなければならないが、例えば、同一の商品に使用する同一の商標につき、異なった日に２以上の商標登録出願があったときは、最先の商標登録出願人のみがその商標について商標登録を受けることができる。

① アおよびイのいずれも適切である。
② アのみが適切である。
③ イのみが適切である。
④ アおよびイのいずれも適切でない。

問14 …… 過去問題

特許法に関する次の①および②の記述のうち、その内容が適切なものを1

つだけ選びなさい。

① 特許権者は、特許発明について第三者に専用実施権を設定し、その旨の登録をした場合、その設定契約等で定めた範囲において当該特許発明を自ら実施することができなくなる。

② 企業の従業員が、当該企業の業務範囲に属し、当該企業の設備等を利用して現在の職務として、職務発明に該当する発明をした。この場合、当該企業は、当該発明につき当然に特許権を取得する。

問15

知的財産権の存続期間に関する次のアおよびイの文について①～④の記述のうち、その内容が最も適切なものを1つだけ選びなさい。

ア．著作権法上、著作権は、原則として、著作者の死後70年を経過するまで存続する。

イ．特許権については、特許法上、存続期間は定められておらず、いったん成立した特許権が消滅することはない。

① アおよびイのいずれも適切である。
② アのみが適切である。
③ イのみが適切である。
④ アおよびイのいずれも適切でない。

問16

消費者契約法に関する次の①および②の記述のうち、その内容が適切なものを1つだけ選びなさい。

① 消費者契約法は、事業者が消費者に役務を提供する契約のみに適用され、事業者が消費者に商品を販売する契約には適用されない。

② 消費者契約法上の消費者とは個人をいうが、個人事業主のように、事業としてまたは事業のために契約の当事者となる場合における個人は、消費者に含まれない。

問17 過去問題

デジタル社会と法律に関する次のアおよびイの文についての①～④の記述のうち、その内容が最も適切なものを1つだけ選びなさい。

ア．インターネット上に開設されたホームページ上で他人から誹謗中傷を受ける内容の情報が掲示され、当該情報がインターネットを通じて流通することによって、当該情報により権利侵害が発生し損害が生じた場合であっても、プロバイダ責任制限法上のプロバイダ等は、所定の要件を充たすときは、当該損害について賠償の責任を負わない。

イ．特定電子メールの送信の適正化等に関する法律（迷惑メール防止法）上、株式会社が、自社の商品の広告・宣伝を行うための手段として電子メール（特定電子メール）を送信する場合、特定電子メールの送信にあらかじめ同意した者など一定の者に対して特定電子メールを送信する場合を除き、原則として、特定電子メールの送信をすることはできない。

① アおよびイのいずれも適切である。
② アのみが適切である。
③ イのみが適切である。
④ アおよびイのいずれも適切でない。

問18

ビジネスにかかわる犯罪に関する次の①および②の記述のうち、その内容が適切なものを1つだけ選びなさい。

① X株式会社の取締役Yは、甲市における公共工事の指名競争入札に関し、X社に対する便宜を図ってもらうため、甲市の担当者Zに多額の金銭を供与した。この場合、Yには贈賄罪、Zには収賄罪が成立し得る。
② X株式会社の代表取締役Yが、X社の決算において経理を不正に操作して架空の利益を計上し、株主に剰余金の配当をした場合、Yには、X社に対する民事上の損害賠償責任が生じるが、刑事上の責任は生じない。

問19

債権の回収に関する次のアおよびイの文についての①～④の記述のうち、

その内容が最も適切なものを1つだけ選びなさい。

ア．Xは、父Yから10万円を借り入れた。その後、Yが死亡し、Xがその唯一の相続人としてYを相続した。この場合、民法上、XのYに対する借入金債務は、原則として、消滅する。

イ．X社、Y社およびZ社は、いずれも、Aに対し金銭債権を有しているが、担保権は有していない。この場合において、Aの有する財産では、X社、Y社およびZ社の有する債権全額の弁済をすることができないときは、債権の種類、内容、履行期には関係なく、債権の発生の先後により債権者間の優劣が決せられるため、X社、Y社およびZ社のうち、債権の発生時期の最も早い者が、他の債権者に優先してAの財産から弁済を受けることができる。

① アおよびイのいずれも適切である。
② アのみが適切である。
③ イのみが適切である。
④ アおよびイのいずれも適切でない。

問20
先取特権および留置権に関する次のアおよびイの文についての①～④の記述のうち、民法の規定に照らし、その内容が最も適切なものを1つだけ選びなさい。

ア．Xは、Yとの間で、自己を売主として動産αを売却する旨の売買契約を締結した。この売買契約に基づき、XはYにαを引き渡したが、Yはαの代金を支払っていない。この場合、Xは、Yとの間で先取特権の設定契約を締結した場合に限り、Yがαの代金を支払うまでの間、Yが占有するαについて先取特権を有する。

イ．留置権は、他人の物を占有している者が、その物に関して生じた債権を有している場合に、その債権の弁済期が到来しているときは、弁済を受けるまでその物を留置することにより、債務者の弁済を促す権利である。

① アおよびイのいずれも適切である。
② アのみが適切である。
③ イのみが適切である。

④　アおよびイのいずれも適切でない。

問21

債権の回収手続に関する次の①および②の記述のうち、その内容が適切なものを1つだけ選びなさい。

①　調停は、民事上の紛争の当事者またはその代理人が裁判所に出頭し、話し合いをする手続であり、調停の成立により作成される調停調書は、確定判決と同一の効力を有する。

②　倒産処理の手続には、すべて裁判所が関与することとされており、裁判所が関与することなく、当事者の協議のみによって倒産処理が行われることはない。

問22

強制執行に関する次のアおよびイの文についての①～④の記述のうち、その内容が最も適切なものを1つだけ選びなさい。

ア．強制執行の手続において、債務者が有する不動産を換価して債権を回収する場合、裁判所が当該不動産を差し押さえ、所定の手続を経て当該不動産を強制競売に付し、その代金から債権を回収することとなる。

イ．民事執行法上、強制執行の申立てをするには債務名義が必要であるが、民事訴訟における裁判所の確定判決は、債務名義に該当しない。

①　アおよびイのいずれも適切である。

②　アのみが適切である。

③　イのみが適切である。

④　アおよびイのいずれも適切でない。

問23

法人に関する次の①および②の記述のうち、民法の規定に照らし、その内容が適切なものを1つだけ選びなさい。

①　特定非営利活動促進法上、特定非営利活動法人（NPO法人）の主たる目的

とされる特定非営利活動とは、保健、医療または福祉の増進を図る活動等であって、不特定かつ多数のものの利益の増進に寄与することを目的とするものをいう。

② 法律上、特定の目的のために運用される財産の集合である財団は、法人となることができない。

問24 過去問題

株式会社の機関に関する次のアおよびイの記述についての①～④の記述のうち、会社法の規定に照らし、その内容が最も適切なものを1つだけ選びなさい。

ア. 会計参与は取締役と共同して計算書類等の作成を職務とする株式会社の機関であり、すべての株式会社が、株主総会および取締役とともにその設置を義務付けられる。

イ. 監査役は、原則として、監査役設置会社の取締役および会計参与ならびに支配人その他の使用人に対して、事業の報告を求めることができる。

① アおよびイのいずれも適切である。
② アのみが適切である。
③ イのみが適切である。
④ アおよびイのいずれも適切でない。

問25

労働組合法に関する次の①および②の記述のうち、その内容が適切なものを1つだけ選びなさい。

① 労働組合は、使用者から労働基準法所定の労働時間（法定労働時間）を超えて労働者に労働させるよう指示を受けたときは、労働者に法定労働時間を超えて労働させなければならない。

② 労働組合は、使用者との間で、労働条件その他の待遇について、労働協約を定めることができる。

問26

男女雇用機会均等法に関する次のアおよびイの文についての①～④の記述のうち、その内容が最も適切なものを1つだけ選びなさい。

ア．事業主は、男性労働者が女性労働者に対して行う性的な言動により女性労働者の就業環境が害されることのないよう、職場における雇用管理上必要な措置を講じる義務を負うが、女性労働者が男性労働者に対して行う性的な言動については、当該措置を講じる義務を負わない。

イ．事業主は、労働者の配置、昇進、降格、教育訓練等一定の事項について、労働者の性別を理由として、差別的取扱いをしてはならない。

① アおよびイのいずれも適切である。
② アのみが適切である。
③ イのみが適切である。
④ アおよびイのいずれも適切でない。

問27

労働者派遣法に関する次の①および②の記述のうち、その内容が適切なものを1つだけ選びなさい。

① 労働者派遣法は、一定の業務について、労働者派遣事業を行ってはならない旨を定めている。

② 派遣先は、派遣先の業務に関し、必ず派遣元事業主を通じて派遣労働者に業務上の指揮命令を行わなければならず、派遣労働者に対して直接に業務上の指揮命令を行うことは禁止されている。

問28

夫婦間の法律関係に関する次のアおよびイの文についての①～④の記述のうち、民法の規定に照らし、その内容が最も適切なものを1つだけ選びなさい。

ア．婚姻が法的効力を認められるためには、当事者の合意だけでは足りず、婚姻の届出をする必要がある。

イ．夫婦が離婚したときは、夫婦のうち婚姻に際して改氏した者は、婚姻前の氏に復することとなり、いかなる場合でも離婚後は婚姻中に称していた氏を称することはできない。

① アおよびイのいずれも適切である。
② アのみが適切である。
③ イのみが適切である。
④ アおよびイのいずれも適切でない。

問29

法定相続に関する次のアおよびイの文についての①～④の記述のうち、民法の規定に照らし、その内容が最も適切なものを1つだけ選びなさい。

ア．Aに配偶者B、子Cおよび弟Dがおり、そのほかに親族がいない場合において、Aが遺言をせずに死亡したときは、Aの法定相続人になるのはB、CおよびDである。

イ．Aに配偶者Bと子Cがいる場合において、Aが遺言をせずに死亡したときは、BおよびCの法定相続分はそれぞれ相続財産の２分の１である。

① アおよびイのいずれも適切である。
② アのみが適切である。
③ イのみが適切である。
④ アおよびイのいずれも適切でない。

問30

相続の承認および放棄に関する次の①および②の記述のうち、民法の規定に照らし、その内容が適切なものを1つだけ選びなさい。

① 限定承認は、相続人が複数ある場合には、共同相続人の全員が共同してのみこれをすることができる。

② Xが死亡し、Xの子YがXの相続人となった。この場合において、Yは、所定の期間内に単純承認または限定承認をしなかったときは、相続を放棄したものとみなされる。

問31 …………………………………………………………………… 過去問題

私法の基本原理に関する次の①～④の記述のうち、その内容が最も適切でないものを1つだけ選びなさい。

① 所有権絶対の原則は、一般に、所有権は不可侵のものとして尊重され、他人によっても、国家権力によっても侵害されないという原則のことである。
② 信義誠実の原則は、一般に、人はたとえ他人に損害を与えたとしても、故意または過失がなければ損害賠償責任を負わないという原則のことである。
③ 契約自由の原則は、一般に、契約するかしないか、誰を相手とするか、いかなる契約内容とするか等について、当事者間で自由に定め得るという原則のことである。
④ 権利能力平等の原則は、一般に、すべての個人が平等に権利主体として取り扱われるという原則のことである。

問32

Xは、Yに対して、Yが所有する彫刻をYから購入する旨の意思表示をした。この場合に関する次の①～④の記述のうち、民法の規定に照らし、その内容が適切なものを2つ選びなさい。

① Xは、Yの詐欺により、Yに対し彫刻を購入する旨の意思表示をした。この場合、Xは、その意思表示を取り消すことができない。
② Xは、Yの強迫により、Yに対し彫刻を購入する旨の意思表示をした。この場合、Xは、その意思表示を取り消すことができる。
③ XとYは、通謀して彫刻の売買を仮装し、虚偽の売買契約を締結した。この場合、当該売買契約は無効である。
④ Xは、実際には彫刻を購入する意思がないのに、Yに対して彫刻を購入する旨の意思表示をした。この場合、YがXには購入する意思がないことを知っていたとしても、Xの意思表示は有効である。

問33 …………………………………………………………………… 過去問題

代理に関する次のア～エの記述のうち、民法の規定に照らし、その内容が適切なものの組み合わせを①～⑥の中から1つだけ選びなさい。

ア．Aは、B社から、B社とC社との間の売買契約の締結に関する代理権を授与され、その代理権の範囲内において、B社のためにすることを示して、C社との間で売買契約を締結した。この場合、当該売買契約の効果は、B社に帰属する。

イ．Dは、E社から授与された代理権の範囲を越えて、F社との間で、E社の代理人として売買契約を締結した。この場合、F社が、当該売買契約の締結について、Dに代理権があると誤信し、かつそのように誤信することについて正当な理由があっても、表見代理は成立しない。

ウ．Gは、H社から何らの代理権も授与されていないにもかかわらず、H社の代理人と称して、I社との間で売買契約を締結した。この場合、I社は、Gに代理権がないことを知らなかったときは、H社が追認をしない間は、当該売買契約を取り消すことができる。

エ．Jは、K社から何らの代理権も授与されていないにもかかわらず、K社の代理人と称して、L社との間で売買契約を締結した。この場合、L社は、Jに代理権がないことを知っていたとしても、Jに対して当該売買契約の履行の請求または損害賠償の請求をすることができる。

① アイ　② アウ　③ アエ　④ イウ　⑤ イエ　⑥ ウエ

問34

条件および期限に関する次のア～エの記述のうち、民法の規定に照らし、その内容が適切なものを○、適切でないものを×とした場合の組み合わせを①～⑧の中から1つだけ選びなさい。

ア．条件のうち、例えば、「入学試験に合格したら、万年筆を贈与する」旨の特約は、解除条件に該当する。

イ．条件のうち、例えば、「入学祝いに金銭を贈与するが、留年したら返還しなければならない」旨の特約は、停止条件に該当する。

ウ．契約の効力の発生ないし債務の履行を、「人の死亡」のように、将来発生することは確実であるが、いつ発生するかは確定していない事実にかからせる特約は、不確定期限に該当する。

エ．期限を定めることによって享受できる利益を期限の利益といい、期限の利益は、債務者ではなく債権者のために定めたものと推定される。

① ア－○　イ－○　ウ－○　エ－○

② ア－○　イ－○　ウ－×　エ－○
③ ア－○　イ－×　ウ－○　エ－×
④ ア－○　イ－×　ウ－×　エ－×
⑤ ア－×　イ－○　ウ－○　エ－○
⑥ ア－×　イ－○　ウ－×　エ－○
⑦ ア－×　イ－×　ウ－○　エ－×
⑧ ア－×　イ－×　ウ－×　エ－×

問35
運送業者であるX社は、自動車ディーラーY社との間で、Y社から新車のトラック1台を購入する旨の売買契約を締結した。本件売買契約では、約定の期日にX社のA営業所においてトラックの引渡しと引換えに代金が支払われる約定となっている。この場合に関する次の①～④の記述のうち、民法の規定に照らし、その内容が最も適切なものを1つだけ選びなさい。

① 本件売買契約において、「Y社は、Y社の帰責事由により、約定の期日にトラックをX社に引き渡せなかったときは、トラックの売買代価の５％を違約金としてX社に支払う」旨の特約がなされていたとしても、当該特約は公序良俗に反するため無効である。
② Y社は、約定の期日にトラックをX社に引き渡すことなく、X社に対しトラックの代金の支払いを請求した。この場合、X社は、Y社がトラックの引渡しについて弁済の提供をするまでは、同時履行の抗弁権を主張して代金の支払いを拒むことができる。
③ Y社の従業員ZがトラックをX社に引き渡すため、トラックを運転してA営業所に向かっていたところ、Zの不注意で交通事故が発生して、トラックが破損し、Y社は、約定の期日にX社にトラックを引き渡すことができなかった。この場合、X社に対して債務不履行責任を負うのは、Y社ではなく、Zである。
④ 売買契約の解除に関する事項は、X社とY社が契約を締結する際に定めておかなければならず、契約締結後に両者の間で売買契約を解除する旨の合意をしたとしても、当該合意は無効である。

問36
洋品店を営むX社は、消費者Yからオーダーメイドのスーツ1着を仕立てる

旨の注文を受け、Yとの間で請負契約を締結しようとしている。この場合に関する次のア〜エの記述のうち、民法の規定に照らし、その内容が適切なものを○、適切でないものを×としたときの組み合わせを①〜⑥の中から1つだけ選びなさい。

ア．X社とYとの間の請負契約は、X社とYとの間における意思表示の合致だけでは成立せず、その内容を契約書等の書面にすることにより有効に成立する。
イ．X社とYとの間で本件請負契約が締結された場合、Yは、X社がスーツを完成させる前は、本件請負契約を解除することができない。
ウ．X社とYとの間で本件請負契約が締結された場合、X社とYとの間で特段の約定をしない限り、X社がYから請負代金の支払いを受けることができるのは、本件請負契約を締結した時である。
エ．X社とYとの間で本件請負契約が締結された場合、X社は、Yの承諾を受けなければ、スーツの縫製作業の一部を下請業者であるZ社に請け負わせることができない。

① ア－○　イ－○　ウ－○　エ－○
② ア－○　イ－○　ウ－○　エ－×
③ ア－○　イ－×　ウ－×　エ－×
④ ア－×　イ－○　ウ－○　エ－○
⑤ ア－×　イ－×　ウ－×　エ－○
⑥ ア－×　イ－×　ウ－×　エ－×

問37

各種の契約に関する次のア〜エの記述のうち、その内容が適切なものの組み合わせを①〜⑥の中から1つだけ選びなさい。

ア．A株式会社は、Bとの間で、その営業の範囲内においてBの荷物を預かる旨の寄託契約を締結した。この場合、商法上、A社は、Bから報酬の支払いを受けるときに限り、善良な管理者の注意をもってBの荷物を保管する義務を負う。
イ．Aは、Bとの間で、Aの所有する宝石を第三者に売却することをBに委託する旨の委任契約を締結した。この場合、民法上、Bは、善良な管理者の注意をもって委任事務を処理する義務を負う。
ウ．A株式会社は、B株式会社との間で、B社に金銭を貸し付ける旨の金銭消費貸借契約を締結した。この場合、商法上、A社とB社との間に利息の約定がなくても、A社は、B社に法定利息を請求することができる。

エ. A株式会社は、B株式会社との間で、B社の所有するビルを賃借する旨の賃貸借契約を締結した。この場合、民法上、A社は、B社の承諾を得なくても、当該ビルの賃借権を譲り渡し、または当該ビルを第三者に転貸することができる。

① アイ　② アウ　③ アエ　④ イウ　⑤ イエ　⑥ ウエ

問38 ………………………………………………………… 過去問題

権利の得喪変更およびその対抗要件に関する次の①～④の記述のうち、民法の規定に照らし、その内容が最も適切でないものを1つだけ選びなさい。

① Aは、自己の所有する家庭用ゲーム機をBに譲渡したが、Bに当該ゲーム機を引き渡さないうちに、当該ゲーム機を善意のCに譲渡し現実に引き渡した。この場合、Cが当該ゲーム機の現実の引渡しを受ける前に、BがAに当該ゲーム機の代金を支払っていれば、Bは、原則として、Cに対して当該ゲーム機の所有権の取得を対抗することができる。

② Dは、不動産登記簿の登記事項を信じて、Eから建物を購入したが、実際にはEは当該建物の所有権者ではなかった。Dは、Eが当該建物の所有権者でないことについて善意無過失であっても、即時取得により当該建物の所有権を取得することはできない。

③ F社は、G社に対して有する請負契約に基づく報酬債権をH社に譲渡し、当該報酬債権の譲渡人であるF社がその旨をG社に通知した。この場合、H社は、自己が当該報酬債権の譲受人である旨をG社に対抗することができる。

④ I社は、自社の所有するビル1棟をJ社に譲渡したが、当該ビルにつきJ社への所有権移転登記を経ないうちに、当該ビルを善意のK社に譲渡し、当該ビルにつきK社への所有権移転登記を経た。この場合、J社は、K社が当該ビルにつき所有権移転登記を経る前に、I社から当該ビルの現実の引渡しを受けていても、原則として、K社に対して当該ビルの所有権の取得を対抗することができない。

問39

著作権法に関する次のア～エの記述のうち、その内容が適切なものを○、適切でないものを×とした場合の組み合わせを①～⑥の中から1つだけ選びなさい。

ア．著作権法による保護の対象となる著作物とは、思想または感情を創作的に表現したものであって、文芸、学術、美術または音楽の範囲に属するものと定義されている。

イ．事実の伝達にすぎない雑報および時事の報道は、言語の著作物に該当しない。

ウ．著作者人格権は、著作者の人格的な利益の保護に関する権利であり、そのうち、同一性保持権は、著作者が自己の意に反して著作物およびその題号の変更、切除その他の改変を受けないことを内容とする権利である。

エ．実演家や放送事業者等は、自ら著作物を創作する者ではないため、他人の創作した著作物を利用するに際し、著作権法による何らの保護も受けない。

① ア－○　イ－○　ウ－○　エ－○
② ア－○　イ－○　ウ－○　エ－×
③ ア－○　イ－×　ウ－×　エ－×
④ ア－×　イ－○　ウ－○　エ－○
⑤ ア－×　イ－×　ウ－×　エ－○
⑥ ア－×　イ－×　ウ－×　エ－×

問40

独占禁止法により禁止される行為に関する次のア～エの記述のうち、その内容が適切なものの組み合わせを①～⑥の中から1つだけ選びなさい。

ア．建材メーカーであるA社およびB社は、原材料費や物流費の高騰に伴い、両社間で協議等をすることなく、両社の独自の判断で、ほぼ同時期に建材の販売価格を値上げした結果、両社における同種の建材の販売価格は同一となった。この場合の両社の行為は、不当な取引制限に該当し、独占禁止法に違反する。

イ．関東地方でスーパーマーケットチェーンを営むA社、B社およびC社は、協定により、同一の取扱商品についてその価格を値引きして消費者に販売する場合には値引き額を絶えず同一の額とすることを取り決め、この協定に従ったことにより、公共の利益に反して、当該商品の市場における競争を実質的に制限した。この場合の三社の行為は、不当な取引制限に該当し、独占禁止法に違反する。

ウ．衣料品の卸売業者であるA社は、小売店Bに対し、取引を行う際の条件として、不当に、A社の競争事業者であるC社と取引をしないことを定めることにより、C社の取引の機会を減少させた。この場合のA社の行為は、排他条件付取引に該当し、独占禁止法に違反する。

エ．清涼飲料水メーカーであるA社は、A社から購入したA社製品を消費者に販売している小売店Bに対し、正当な理由がないのに、消費者に対するA社製品の販売価格を指定しその価格で販売することをBに強制した。この場合のA社の行為は、再販売価格の拘束には該当せず、独占禁止法に違反することはない。

① アイ　② アウ　③ アエ　④ イウ　⑤ イエ　⑥ ウエ

問41 …… 過去問題

消費者保護関連の規制に関する次のア～エの記述のうち、その内容が適切なものの個数を①～⑤の中から1つだけ選びなさい。

ア．特定商取引法は、訪問販売、通信販売、電話勧誘販売といった特定の取引に限定して、その取引ごとに規制する法律である。

イ．事業者と消費者との間で、特定商取引法上の通信販売に該当する取引が行われ、役務提供契約が締結された。この場合、当該消費者は、特定商取引法に基づきクーリング・オフを行使して、無条件で当該役務提供契約を解除することはできない。

ウ．購入した商品の代金等を分割して支払う取引のうち、割賦販売法に規定された商品について、その代金等を2か月以上の期間にわたり、かつ3回以上に分割して支払う取引は、同法の規制対象となる。

エ．割賦販売業者が、消費者との間で、割賦販売法上の割賦販売の方法により指定商品を販売する契約を締結した。この場合、当該割賦販売業者は、当該消費者に対して、所定の事項について当該契約の内容を書面の交付により明示しなければならないが、当該消費者の承諾を得て、当該書面に記載すべき事項を電子メールで送信するなどの方法により提供したときは、当該書面を交付したものとみなされる。

① 0個　② 1個　③ 2個　④ 3個　⑤ 4個

問42

個人情報保護法に関する次のア～エの記述のうち、その内容が適切なものを○、適切でないものを×とした場合の組み合わせを①～⑥の中から1つだけ選びなさい。

ア．生存する個人に関する情報であって、個人識別符号が含まれるものは、個人情報に該当する。

イ．個人情報のうち、本人の人種、信条、社会的身分、病歴、犯罪の経歴、犯罪により害を被った事実その他本人に対する不当な差別、偏見その他の不利益が生じないようにその取扱いに特に配慮を要するものとして政令で定める記述等が含まれるものを要配慮個人情報という。

ウ．個人情報取扱事業者は、あらかじめ本人の同意を得ずに、利用目的の達成に必要な範囲を超えて個人情報を取り扱ってはならない。

エ．個人情報取扱事業者は、いかなる場合であっても、あらかじめ本人の同意を得なければ、個人データを第三者に提供することができない。

① ア－○　イ－○　ウ－○　エ－○
② ア－○　イ－○　ウ－○　エ－×
③ ア－○　イ－×　ウ－×　エ－×
④ ア－×　イ－○　ウ－○　エ－○
⑤ ア－×　イ－×　ウ－×　エ－○
⑥ ア－×　イ－×　ウ－×　エ－×

問43

次の甲欄に示したア～エの記述と最も関連の深い語句を乙欄から選んだ場合の組み合わせを①～⑧の中から1つだけ選びなさい。

（甲欄）

ア．Aは、修理代金を3,000円と定めてB社に依頼したオートバイの修理が完了した旨の連絡を受けたため、オートバイを引き取りに行ったところ、B社から「今回はサービスとして修理代金を請求しない」旨を告げられた。

イ．A社は、B社に売却した建設機械を、B社との間の約定に従って、B社の営業所でB社に引き渡した。

ウ．A社は、B社に対し60万円の賃料債務を負っているが、別途B社に対して40

万円の請負代金債権を有しているため、「賃料から請負代金相当額40万円を差し引いた額を支払う」旨をB社に通知した。

エ．A社は、B社との間で、B社に対して負う50万円の借入金債務の返済に代えて、A社が有する50万円相当の自社製品を給付する旨の契約を締結し、B社に当該製品を給付して借入金債務を消滅させた。

（乙欄）

a．相殺　b．更改　c．混同　d．免除
e．供託　f．弁済　g．代物弁済

① ア－a　イ－b　ウ－c　エ－d
② ア－a　イ－c　ウ－e　エ－f
③ ア－b　イ－a　ウ－g　エ－d
④ ア－b　イ－e　ウ－c　エ－f
⑤ ア－c　イ－a　ウ－f　エ－b
⑥ ア－c　イ－f　ウ－e　エ－g
⑦ ア－d　イ－e　ウ－g　エ－b
⑧ ア－d　イ－f　ウ－a　エ－g

問44 ………………………………………………………… 過去問題

X社は、Y社との間で、Y社に金銭を貸し付ける旨の金銭消費貸借契約を締結するにあたり、Y社の所有する財産に質権の設定を受けることを検討している。この場合に関する次のア～エの記述のうち、民法の規定に照らし、その内容が適切なものを○、適切でないものを×としたときの組み合わせを①～⑥の中から1つだけ選びなさい。

ア．X社は、Y社の所有する貴金属に質権の設定を受けた。この場合において、Y社がX社に対して負う借入金債務を期限までに弁済しない場合、X社は、裁判所の手続を経ることなく、当然に当該貴金属の所有権を取得する。

イ．X社は、Y社がZ社に対して有する委任契約に基づく報酬請求権に質権の設定を受けた。この場合、X社は、Y社がX社に対して負う借入金債務を期限までに弁済しない場合であっても、当該報酬請求権を直接取り立てることはできない。

ウ．不動産は質権の目的物とすることができないため、X社は、Y社が所有する建物に質権の設定を受けることはできない。

エ．X社がY社の所有する彫刻に質権の設定を受ける場合、質権設定契約が有効に成立するためには、X社とY社との間の合意があれば足り、Y社からX社への当該彫刻の引渡しは不要である。

① ア－○　イ－○　ウ－○　エ－○
② ア－○　イ－○　ウ－×　エ－×
③ ア－○　イ－×　ウ－○　エ－×
④ ア－×　イ－○　ウ－×　エ－○
⑤ ア－×　イ－×　ウ－○　エ－○
⑥ ア－×　イ－×　ウ－×　エ－×

問45

X社は、Aに金銭を貸し付けるにあたり、Aが所有する建物に抵当権の設定を受けることを検討している。この場合に関する次のア～エの記述のうち、民法の規定に照らし、その内容が適切なものを○、適切でないものを×としたときの組み合わせを①～⑥の中から1つだけ選びなさい。

ア．本件建物については、すでにY社が抵当権の設定を受け、その登記を経ている。この場合、X社は、本件建物に抵当権の設定を受けることはできない。

イ．本件建物に設定される抵当権は、X社とAとの間で抵当権設定契約を締結することにより成立し、抵当権の設定登記は第三者に対する対抗要件である。

ウ．X社がAに金銭を貸し付けるに際し、Aは、本件建物にX社のために抵当権を設定し、その登記を経た。その後、X社がAに対して有する貸金債権を第三者であるZ社に譲渡した場合、本件建物に設定された抵当権もZ社に移転する。

エ．X社がAに金銭を貸し付けるに際し、Aは、本件建物にX社のために抵当権を設定し、その登記を経た。その後、AがX社に借入金の一部を弁済した場合であっても、本件建物に設定された抵当権は、本件建物の全体に対してその効力が及び、弁済額の割合に応じて効力の及ぶ範囲が縮小するわけではない。

① ア－○　イ－○　ウ－○　エ－○
② ア－○　イ－○　ウ－○　エ－×
③ ア－○　イ－×　ウ－×　エ－×
④ ア－×　イ－○　ウ－○　エ－○

⑤ ア－×　イ－×　ウ－×　エ－○
⑥ ア－×　イ－×　ウ－×　エ－×

問46

商号に関する次の①～④の記述のうち、その内容が最も適切でないものを1つだけ選びなさい。

① 個人商人Xは、商号αの登記をしようとしたが、商号αは、他の個人商人Yによって、甲地を営業所の所在場所として、すでに商号の登記がなされていた。この場合、Xは、甲地を営業所の所在場所として商号αの登記をすることができない。

② 商人Xが自己の商号αを使用して営業を行うことを商人Yに許諾し、Yが商号αを用いて営業を行っている場合において、第三者Zは、Xの営業と過失なく誤認してYと取引を行った。この場合、商号αの使用を許諾したXは、Zに対し、Yと連帯して、当該取引によって生じた債務を弁済する責任を負う。

③ Xは、株式会社を設立する場合、その商号中に「株式会社」という文字を用いなければならない。

④ Xは、株式会社を設立する場合、広く認識されている他社の商号と同一の商号を使用すると不正競争防止法に違反するおそれがあるが、広く認識されている他社の商号とまったく同一ではない、類似の商号を使用しても不正競争防止法に違反するおそれはない。

問47

株式会社の取締役に関する次のア～エの記述のうち、会社法の規定に照らし、その内容が適切なものを○、適切でないものを×とした場合の組み合わせを①～⑥の中から1つだけ選びなさい。

ア．取締役は、株式会社における意思決定の最高機関である株主総会の決議により選任される。

イ．取締役は、株式会社に対して、自己の財産に対するのと同一の注意義務を負い、その具体的表現として原状回復義務を負っている。

ウ．取締役会設置会社の取締役は、自己または第三者のために株式会社と取引をする場合には、取締役会において、事前に、当該取引に関する重要な事実を開示し、その承認を受けなければならない。

エ．取締役会設置会社の取締役は、株式会社の事業と同種の取引をする場合には、取締役会において、当該取引に関する重要な事実を開示し、その承認を受けなければならない。

① ア－○　イ－○　ウ－○　エ－○
② ア－○　イ－○　ウ－○　エ－×
③ ア－○　イ－×　ウ－○　エ－○
④ ア－×　イ－○　ウ－×　エ－×
⑤ ア－×　イ－×　ウ－×　エ－○
⑥ ア－×　イ－×　ウ－×　エ－×

問48

X株式会社における会社法上の「会社の使用人」に関する次のア～エの記述のうち、その内容が適切なものの組み合わせを①～⑥の中から1つだけ選びなさい。

ア．X社は、X社製品を販売する店舗Yを経営している。この場合において、店舗Yに勤務するX社の使用人Aは、店舗Y内のX社製品の販売に関するAの権限の有無につき、相手方が善意であるか悪意であるかにかかわらず、当該販売に関する権限を有するものとみなされる。

イ．X社製品に使用する部品の購入という特定の事項の委任を受けたX社の使用人である調達課長Bは、当該部品の購入に関する一切の裁判外の行為をする権限を有する。

ウ．X社の支配人Cは、X社の許可を受けなくても、知人の経営するZ株式会社の取締役となることができる。

エ．X社は、社内規程において、支配人Dに対し、一定の金額以下のX社製品の販売についてのみ権限を付与する旨の制限を定めた。この場合、X社は、その制限を善意の第三者に対抗することはできない。

①　アイ　②　アウ　③　アエ　④　イウ　⑤　イエ　⑥　ウエ

問49 …………………………………………………… 過去問題

労働基準法に関する次の①～④の記述のうち、その内容が最も適切でない

ものを1つだけ選びなさい。

① パートタイマーやアルバイトも、会社の指揮・命令に従って労働力を提供し、その労働の対償として賃金を受け取っていれば、労働者に当たる。

② 使用者は、その雇用する労働者の全員に対し、雇用期間の長短にかかわらず、1年につき、継続し、または分割した10労働日の年次有給休暇を与えなければならない。

③ 使用者は、労働者の請求する時季に年次有給休暇を与えることが事業の正常な運営を妨げる場合には、当該労働者に対し、他の時季に年次有給休暇を与えることができる。

④ 使用者は、原則として、労働者に、休憩時間を除き、1週間について40時間を超えて労働させてはならず、1週間の各日については1日につき8時間を超えて労働させてはならない。

問50

夫婦間の法律関係に関する次のア～エの記述のうち、民法の規定に照らし、その内容が適切なものの組み合わせを①～⑥の中から1つだけ選びなさい。

ア．夫婦間で締結した契約は、原則として、婚姻中いつでも、夫婦の一方から取り消すことができる。

イ．夫婦間において夫婦財産契約が締結されていない場合、婚姻費用の支出など日常の家事に関して、夫婦の一方が第三者と法律行為をしたことによって生じた債務については、当該法律行為を行った者が責任を負い、夫婦の他方が責任を負うことはない。

ウ．夫婦間において夫婦財産契約が締結されていない場合、夫婦の一方が婚姻前から有する財産は、その者の特有財産となる。

エ．婚姻によって生じた夫婦間の財産関係は、離婚により婚姻時に遡って消滅する。

① アイ　② アウ　③ アエ　④ イウ　⑤ イエ　⑥ ウエ

ビジネス実務法務検定試験　3級模擬問題③

問1 …………………………………………………… 過去問題

ビジネス環境の変化に対する法律の影響に関する次のアおよびイの文についての①～④の記述のうち、その内容が最も適切なものを1つだけ選びなさい。

ア．定型約款制度の創設、オンラインモールや暗号資産（仮想通貨）などの新たなビジネスの形態に対する法規制など、消費者保護のための法制度の整備が進展を見せている。

イ．国連において持続可能な開発目標（SDGs）が採択されたことから、我が国もこれを目標として、ビジネスとイノベーション・地方創生・次世代と女性のエンパワーメントのための施策が進められている。

①　アおよびイのいずれも適切である。
②　アのみが適切である。
③　イのみが適切である。
④　アおよびイのいずれも適切でない。

問2

財産権に関する次のアおよびイの文についての①～④の記述のうち、その内容が最も適切なものを1つだけ選びなさい。

ア．現在は個人や企業の知的な活動により創造された財産が重要な地位を占めており、このような財産を対象とする権利を環境権という。

イ．所有権は、他人によっても国家権力によっても侵害されないのが原則であるが、公共の福祉の観点から、一定の制約を受けることがある。

①　アおよびイのいずれも適切である。
②　アのみが適切である。
③　イのみが適切である。
④　アおよびイのいずれも適切でない。

問3

法律の分類に関する次のアおよびイの文についての①～④の記述のうち、その内容が最も適切なものを1つだけ選びなさい。

ア．法は、文書の形に表されているか否かによって、成文法と不文法とに分けられる。

イ．契約当事者間において、法律の規定中の強行法規の内容と異なる内容の特約が定められた場合、当該特約は強行法規よりも優先して適用される。

① アおよびイのいずれも適切である。
② アのみが適切である。
③ イのみが適切である。
④ アおよびイのいずれも適切でない。

問4 ……………………………………………… 過去問題

制限行為能力者Aの行った法律行為に関する次の①および②の記述のうち、民法の規定に照らし、その内容が適切なものを1つだけ選びなさい。

① 被保佐人であるAは、その保佐人Bの同意を得ずに、第三者Cから多額の金銭を借り入れる旨の金銭消費貸借契約を締結した。この場合、Bは、当該金銭消費貸借契約を取り消すことができる。

② 成年被後見人であるAは、B社の経営するスーパーマーケットにおいて、単独で日用品を購入する旨の売買契約を締結した。この場合、Aの成年後見人Cは、当該売買契約を取り消すことができる。

問5 ……………………………………………… 過去問題

期限の利益に関する次のアおよびイの文についての①～④の記述のうち、民法の規定に照らし、その内容が最も適切なものを1つだけ選びなさい。

ア．債務者は、破産手続開始の決定を受けた場合、期限の利益を主張することができなくなる。

イ．債務者は、提供した担保を滅失、損傷しまたはその価値を減少させた場合、期限の利益を主張することができなくなる。

① アおよびイのいずれも適切である。
② アのみが適切である。
③ イのみが適切である。
④ アおよびイのいずれも適切でない。

問6

売買契約に関する次のアおよびイの文についての①〜④の記述のうち、民法の規定に照らし、その内容が最も適切なものを1つだけ選びなさい。

ア．売買契約に基づき売主から買主に引き渡された目的物の種類、品質、数量が契約の内容に適合しない場合、買主は、原則として、売主に対して、目的物の修補、代替物の引渡しまたは不足分の引渡しによる履行の追完を請求できる。
イ．売買契約において売買目的物を一定の場所で引き渡す旨が定められていた場合、売主は、債務の本旨に従い、約定の期日に目的物をその場所に持参して買主に提供したとしても、買主が目的物を現実に受領しなければ、債務不履行の責任を免れない。

① アおよびイのいずれも適切である。
② アのみが適切である。
③ イのみが適切である。
④ アおよびイのいずれも適切でない。

問7

賃貸借契約に関する次の①および②の記述のうち、民法の規定に照らし、その内容が適切なものを1つだけ選びなさい。

① 賃借人は、賃貸人に対して賃料を支払う義務や、契約終了時に目的物を返還する義務のほか、賃貸借契約継続中は、目的物の管理につき善管注意義務を負う。
② 賃借人は、目的物に改良を加えるなど、目的物の価値を高める費用を支出した場合、有益費として、直ちに賃貸人に対してその支出した費用の全額の償還を請求することができる。

問8

請負契約に関する次のアおよびイの文についての①〜④の記述のうち、民法の規定に照らし、その内容が最も適切なものを1つだけ選びなさい。

ア．請負人が仕事を完成しない間は、注文者および請負人はともに、いつでも請負契約を解除することができる。

イ．請負契約は、請負人がある仕事を完成することを約束し、注文者がその仕事の結果に対して報酬を支払うことを約束することによって、その効力を生ずる。

① アおよびイのいずれも適切である。
② アのみが適切である。
③ イのみが適切である。
④ アおよびイのいずれも適切でない。

問9

委任契約に関するアおよびイの文についての①〜④の記述のうち、その内容が最も適切なものを1つだけ選びなさい。

ア．委任契約が締結された場合、民法上、委任者および受任者のいずれも、当該委任契約をいつでも解除することができる。

イ．商法上の商人Xは、その営業の範囲内で、商人Yとの間で委任契約を締結し、Yから委任された事務の処理を行った。この場合、Xは、Yとの間に報酬を受け取ることができる旨の特約がない限り、Yに報酬を請求することができない。

① アおよびイのいずれも適切である。
② アのみが適切である。
③ イのみが適切である。
④ アおよびイのいずれも適切でない。

問10

寄託契約に関する次のアおよびイの文についての①〜④の記述のうち、民法の規定に照らし、その内容が最も適切なものを1つだけ選びなさい。

ア．寄託は、当事者の一方がある物を保管することを相手方に委託し、相手方がこれを承諾することによって、その効力を生ずる。
イ．寄託者Xから物の寄託を受けた受寄者Yは、Xから報酬の支払いを受けるか否かにかかわらず、受寄物の保管について善管注意義務を負う。

① アおよびイのいずれも適切である。
② アのみが適切である。
③ イのみが適切である。
④ アおよびイのいずれも適切でない。

問11
事務管理および不当利得に関する次の①および②の記述のうち、民法の規定に照らし、その内容が適切なものを1つだけ選びなさい。

① 事務管理を行った管理者は、本人に対し、報酬および事務管理に際して被った損害の賠償を請求することができる。
② 法律上の原因なく他人の財産または労務により利益を受けた者は、原則として、これにより損失を被った者に対して、その利益を不当利得として返還する義務を負う。

問12
不動産登記に関する次のアおよびイの文についての①～④の記述のうち、その内容が最も適切なものを1つだけ選びなさい。

ア．不動産に地上権が設定された場合、当該地上権に関する事項は、不動産の登記記録中の表題部に記録される。
イ．不動産の登記記録の権利部のうち、甲区には、不動産の所有権に関する登記の登記事項が記録される。

① アおよびイのいずれも適切である。
② アのみが適切である。
③ イのみが適切である。
④ アおよびイのいずれも適切でない。

問13

特許法に関する次の①および②の記述のうち、その内容が適切なものを1つだけ選びなさい。

① 発明とは、自然法則を利用した技術的思想の創作のうち高度のものをいう。

② 特許権は、その設定登録によりその効力を生じるが、設定登録の後、1年を経過するごとに登録の更新手続を経る必要があり、所定の期間内に更新手続を経なければ、特許権は消滅する。

問14

特許法に関する次のアおよびイの文についての①～④の記述のうち、その内容が最も適切なものを1つだけ選びなさい。

ア．特許権者は、特許発明について第三者に専用実施権を設定し、その旨の登録をした場合、当該特許発明を自ら実施することができなくなる。

イ．特許法上の発明をした者が当該発明について特許出願をした後、第三者が当該発明と同一の発明について特許出願をした。この場合において、当該第三者が先に発明を完成させていたときは、当該第三者のみがその発明について特許を受けることができる。

① アおよびイのいずれも適切である。
② アのみが適切である。
③ イのみが適切である。
④ アおよびイのいずれも適切でない。

問15

特定商取引法に関する次のアおよびイの文についての①～④の記述のうち、その内容が最も適切なものを1つだけ選びなさい。

ア．訪問販売については、消費者の利益を保護するため、契約の解除等に伴う損害賠償等の額の上限が定められている。

イ．消費者は、いわゆるクーリング・オフを行使して事業者との間の契約を解除するためには、所定の書面を経済産業大臣に提出し、経済産業大臣により、クーリング・オフの行使が消費者の利益を保護するために特に必要であることを認められなければならない。

① アおよびイのいずれも適切である。
② アのみが適切である。
③ イのみが適切である。
④ アおよびイのいずれも適切でない。

問16 …………………………………………………………………… 過去問題

割賦販売法に関する次のアおよびイの記述についての①〜④の記述のうち、その内容が最も適切なものを1つだけ選びなさい。

ア. 割賦販売法は、割賦販売業者に対し、契約締結時における書面の交付などを義務付けている。
イ. 割賦販売法の適用対象として定められている取引の形態として、通信販売や訪問購入がある。

① アおよびイのいずれも適切である。
② アのみが適切である。
③ イのみが適切である。
④ アおよびイのいずれも適切でない。

問17

会社の従業員による犯罪に関する次の①および②の記述のうち、その内容が適切なものを1つだけ選びなさい。

① 会社において秘密文書の保管権限を有しない従業員が秘密文書を当該会社に無断で持ち出した場合、当該従業員には窃盗罪が成立し得る。
② 従業員が独占禁止法に違反する行為をした場合、会社には刑事罰が科されることがあるが、当該従業員自身には刑事罰は科されない。

問18

会社の役員にかかわる犯罪に関する次のアおよびイの文についての①～④の記述のうち、その内容が最も適切なものを1つだけ選びなさい。

ア．X株式会社の取締役Aは、株主総会での議決権の行使に関し、X社の株主Bから財産上の利益の供与を要求された。この場合、Aは、Bからの要求を拒絶し、何らの財産上の利益も供与しなかったとしても、その要求を受けただけで刑事罰を科される可能性がある。

イ．X株式会社の取締役Aは、Y市における公共工事の指名競争入札に関し、X社に対する便宜を図ってもらうため、Y市の担当者Bに多額の金銭を供与した。この場合、Aには贈賄罪、Bには収賄罪が成立し得る。

① アおよびイのいずれも適切である。
② アのみが適切である。
③ イのみが適切である。
④ アおよびイのいずれも適切でない。

問19

債権・債務の消滅事由に関する次の①および②の記述のうち、民法の規定に照らし、その内容が適切なものを1つだけ選びなさい。

① 金銭消費貸借契約における借主以外の第三者が貸主に対して借入金を弁済した場合、当該貸主が当該借主に対して有する貸金債権は、一定の場合を除き消滅する。

② 債権者は、債務者が当該債権者に対して負う債務を免除するには、債務者の承諾を得なければならない。

問20 ……… 過去問題

時効に関する次のアおよびイの文についての①～④の記述のうち、民法の規定に照らし、その内容が最も適切なものを1つだけ選びなさい。

ア．時効の援用は、時効の成立により利益を受ける当事者がその利益を受ける旨の意思を表示することである。

イ．請負契約における注文者は、当該請負契約に基づき請負人が自己に対して有する報酬債権の消滅時効が完成する前に、当該請負人に対して当該報酬債権の存在を承認した。この場合、当該報酬債権の消滅時効については、時効の完成は猶予されるが、時効の更新は認められない。

① アおよびイのいずれも適切である。
② アのみが適切である。
③ イのみが適切である。
④ アおよびイのいずれも適切でない。

問21
小切手に関する次のアおよびイの文についての①～④の記述のうち、その内容が最も適切なものを1つだけ選びなさい。

ア．小切手上の権利・義務の内容は証券の記載内容に基づいて決定されるものであり、この性質を無因証券性という。
イ．小切手は、もっぱら支払いのための手段であるため、支払期日については、支払いのための呈示がなされた日を満期とする一覧払いとされている。

① アおよびイのいずれも適切である。
② アのみが適切である。
③ イのみが適切である。
④ アおよびイのいずれも適切でない。

問22
抵当権に関する次の①および②の記述のうち、民法の規定に照らし、その内容が適切なものを1つだけ選びなさい。

① 抵当権は、債務者もしくは第三者が占有を移さず自ら使用したままで不動産等を債務の担保に供し、債務者が弁済をしない場合に、その目的物を競売に付し、その代金から優先弁済を受ける担保権である。
② 建物に抵当権を設定した場合、当該抵当権の効力は、当該建物に付加され一体となっている営業用の什器には及ばない。

問23

商業登記に関する次のアおよびイの文についての①～④の記述のうち、その内容が最も適切なものを1つだけ選びなさい。

ア．商業登記法に基づき会社に付与され、商業登記簿に記録される会社法人等番号は、マイナンバー法に基づき付与され税分野の手続で利用される法人番号と同一である。

イ．登記すべき事項の登記がなされていれば、交通途絶などの正当な事由により登記事項を知らなかった者を除き、善意の第三者に対しても、登記した事項の存在を主張することができる。

① アおよびイのいずれも適切である。
② アのみが適切である。
③ イのみが適切である。
④ アおよびイのいずれも適切でない。

問24

株式会社のしくみに関する次のアおよびイの文についての①～④の記述のうち、会社法の規定に照らし、その内容が最も適切なものを1つだけ選びなさい。

ア．株式会社の実質的所有者である株主の地位を株式といい、株式は細分化された均一な割合的単位の形で表されている。

イ．すべての株主は、その所有する株式の内容および数にかかわらず、会社からまったく同一に扱われるとされており、これを株主平等の原則という。

① アおよびイのいずれも適切である。
② アのみが適切である。
③ イのみが適切である。
④ アおよびイのいずれも適切でない。

問25

会社法上の会社の使用人に関する次の①および②の記述のうち、会社法の

規定に照らし、その内容が適切なものを1つだけ選びなさい。

① 物品の販売等を目的とする店舗の使用人は、その店舗にある物品の販売等をする権限を有しないことにつき相手方が悪意であっても、その物品の販売をする権限を有するものとみなされる。
② 支配人は、会社の許可を受けなければ、他の会社の取締役、執行役または業務を執行する社員となることができない。

問26 ……………………………………………………… 過去問題

労働基準法上の賃金についての規制に関する次の①および②の記述のうち、その内容が適切なものを1つだけ選びなさい。

① 使用者は、未成年者である労働者の賃金について、未成年者本人に直接支払わなければならず、未成年者の親権者等に支払ってはならない。
② 使用者は、賃金を通貨以外のもので支払うことはできないため、銀行等の口座への振込みによって賃金を支払うことは認められない。

問27

職場におけるハラスメントに関する次のアおよびイの文についての①〜④の記述のうち、その内容が最も適切なものを1つだけ選びなさい。

ア．労働施策総合推進法は、職場におけるパワー・ハラスメントについて、事業主に防止措置を講じることを義務付けている。
イ．職場におけるセクシュアル・ハラスメントについて、男女雇用機会均等法上、事業主は、男性労働者が女性労働者に対して行う性的な言動により女性労働者の就業環境が害されることのないよう、労働者からの相談に応じ、適切に対応するために必要な体制の整備その他の雇用管理上必要な措置を講じる義務を負うが、女性労働者が男性労働者に対して行う性的な言動については、当該措置を講じる義務を負わない。

① アおよびイのいずれも適切である。
② アのみが適切である。
③ イのみが適切である。

④　アおよびイのいずれも適切でない。

問28
労働者派遣法に関する次の①および②の記述のうち、その内容が適切なものを1つだけ選びなさい。

①　派遣元事業主は、派遣先において派遣労働者が就労する業務が労働者派遣法により禁止されている業務に当たらない限り、原則として、派遣先に労働者を派遣することができる。
②　派遣元事業主と派遣先との間で労働者派遣契約が締結されることによって、派遣元事業主と派遣労働者との間の労働契約が消滅するとともに、派遣先と派遣労働者との間に労働契約が成立する。

問29
AとBの婚姻に関する次のアおよびイの文についての①～④の記述のうち、民法の規定に照らし、その内容が最も適切なものを1つだけ選びなさい。

ア．AおよびBは、婚姻の意思を有し、結婚式を挙げて共同生活を開始するなど社会的に夫婦と認められる状況にある。この場合、AとBの婚姻は、届出をしていなくてもその効力を生じる。
イ．AおよびBは、婚姻の際に定めたAまたはBの氏を称する。

①　アおよびイのいずれも適切である。
②　アのみが適切である。
③　イのみが適切である。
④　アおよびイのいずれも適切でない。

問30
夫婦間における法定財産制に関する次の①および②の記述のうち、民法の規定に照らし、その内容が適切なものを1つだけ選びなさい。

①　夫婦間における法定財産制は、夫婦財産契約を婚姻前に締結しなかった場合

に適用される。

② 夫婦が婚姻中に得た財産はすべて夫婦の共有財産となるため、婚姻中に夫婦の一方が相続によって財産を取得した場合、当該財産は夫婦の共有財産となる。

問31

ビジネス実務法務に関する次のア～ウの記述のうち、その内容が適切なものを○、適切でないものを×とした場合の組み合わせを①～⑥の中から1つだけ選びなさい。

ア．CSR（Corporate Social Responsibility）は、一般に、企業の社会的責任と訳され、企業が、利益の追求だけでなく、様々なステークホルダー（利害関係者）との関係で企業としての行動規範を策定し、これに従い適切に行動することを求める考え方のことをいう。

イ．コンプライアンス（Compliance）は、一般に、法令等の遵守ともいわれるが、これは、法令等のみを遵守すれば足り、その背景等にある法令等の趣旨や精神に沿った活動までは求められない。

ウ．リスクマネジメント（Risk Management）は、一般に、企業活動に支障を来すおそれのある不確定な要素を的確に把握し、その不確定要素の顕在化による損失の発生を効率的に予防する施策を講じるとともに、顕在化したときの効果的な対処方法をあらかじめ講じる、一連の経営管理手法をいう。

① ア－○ イ－○ ウ－○
② ア－○ イ－○ ウ－×
③ ア－○ イ－× ウ－○
④ ア－× イ－○ ウ－×
⑤ ア－× イ－× ウ－○
⑥ ア－× イ－× ウ－×

問32

A社は、不動産業者であるB社との間で、B社の所有する土地を購入する旨の売買契約を締結し、B社に対し、手付として500万円を交付した。この場合に関する次の①～④の記述のうち、その内容が適切なものを2つ選びなさい。

① A社がB社に交付した手付が解約手付としての意味を有する場合、B社は、A社が本件売買契約の履行に着手する前であれば、交付を受けた500万円のみをA社に返還することによって本件売買契約を解除することができる。

② A社がB社に交付した手付が解約手付としての意味を有する場合、A社は、B社から当該土地の引渡しを受けた後であっても、B社に交付した手付を放棄することによって本件売買契約を解除することができる。

③ A社がB社に交付した手付には、本件売買契約が成立した証拠としての意味が認められる。

④ A社がB社に交付した手付が違約手付としての意味を有する場合、A社に債務不履行があったときは、B社は、手付を違約罰として没収することができる。

問33 過去問題

Xは、Yに対して、自己の所有する中古のオートバイαを売却する旨の意思表示をした。この場合に関する次のア～エの記述のうち、民法の規定に照らし、その内容が適切なものを○、適切でないものを×としたときの組み合わせを①～⑧の中から1つだけ選びなさい。

ア．Xは、Yと通謀して、実際にはαを売却する意思がないにもかかわらず、Yにαを売却する旨の虚偽の意思表示をした。この場合、XとYとの間では、有効にαの所有権が移転する。

イ．Xは、Yに対して、実際にはαを売却する意思がないにもかかわらず、あえてYにαを売却する旨の意思表示をした。この場合、YがXにはαを売却する意思がないことを知っていたときは、Xの意思表示は無効である。

ウ．Xは、Yの詐欺により、Yにαを売却する旨の意思表示をした。この場合、Xは、その意思表示を取り消すことができる。

エ．Xは、Yの強迫により、Yにαを売却する旨の意思表示をした。この場合、Xは、その意思表示を取り消すことができる。

① ア－○　イ－○　ウ－○　エ－○
② ア－○　イ－○　ウ－×　エ－○
③ ア－○　イ－×　ウ－○　エ－×
④ ア－○　イ－×　ウ－×　エ－×
⑤ ア－×　イ－○　ウ－○　エ－○
⑥ ア－×　イ－○　ウ－×　エ－○

⑦ アー×　イー×　ウー○　エー×
⑧ アー×　イー×　ウー×　エー×

問34
Xは、Y社の代理人として、建物を購入する旨の売買契約を締結することを内容とする代理権をY社から付与されている。この場合に関する次の①～④の記述のうち、その内容が最も適切でないものを1つだけ選びなさい。

① Xは、Y社の代理人と称して、Z社との間で土地を購入する旨の売買契約を締結した。この場合において、Z社は、Xに土地の購入に関する代理権がないことを知っていたときは、無権代理を理由に本件売買契約を取り消すことができない。
② Xは、建物を購入するにあたって、Y社の代理人と称して、Z銀行から融資を受ける旨の金銭消費貸借契約をZ銀行との間で締結したが、Y社から金銭消費貸借契約の締結については代理権を付与されていなかった。この場合、Z銀行は、Xに金銭消費貸借契約を締結する代理権がないことを知っていたとしても、Y社に対し本件金銭消費貸借契約を追認するか否かを催告することができる。
③ Xは、Y社の代理人と称して、Z社との間で土地を購入する旨の売買契約を締結した。この場合において、Z社は、Xに土地の購入に関する代理権がないことを知っていたとしても、Z社の選択により、Xに対し、履行または損害賠償を請求することができる。
④ Xは、Y社から3000万円以下の建物を購入する代理権を付与されていたが、Y社の代理人と称してZ社との間で5000万円の建物を購入する旨の売買契約を締結した。この場合、Z社は、本件売買契約の締結につきXに権限があると信ずべき正当な理由があるときは、表見代理の成立を主張することができる。

問35
A社は、B社との間で、A社を貸主、B社を借主とする金銭消費貸借契約を締結し、B社に事業資金を貸し付けた。この場合に関する次のア～エの記述のうち、その内容が適切なものの組み合わせを①～⑥の中から1つだけ選びなさい。

ア．本件金銭消費貸借契約において、借入金の返済期限に関する約定がなされていない場合、民法上、A社は、B社に対して、相当の期間を定めて借入金債務の弁済を催告することができる。

イ．本件金銭消費貸借契約において、借入金の返済期限に関する約定がなされており、B社が当該借入金を返済する前に破産手続開始決定を受けた場合、民法上、B社は、A社に対し、借入金債務について有する期限の利益を主張することができない。

ウ．本件金銭消費貸借契約において、借入金を返済する場所に関する約定がなされていない場合、商法上、B社は、B社の現在の営業所で借入金債務を弁済しなければならない。

エ．本件金銭消費貸借契約において、A社とB社との間でいかなる利率の約定をしたとしても、法律上、利息付金銭消費貸借の利息の上限は規制されていないため、A社は、B社に対して、当該約定の利率により計算した利息を請求することができる。

① アイ　② アウ　③ アエ　④ イウ　⑤ イエ　⑥ ウエ

問36 …………………………………… 過去問題

不法行為による損害賠償責任に関する次の①～④の記述のうち、民法の規定に照らし、その内容が適切なものを2つ選びなさい。

① 不法行為の被害者が死亡した場合、一般に、被害者の相続人は、加害者に対し、逸失利益や死亡に至るまでの治療費を損害額として請求することができるほか、葬式費用を損害額として請求することができる。

② 数人が共同の不法行為によって他人に損害を加えたときは、各自が連帯してその損害を賠償する責任を負う。

③ 不法行為の被害者は、加害者に対し、不法行為責任を追及する場合、原則として、原状回復を請求しなければならず、原状回復が不可能である場合に限り、金銭による賠償を請求することができる。

④ 未成年者が他者に暴行を加え負傷させた場合、当該未成年者は、責任能力を有すると認められても、被害者に対して不法行為に基づく損害賠償責任を負わない。

問37

知的財産権に関する次の①～④の記述のうち、その内容が最も適切でないものを1つだけ選びなさい。

① 実用新案法に基づく実用新案制度は、考案、すなわち自然法則を利用した技術的思想の創作であって、物品の形状、構造または組み合わせに関するものを法的保護の対象としている。
② 意匠権について、意匠登録を受けるための要件の1つとして、その意匠が出願前に公知となっていないこと、すなわち新規性が認められることが必要である。
③ 思想または感情を創作的に表現したものであって、文芸、学術、美術または音楽の範囲に属するものは、著作物として著作権法による保護の対象となる。
④ 著作権および著作者人格権は、著作者が著作物を創作し、特許庁の登録を受けることにより成立する。

問38

商標法に関する次のア～エの記述のうち、その内容が適切なものの個数を①～⑤の中から1つだけ選びなさい。

ア．同一の商標について異なった日に2以上の商標登録出願があったときは、最先の商標登録出願人のみがその商標について商標登録を受けることができる。
イ．商標登録の対象となる標章には、人の知覚によって認識することができるもののうち、文字、図形、記号、立体的形状もしくは色彩またはこれらの結合のほか、音が含まれる。
ウ．事業者は、その生産する商品に使用する標章については商標登録を受けることができるが、その提供する役務に使用する標章については商標登録を受けることができない。
エ．商標権は存続期間の満了によって当然に消滅し、商標権者は、商標登録を更新することはできない。

① 0個　② 1個　③ 2個　④ 3個　⑤ 4個

問39 ………… 過去問題

独占禁止法に関する次の①～④の記述のうち、その内容が最も適切でないものを1つだけ選びなさい。

① 事業者は、不公正な取引方法に該当する行為を行った場合、民事上の措置として差止請求や損害賠償請求を受ける可能性がある。
② 事業者は、不当な取引制限に該当する行為を行った場合、公正取引委員会から、課徴金納付命令を受けることはないが、排除措置命令を受ける可能性はある。
③ 事業者は、他の事業者の事業活動を排除しまたは支配することにより、公共の利益に反して一定の取引分野における競争を実質的に制限した場合、私的独占として独占禁止法に違反する可能性がある。
④ 事業者とは、商業、工業、金融業その他の事業を行う者をいう。

問40

消費者契約法に関する次のア～エの記述のうち、その内容が適切なものを○、適切でないものを×とした場合の組み合わせを①～⑥の中から1つだけ選びなさい。

ア．消費者契約法は、事業者が消費者に商品を販売する契約には適用されるが、事業者が消費者に役務を提供する契約には適用されない。
イ．事業者とは、法人その他の団体および事業としてまたは事業のために契約の当事者となる個人をいう。
ウ．消費者契約において、事業者の債務の履行に際してされた当該事業者の不法行為により消費者に生じた損害を賠償する責任の全部を免除する条項が規定されている場合、当該条項は無効である。
エ．消費者は、消費者契約法に基づき事業者との間の売買契約を取り消した。この場合、事業者は、当該売買契約に基づきすでに消費者から受領していた売買代金を返還する必要はない。

① ア－○ イ－○ ウ－○ エ－○
② ア－○ イ－○ ウ－× エ－×
③ ア－○ イ－× ウ－× エ－○
④ ア－× イ－○ ウ－○ エ－×

⑤ ア－× イ－× ウ－○ エ－○
⑥ ア－× イ－× ウ－× エ－×

問41 ……………………………………………………………… 過去問題

X株式会社は、個人情報保護法上の個人情報取扱事業者である。この場合に関する次のア～エの記述のうち、個人情報保護法の規定に照らし、その内容が適切なものの組み合わせを①～⑥の中から1つだけ選びなさい。

ア．X社は、その個人情報データベース等を構成する保有個人データの本人である消費者Yから、Yが識別される保有個人データの利用目的の通知を求められたときであっても、Yに対し、これを通知する必要はない。

イ．X社は、偽りその他不正の手段により個人情報を取得してはならない。

ウ．X社の製品を購入した消費者に関する情報であって、当該情報に含まれる氏名、生年月日その他の記述等により当該消費者を特定の個人として識別することができるものまたは個人識別符号が含まれるものは、個人情報に該当し得る。

エ．X社の従業員の顔認識データなどの特定の個人の身体的特徴を電子計算機の用に供するために変換した符号は、当該特定の個人を識別することができるものでなくても、個人識別符号に該当する。

① アイ ② アウ ③ アエ ④ イウ ⑤ イエ ⑥ ウエ

問42

民法上の相殺に関する次のア～エの記述のうち、その内容が適切なものを○、適切でないものを×とした場合の組み合わせを①～⑥の中から1つだけ選びなさい。なお、本問の各債権について相殺に関する特約は付されていないものとする。

ア．X社はY社に対して履行期の到来していない賃料債権を有し、Y社はX社に対して履行期の到来した貸金債権を有している。この場合、X社は、両債権を対当額で相殺することができない。

イ．X社はY社に対して履行期の到来した賃料債権を有し、Y社はX社に対して履行期が到来していない貸金債権を有している。この場合、X社は、両債権を対当額で相殺することができない。

ウ．X社はY社に対して履行期の到来した賃料債権を有し、Y社はX社に対して履行期の到来した貸金債権を有している。この場合、X社は、両債権を対当額で相殺することができる。

エ．X社はY社に対して履行期の到来した土地の引渡請求権を有し、Y社はX社に対して履行期の到来した貸金債権を有している。この場合、X社は、両債権を対当額で相殺することができる。

① ア－○ イ－○ ウ－○ エ－○
② ア－○ イ－○ ウ－× エ－×
③ ア－○ イ－× ウ－○ エ－×
④ ア－× イ－○ ウ－× エ－○
⑤ ア－× イ－× ウ－○ エ－○
⑥ ア－× イ－× ウ－× エ－×

問43

担保物権に関する次の①～④の記述のうち、その内容が最も適切でないものを1つだけ選びなさい。

① 担保物権に認められる一般的な効力のうち、優先弁済的効力は、担保権者が他の債権者に優先して担保目的物から弁済を受けられるという効力であり、留置権以外の担保物権すべてに共通する効力である。
② 担保物権に認められる一般的な効力のうち、目的物を留置することによって事実上債務者の弁済を促す効力を資格授与的効力といい、留置権や質権にはこの効力が認められる。
③ 担保物権に共通する性質のうち、附従性は、担保物権が存在するためには被担保債権が存在していなければならず、被担保債権が消滅すれば担保物権も消滅するという性質である。
④ 担保物権に共通する性質のうち、随伴性は、被担保債権が他人に移転すれば担保物権もそれに伴って移転するという性質である。

問44

A社は、B社から事業資金を借り入れるにあたり、A社がB社に対して負う借入金債務を主たる債務として、C社に連帯保証人となることを委託する

こととした。この場合に関する次のア～エの記述のうち、民法の規定に照らし、その内容が適切なものを○、適切でないものを×としたときの組み合わせを①～⑥の中から1つだけ選びなさい。

ア．C社が連帯保証人となって連帯保証債務を負うには、B社とC社との間で連帯保証契約が締結されれば足り、A社が連帯保証契約の当事者となる必要はない。

イ．C社がA社の連帯保証人となった場合において、B社が、A社に債務の履行を請求することなく、C社に連帯保証債務の履行を請求した。この場合、C社は、B社に対し、まずA社に催告をすべき旨を請求することができない。

ウ．C社がA社の連帯保証人となった場合において、A社からB社への弁済により、主たる債務である本件借入金債務が消滅したときは、C社の負う連帯保証債務も消滅する。

エ．C社がA社の連帯保証人となった場合であっても、B社は、C社に対し債権を有する他の債権者に優先して、C社から弁済を受けることはできない。

① ア－○　イ－○　ウ－○　エ－○
② ア－○　イ－○　ウ－×　エ－×
③ ア－○　イ－×　ウ－×　エ－○
④ ア－×　イ－○　ウ－○　エ－×
⑤ ア－×　イ－×　ウ－○　エ－○
⑥ ア－×　イ－×　ウ－×　エ－×

問45

債権の回収手続に関する次のア～エの記述のうち、その内容が適切なものの組み合わせを①～⑥の中から1つだけ選びなさい。

ア．債務者が履行期を過ぎてもその債務を履行しない場合、原則として、債権者が自らの実力を行使し、自力救済により自己の債権を回収することは禁止されている。

イ．民事訴訟における判決は、確定していなくてもすべて債務名義となり、これに基づき強制執行をすることが可能となる。

ウ．即決和解は、法的な紛争の解決に向け、紛争の当事者が自主的に話し合い、和解を成立させる手続であり、裁判所の関与をまったく受けない。

エ．調停の成立により作成される調停調書は、確定判決と同一の効力を有する。

① アイ　② アウ　③ アエ　④ イウ　⑤ イエ　⑥ ウエ

問46

商人および商行為に関する次のア～エの記述のうち、商法の規定に照らし、その内容が適切なものを○、適切でないものを×とした場合の組み合わせを①～⑥の中から1つだけ選びなさい。

ア．商人とは、自己の名をもって商行為をすることを業とする者をいう。

イ．絶対的商行為の例として、売却して利益を得るための不動産や有価証券の有償取得などが挙げられる。

ウ．営業的商行為の例として、賃貸して利益を得るための不動産や動産の有償取得、作業の請負、運送契約などが挙げられる。

エ．消費者が小売店で商品を購入する行為については、小売店の行為のみに商法が適用される。

① ア－○　イ－○　ウ－○　エ－○
② ア－○　イ－○　ウ－○　エ－×
③ ア－○　イ－×　ウ－○　エ－×
④ ア－×　イ－○　ウ－×　エ－○
⑤ ア－×　イ－×　ウ－×　エ－○
⑥ ア－×　イ－×　ウ－×　エ－×

問47

商行為についての商法の特則に関する次のア～エの記述のうち、その内容が適切なものの組み合わせを①～⑥の中から1つだけ選びなさい。

ア．商行為の代理人が本人のためにすることを相手方に示さずに代理行為をした場合、当該代理行為の効果は、原則として、本人に帰属する。

イ．保証が商行為である場合であっても、保証人と債権者との間で保証人が主たる債務者と連帯して債務を負担する旨の合意をしなければ、保証人は連帯保証債務を負わない。

ウ．複数の債務者が、その全員のために商行為となる行為によって、１人の債権者に対して代金支払債務を負担した。この場合、各債務者は、当該債務の額をその人数に応じて分割した額についてのみ責任を負う。

エ．商人間においてその双方のために商行為となる行為によって生じた債権が弁済期にある場合、債権者は、当該債権につき弁済を受けるまで、当該商行為となる行為とは別個の商行為により自ら占有することとなった債務者所有の物を留置することができ、留置権が成立するために牽連性が認められる必要はない。

① アイ　② アウ　③ アエ　④ イウ　⑤ イエ　⑥ ウエ

問48 過去問題

A株式会社は、会社法上の公開会社であるが、監査等委員会設置会社ではなく、かつ、指名委員会等設置会社でもない。A社の取締役および取締役会に関する次のア～エの記述のうち、会社法の規定に照らし、その内容が適切なものの個数を①～⑤の中から1つだけ選びなさい。

ア．A社の株主Bは、A社の取締役となることができない。

イ．A社の取締役Cは、自己のためにA社と取引をしようとするときは、A社の取締役会において、当該取引につき重要な事実を開示し、その承認を受けなければならない。

ウ．A社の取締役Dは、その職務を行うについて悪意または重大な過失があったときは、これによって第三者に生じた損害を賠償する責任を負う。

エ．A社においては、A社の取締役の中から、複数の代表取締役を選定することができる。

① 0個　② 1個　③ 2個　④ 3個　⑤ 4個

問49

X株式会社における労働関係に関する次の①～④の記述のうち、その内容が最も適切なものを1つだけ選びなさい。なお、X社には、同社の労働者の過半数で組織するY労働組合が存在するものとする。

① X社の労働者のうち、雇入れの日から２年を経過していない者には、労働基

準法は適用されない。

② 労働基準法上、X社の労働者は、有給休暇を取得するためには、X社の株主総会において、有給休暇に関する重要な事実を開示し、その承認を受けることが必要である。

③ 労働組合法上、Y労働組合は、X社から労働基準法所定の労働時間（法定労働時間）を超えて労働者に労働させるよう指示を受けたときは、労働者に法定労働時間を超えて労働させなければならない。

④ X社は、Y労働組合から団体交渉の申入れがなされた場合、正当な理由なくこれを拒否してはならない。

問50 ……………………………………………………………… 過去問題

Aは、相続財産6000万円を遺し死亡した。この場合に関する次のア～エの記述のうち、民法の規定に照らし、その内容が適切なものを○、適切でないものを×としたときの組み合わせを①～⑧の中から1つだけ選びなさい。

ア．法定相続人がAの父BおよびCのみである場合、BおよびCの遺留分の額はそれぞれ1500万円となる。

イ．法定相続人がAの子DおよびEである場合、DおよびEの遺留分の額はそれぞれ1000万円となる。

ウ．法定相続人がAの配偶者Fのみである場合、Fの遺留分の額は3000万円となる。

エ．法定相続人がAの配偶者Fおよび兄Gである場合、Fの遺留分の額は2000万円、Gの遺留分の額は1000万円となる。

① ア－○　イ－○　ウ－○　エ－○
② ア－○　イ－○　ウ－×　エ－○
③ ア－○　イ－×　ウ－○　エ－×
④ ア－○　イ－×　ウ－×　エ－×
⑤ ア－×　イ－○　ウ－○　エ－○
⑥ ア－×　イ－○　ウ－×　エ－○
⑦ ア－×　イ－×　ウ－○　エ－×
⑧ ア－×　イ－×　ウ－×　エ－×

ビジネス実務法務検定試験　3級模擬問題①　解答・解説

問1

過去問題

【解　答】①　　(公式テキストP.26〜P.27)

【解　説】

①は適切である。**過失責任主義**は、人はたとえ他人に損害を与えても、故意または過失がなければ損害賠償責任を負わないという原則である。

②は適切でない。**契約自由の原則**は、契約するかしないか、誰を相手とするか、いかなる契約内容とするか等について、当事者間で自由に定め得るとする原則である（民法521条・522条２項）。

問2　　(公式テキストP.28〜P.29)

【解　答】③

【解　説】

アは適切でない。個人や企業の知的な活動により創造された財産を知的財産といい、知的財産を対象とする権利を**知的財産権**という。知的財産権には、特許権・実用新案権・意匠権・商標権・著作権などがある。また、ノウハウ・トレードシークレット（営業秘密）・顧客関係（顧客リスト）のように、財産的価値のあるものを公にせずに保護する場合があり、これらも知的財産権に含まれる。

イは適切である。用益物権は他人の物を利用することを内容とする物権、担保物権は債権の担保のために物の価値を把握する物権であり、いずれも所有権に一定の制限を加える物権（**制限物権**）である。

問3　　(公式テキストP.36〜P.38)

【解　答】②

【解　説】

①は適切でない。裁判所で扱う訴訟は、**民事訴訟**、刑事訴訟および行政訴訟に分類することができる。

②は適切である。判決に対する上級裁判所への不服申立てを**上訴**といい、１度目（第一審裁判所から第二審裁判所へ）の上訴を控訴、２度目（第二審裁判所から第三審裁判所へ）の上訴を上告という。

問4

【解　答】④　　(公式テキストP.73〜P.75)

【解　説】

ア．適切でない。契約の取消しは、**契約当事者の一方に債務不履行が存在する場合に関する制度ではなく**、一応有効に成立した契約を制限行為能力などの一定の事由がある場合に関する制度である（民法5条・9条・13条・17条等）。

イ．適切でない。契約の取消しは、取消しの意思表示をしなくても契約は最初から効力を生じないとされる制度ではなく、**一定の者が取り消すという意思表示をすることにより**、はじめに遡って無効にする制度である（民法120条・121条・123条）。

問5　　(公式テキストP.64〜P.73)

【解　答】③

【解　説】

アは適切でない。代理人がその権限外の行為をした場合において、第三者が**代理人の権限があると信ずべき正当な理由があるとき**については、表見代理が成立し、本人がその責任を負い、代理人の権限外の行為の効果が本人に及ぶ（民法110条）。

イは適切である。無権代理行為が行われた場合、無権代理であることを知らなかった相手方は、**本人が追認するまでの間**であれば、契約を自ら取り消すことができる（民法115条）。

問6　　(公式テキストP.53)

【解　答】①

【解　説】

①は適切である。**違約手付**は、当事者の一方に債務不履行があった場合の制裁金としての機能を有しており、当事者の一方に債務の不履行があった場合には、相手方は当然にその手付を没収することができる。

②は適切でない。解約手付は、売買契約の当事者が契約を解除する権利を留保する趣旨で授受される手付であり、**当事者の一方が契約の履行に着手するまで**は、買主は手付を放棄することにより、売主は手付の倍額を買主に現実に提供することにより、それぞれ契約を解除することができる（民法557条1項）。本問において、Aは、Bから住宅の引渡しを受けているため、Bはすでに契約の履行に着手したといえ、Aはもはや手付を放棄することにより契約を解除することはできない。

問7　(公式テキストP.102～P.112)

【解　答】②

【解　説】

アは適切である。借地借家法の適用のある期間の定めのある建物賃貸借につき、賃貸人がその更新を拒絶するには、**正当の事由があること**が必要とされている（借地借家法28条）。

イは適切でない。賃借人は、賃借物について賃貸人の負担に属する**必要費**を支出したときは、賃貸人に対し、直ちにその償還を請求することができる（民法608条１項）。

問8　(公式テキストP.115)

【解　答】②

【解　説】

アは適切である。委任契約は、各当事者がいつでもその解除をすることができる（民法651条１項）。ただし、当事者の一方が相手方の不利な時期に委任契約を解除した場合や受任者の利益にもなる委任契約を解除した場合には、解除をした当事者は、**やむを得ない事由があったときを除き**、相手方の損害を賠償しなければならない（民法651条２項）。

イは適切でない。委任契約において、受任者は、委任の本旨に従って、善良な管理者の注意をもって、委任事務を処理する義務を負う（**善管注意義務**、民法644条）。これを受任者の善管注意義務という。受任者の善管注意義務は、受任者の報酬の有無にかかわらず、すべての委任契約について適用される。

問9　(公式テキストP.128～P.140)

【解　答】①

【解　説】

①は適切である。契約書等の文書には、その作成者の氏名を記載するが、氏名を表示する方法には、一般に、署名と記名押印がある。署名は本人の手書きによるサインであり、記名押印は署名以外の方法で氏名等を表示し、そのそばに印を押すことである。法律上は、**署名と記名押印は同等の効力を持つ**とされている（商法546条、手形法82条等）。

②は適切でない。印紙税を納付すべき課税文書の作成者が、納付すべき印紙税を当該課税文書の作成の時までに納付しなかった場合には、当該印紙税の納税地の所轄税務署長は、当該課税文書の作成者から、当該納付しなかった印紙税の額とその２倍に相当する金額との合計額に相当する**過怠税**を徴収する（印紙税

法20条)。

問10 (公式テキストP.147〜P.160)

【解　答】③

【解　説】

アは適切でない。不法行為により損害を被った者が加害者に対し損害賠償を請求する場合、損害賠償は金銭によって行われるのが原則である(民法722条1項・417条)。これを**金銭賠償の原則**という。

イは適切である。未成年者は、他人に損害を加えた場合において、自己の行為の責任を弁識するに足りる知能(**責任能力**)を備えていなかったときは、その行為について賠償の責任を負わない(民法712条)。そして、責任無能力者が責任を負わない場合において、その責任無能力者を監督する法定の義務を負う者は、原則として、その責任無能力者が第三者に加えた損害を賠償する責任を負う(民法714条1項本文)。したがって、Bは、原則として、Cに対する損害賠償責任を負う。

問11 (公式テキストP.163〜P.166)

【解　答】②

【解　説】

①は適切でない。**不当利得**の返還義務として、法律上の原因なく他人の財産または労務によって利益を受け、そのために他人に損失を及ぼした者(受益者)は、その利益の存する限度においてこれを返還する義務を負い(民法703条)、特に悪意の受益者は、その受けた利益に利息を付して返還しなければならず、利益を返還してなお損害があるときは、その賠償の責任を負う(民法704条)。

②は適切である。法律上の義務がないのに、他人のために事務の管理を行うことを**事務管理**といい、事務管理を始めた者は、その事務の性質に従い、最も本人の利益に適合する方法によって、その事務の管理をしなければならない(民法697条1項)。

問12 過去問題

【解　答】③ (公式テキストP.176〜P.178)

【解　説】

アは適切でない。不動産登記簿は、**土地および建物のそれぞれについて備えられている。**

イは適切である。登記事項の確認のため、誰でもその不動産を管轄する法務局、地方法務局、あるいはその支局、出張所、オンライン等で、**登記事項証明書等の発行を受けることができる**（不動産登記法119条等）。

問13　　**（公式テキストP.191～P.195）**

【解　答】①

【解　説】

①は適切である。商標権の設定登録を受けた者は、商標登録出願に際して指定した商品・役務について**登録商標を独占的に使用し**、類似範囲における他人の使用を禁止することができる。

②は適切でない。意匠にかかる物品の形状等がその物品の有する機能に基づいて変化する場合に、その変化の前後にわたる形状等は、一般に**動的意匠**と呼ばれ、意匠登録の対象となる（意匠法６条４項）。

問14　　**（公式テキストP.203～P.206）**

【解　答】③

【解　説】

アは適切でない。不正競争防止法上の営業秘密は、ⅰ）秘密として管理されていること（秘密管理性）、ⅱ）事業活動に有用な技術上または営業上の情報であること（有用性）、ⅲ）公然と知られていないこと（非公知性）を要件としており、**本問のような特許庁の登録制度は存在しない**。したがって、営業秘密の侵害による差止めや損害賠償を請求する際も、登録は不要である。

イは適切である。不正競争防止法上の**営業秘密**とは、秘密として管理されている生産方法、販売方法その他の事業活動に有用な技術上または営業上の情報であって、公然と知られていないものをいう（不正競争防止法２条６項）。不正競争防止法は、事業者間の公正な競争の確保を目的としているものであるから、同法により保護される営業秘密とはかかる目的に照らして保護されるべき実質のある情報でなければならない。そのため、営業秘密であるというためには、事業者が適切に管理し秘密として取り扱われていること（秘密管理性）、事業活動に資するものであること（有用性）、他に知られておらず実質的にも秘密といいうる情報であること（非公知性）の３要件が必要とされているのである。

問15　　**（公式テキストP.222～P.230）**

【解　答】②

【解　説】

アは適切である。消費者は、**訪問販売**に該当する取引を行い、事業者との間で商品等の売買契約を締結し、当該事業者から売買契約の解除に関する事項その他所定の事項を記載した書面を受領した場合、当該書面を受領した日から８日以内に、書面または電磁的記録により、無条件に当該契約を解除することができる（特定商取引法９条）。

イは適切でない。割賦販売法の適用対象は、事業者が消費者から代金を分割して受領することを条件とする取引のうちでも、その目的が一定の**指定商品、指定権利、指定役務**であるものに限られるほか、分割の回数や期間によっても限定される場合がある。

問16 **（公式テキストP.232〜P.236）**

【解　答】②

【解　説】

①は適切でない。個人情報取扱事業者は、その取り扱う**個人データ**の漏えい、滅失またはき損の防止その他の個人データの安全管理のために必要かつ適切な措置を講じなければならない（個人情報保護法23条）。

②は適切である。個人情報データベース等を事業の用に供している者は、当該個人情報データベース等を構成する個人情報によって識別される特定の個人の数の多寡にかかわらず、原則として、個人情報保護法上の**個人情報取扱事業者**に該当する（個人情報保護法16条２項）。

問17 過去問題

【解　答】② **（公式テキストP.236〜P.237）**

【解　説】

アは適切である。**マイナンバーカード**は、本人確認のための身分証明書として利用したり、自治体サービス、e-Tax等の電子証明書を利用した電子申請等、様々な行政サービスを受けたりする際に利用することができる。

イは適切でない。マイナンバー法は、行政運営の効率化などのほか、**国民の利便性の向上**をその目的として規定している（マイナンバー法１条）。

問18 **（公式テキストP.215）**

【解　答】③

【解　説】

アは適切でない。大規模小売店舗立地法（大店立地法）は、大型店の出店などに伴う**地域の生活環境の保全**を目的とする法律である（大店立地法１条）。

イは適切である。大店立地法は、店舗面積が1,000㎡を超える店舗を新設する場合に、**都道府県または政令指定都市への届出**を義務付けている（大店立地法5条）。

問19　　(公式テキストP.274～P.282、P.285～P.287)

【解　答】②

【解　説】

アは適切である。手形の不渡りを出した日から６か月以内に再度手形の不渡りを出した場合には、**銀行取引停止処分**が課される。

イは適切でない。約束手形に記載しなければならない事項として、手形法は、約束手形であることを示す文字や満期の表示などのほか、「一定の金額を支払うべき旨の単純なる約束」を挙げている（手形法75条２号）。**単純な約束でなければならない**から、支払いに条件をつけることは許されず、これに反すると手形は無効となる（手形法76条１項）。本肢の「商品の受領と引換えに手形金を支払います」との文言は、支払いに条件をつけるものであるから、手形自体が無効となる。

問20

過去問題

【解　答】③　　(公式テキストP.282～P.285)

【解　説】

アは適切でない。小切手の所持人は、原則として**振出日の翌日から起算して10日以内**に呈示を行わなければならない（小切手法29条１項）。

イは適切である。小切手は、その権利の発生、移転、行使の全段階で証券が必要とされることから、**文言証券性**、すなわち、その権利義務の内容は証券の記載内容に基づいて決定されるという性質を有する。

問21　　(公式テキストP.311)

【解　答】①

【解　説】

①は適切である。譲渡担保では、**裁判所の手続によらずに私的に実行して**優先弁済を受けることができる。具体的には、財産権を債権者に移転する形式をとるが、実質的には、債権者は被担保債権の範囲内で目的物の価値を支配するのみであり、譲渡担保権を実行するときは、その物の価格から債権額を差し引いて債務者に返還しなければならない（清算義務）。

②は適切でない。譲渡担保とは、債権の担保のために、財産をいったん債権者に譲渡し、債務が弁済された場合に返還するという形式による担保の方法をいう。

不動産、動産、有価証券などのほか、特定性・譲渡性を有するものであれば、例えば、ある倉庫に保管されている商品全部といった**集合物**も、譲渡担保の目的とすることができる。

問22 **(公式テキストP.313〜P.314)**

【解　答】②

【解　説】

アは適切である。連帯保証人には、通常の保証の場合と異なり、催告の抗弁権および検索の抗弁権は認められない（民法454条）。**催告の抗弁権**は債権者に対して、主たる債務者に先に請求することを求めるものである（民法452条）。また、**検索の抗弁権**は、債務者に請求したが弁済を受けられなかったとして債権者が保証人に請求してきても、執行が容易な主たる債務者の財産からまず弁済を受けることを求めるものである（民法453条）。

イは適切でない。保証人は、民法の規定に従い、主たる債務者に代わって弁済をし、その他自己の財産をもって主たる債務者にその債務を免れさせたときは、主たる債務者に対して**求償権**を行使することができる（民法459条・462条）。

問23 **(公式テキストP.328〜P.331、P.342)**

【解　答】②

【解　説】

アは適切である。特定非営利活動促進法上の特定非営利活動法人（**NPO法人**）がその主たる目的とする「特定非営利活動」とは、ⅰ）保健、医療または福祉の増進を図る活動、ⅱ）社会教育の推進を図る活動、ⅲ）まちづくりの推進を図る活動など、同法所定の活動であって、不特定かつ多数のものの利益の増進に寄与することを目的とするものをいう（特定非営利活動促進法２条１項）。

イは適切でない。会社は、株式会社、合名会社、合資会社または合同会社の種類に従い、それぞれその**商号**中に株式会社、合名会社、合資会社または合同会社という文字を用いなければならず（会社法６条２項）、他の種類の会社であると誤認されるおそれのある文字を用いてはならないとされる（会社法６条３項）。

問24 **(公式テキストP.351、P.356〜P.357)**

【解　答】①

【解　説】

①は適切である。会社法上の**公開会社**とは、その発行する全部または一部の株式の内容として譲渡による当該株式の取得について株式会社の承認を要する旨の

定款の定めを設けていない株式会社をいう（会社法２条５号）。

②は適切でない。株式会社の取締役は、その職務を行うについて**悪意または重大な過失**があった場合、これによって第三者に生じた損害を賠償する責任を負わなければならない（会社法429条１項）。

問25 **（公式テキストP.377、P.379～P.381）**

【解　答】②

【解　説】

アは適切である。**賃金**とは、労働の対償として使用者が労働者に支払うすべてのものをいい、賃金・給料・手当・賞与等その名称のいかんを問わない（労働基準法11条）。

イは適切でない。使用者は、労働者に、休憩時間を除き１週間について40時間を超えて、また、１週間の各日については、休憩時間を除き１日について８時間を超えて、労働させてはならない（労働基準法32条）。ただし、使用者は、当該事業場に、労働者の過半数で組織する労働組合がある場合にはその労働組合、労働者の過半数で組織する労働組合がない場合には労働者の過半数を代表する者との間で所定の方式で協定をし、これを行政官庁に届け出たときは、かかる労働時間の制限に関する規定にかかわらず、その協定で定めるところによって労働時間を延長し、または休日に労働させることができる（**三六協定**、労働基準法36条）。なお、これにより労働時間を延長し、または休日に労働させた場合においては、その時間またはその日の労働については、割増賃金を支払わなければならない（労働基準法37条）。

問26 **（公式テキストP.382～P.383、P.390～P.392）**

【解　答】②

【解　説】

アは適切である。使用者は、原則として、有給休暇を労働者の請求する時季に与えなければならないが（労働基準法39条５項本文）、請求された時季に有給休暇を与えることが事業の正常な運営を妨げる場合には、他の時季にこれを与えることが許される（**時季変更権**、労働基準法39条５項但書）。

イは適切でない。男女雇用機会均等法は、雇用の分野において、**性別を理由とする差別の禁止**を定めている（男女雇用機会均等法５条以下）。その一内容として、事業主は、女性労働者が婚姻し、妊娠し、または出産したことを退職理由として予定する定めをしてはならない（男女雇用機会均等法９条１項）。

問27　　(公式テキストP.397〜P.400)

【解　答】③

【解　説】

アは適切でない。労働者派遣法は、労働者派遣事業の適正な運営を確保するために、港湾運送業務、建設業務、警備業務、その他政令で定める業務について、**労働者派遣事業を行うことを禁止している**（労働者派遣法４条１項）。

イは適切である。労働者派遣法上、派遣中の労働者の派遣就業に関しては、当該派遣中の労働者が派遣されている事業（派遣先の事業）もまた、**派遣中の労働者を使用する事業とみなして**、労働基準法３条、５条および69条の規定（これらの規定に係る罰則の規定を含む）が適用される（労働者派遣法44条）。

問28　　(公式テキストP.409〜P.410)

【解　答】②

【解　説】

①は適切でない。被相続人に配偶者、子および母がいる場合、法定相続人になるのは、**配偶者および子**である（民法887条１項・890条）。

②は適切である。被相続人の子が相続の開始以前に死亡したときは、その者の子（被相続人の直系卑属に限る）がこれを代襲して相続人となる（**代襲相続**、民法887条２項）。

問29　　過去問題

【解　答】②　　(公式テキストP.411〜P.414)

【解　説】

アは適切である。遺言は、民法の規定する**普通の方式**（民法967条〜975条）または**特別の方式**（民法976条〜984条）によってしなければならない。

イは適切でない。遺言者は、いつでも、遺言の方式に従って、**その遺言の全部または一部を撤回することができる**（民法1022条）。

問30　　(公式テキストP.417〜P.419)

【解　答】②

【解　説】

①は適切でない。遺産の分割の協議は、共同相続人の全員の合意によらなければ成立しないが、**相続を放棄した者は共同相続人に含まれない**。

②は適切である。相続人が数人あるときは、**限定承認**は、共同相続人の全員が共同してのみこれをすることができる（民法923条）。

問31

過去問題

【解　答】①　（公式テキストP.33～P.36）

【解　説】

①は最も適切でない。法は、文書の形に表されている成文法と、文書の形に表されていない不文法とに分けることができるが、**判例法**は、成文法ではなく、不文法に該当する。

②は適切である。権利義務など法律関係の内容を定める法律を**実体法**といい、この実体法の内容を実現するための手続を定める法律を**手続法**という。

③は適切である。**取締規定**は、一般に、経済政策や行政目的に基づき、国民に対してある行為を制限または禁止する旨の規定である。

④は適切である。**特別法は一般法に優先する**ため、一般法に当たる法律と特別法に当たる法律の両方に、同一の事項について定める規定が存在する場合、特別法の規定がその事項に適用される。

問32

（公式テキストP.55～P.58）

【解　答】④

【解　説】

①は適切である。**意思能力**とは、一般に、自分の行った行為の法的結果を判断することができる精神的能力をいい、意思能力を持たない者を意思無能力者という。法律行為の当事者が意思表示をした時に意思能力を有しなかったときは、その法律行為は無効（法律上効力を生じない）である（民法３条の２）。

②は適切である。**未成年者**が法律行為をするには、その法定代理人（一般には親）の同意を得なければならず、法定代理人の同意を得ずにした法律行為は、原則として、取り消すことができる（民法５条）。ただし、法定代理人が未成年者に営業の許可（自営業を行う場合等）を与えた場合は、その営業に関する取引に限り法定代理人の個別の同意を得る必要はない（民法６条１項）。

③は適切である。**被保佐人**は、原則として、単独で有効に法律行為を行うことができるが、一定の重要な法律行為をするには保佐人の同意を得なければならず、被保佐人が保佐人の同意を得ずに行った場合には、その法律行為を取り消すことができる（民法13条）。不動産その他重要な財産に関する権利の得喪を目的とする行為をすることは、民法上、上記の重要な法律行為に含まれるため、本肢における売買契約を取り消すことができる。

④は最も適切でない。**成年被後見人**が行った法律行為は、原則として、取り消すことができるが、日用品の購入その他日常生活に関する行為についてはこの限りではない（民法９条）。

問33　(公式テキストP.75〜P.77)

【解　答】①

【解　説】

アは適切である。期限の利益は**債務者**のために定めたものと推定される（民法136条1項）。

イは適切である。債務の履行について**確定期限**があるときは、債務者は、その期限の到来した時から遅滞の責任を負う（民法412条）。

ウは適切である。**期限**は、いつその事実が発生するかが確定している場合である確定期限と、その事実が発生することは確実だが、いつ発生するかまでは確定していない場合である不確定期限とに分けられる。本肢の「人の死亡」という事実は、将来発生することは確実であるがいつ発生するかは確定していないため、不確定期限に当たる。

エは適切である。**条件**とは、契約の効力や履行を、将来発生するかどうか不確実な事実にかからせる特約をいう。例えば、「第一志望の企業に就職することができたら、スーツをプレゼントする」というように、条件の成就によって効力が発生する場合、その条件を停止条件という。

問34　(公式テキストP.87〜P.93)

【解　答】④

【解　説】

アは適切でない。損害には、債務不履行により通常生ずべき損害のほか、特別の事情によって生じた損害のうち、**当事者がその事情を予見すべきであった損害**が含まれる（民法416条）。

イは適切である。**履行不能**は、契約を締結した時点では履行が可能だった債務が、履行ができなくなったことである。

ウは適切である。**履行遅滞**は、債務者が債務を履行できるのに、履行期限までに債務を履行しないことである。

エは適切である。**不完全履行**は、債務は履行されたが、目的物に不具合があるなどの不完全な履行で、債務の本旨に従った履行といえないことである。

問35　(公式テキストP.99〜P.101)

【解　答】②

【解　説】

①は適切である。消費貸借は、当事者の一方が種類、品質および数量の同じ物を返還することを約して相手方から金銭その他の物を受け取ることによってその

効力を生ずる要物契約である（民法587条）。ただし、**書面でする消費貸借**は、当事者の一方が金銭その他の物を引き渡すことを約し、相手方がその受け取った物と種類、品質および数量の同じ物をもって返還をすることを約することによってその効力を生ずる（民法587条の２第１項）。したがって、本問の甲社と乙社が本件金銭消費貸借契約を書面によらずに締結する場合、甲社が乙社から金銭を受け取ることによって本件金銭消費貸借契約は成立する。

②は最も適切でない。消費貸借契約においては、**返済期限を定める必要はない**。なお、当事者が返済期限を定めなかった場合には、貸主は、相当の期間を定めて返還の催告をすることができ、また借主はいつでも返還をすることができる（民法591条）。

③は適切である。商法513条１項は、商人間において金銭の消費貸借をしたときは、貸主は、**法定利息**を請求することができるとしており、商人間で金銭の消費貸借契約が締結された場合には、当事者間に利息の約定がなくても、商法上、貸主は借主に法定利息を請求することができる。

④は適切である。契約当事者は、契約の内容を自らの自由な意思で決定することができるのが原則である。しかし、金銭消費貸借契約における利息の約定については、利息制限法による制限が設けられている。すなわち、利率の上限は、ア）元本の額が10万円未満の場合は年２割、イ）元本の額が10万円以上100万円未満の場合は年１割８分、ウ）元本の額が100万円以上の場合は年１割５分と定められており、この上限金利を超える利息の契約をした場合、**超過部分について無効**となる（利息制限法１条）。

問36 **（公式テキストP.113～P.114）**

【解　答】②

【解　説】

アは適切でない。請負契約は、当事者の意思表示のみで成立する**不要式の諾成契約**であり、契約書等の書面を作成・交付しなくても、契約は法律上有効に成立する。

イは適切でない。建設業者は、原則として、その請け負った建設工事を、いかなる方法をもってするかを問わず、**一括して他人に請け負わせてはならない**（建設業法22条１項）。

ウは適切でない。請負人が品質に関して契約の内容に適合しない仕事の目的物を注文者に引き渡したときは、注文者は、**注文者の与えた指図**によって生じた不適合を理由として、履行の追完の請求、報酬の減額の請求、損害賠償の請求および契約の解除をすることができない。ただし、請負人が指図が不適当であることを知りながら告げなかったときは、この限りでない（民法636条）。

エは適切である。請負人は、注文者との間の請負契約に基づき、**仕事を完成させる義務**を負う（民法632条）。

問37 **（公式テキストP.147～P.155）**

【解　答】②、③

【解　説】

①は適切でない。不法行為に際して、被害者にも過失があって、それが損害の発生や拡大の一因になった場合に、裁判所は、損害額から被害者の過失割合に相当する額を差し引いて損害額を決定することができる（**過失相殺**、民法722条2項）。

②は適切である。例えば、抵当権が設定されている建物が損傷した場合など、担保権が侵害されたときは、被担保債権のうち、その侵害によって**担保権を実行しても回収することができなくなった額**が損害額となる。

③は適切である。不法行為により個人の名誉が毀損された場合には、被害者は、加害者に対し、これによって受けた精神的苦痛を**慰謝料**として請求することができる。不法行為法の目的は、不法行為がなければあったであろう状態を回復することにあるから、その回復の対象は何も財産的損害に限られる根拠はなく、それ以外の精神的損害のようなものも含まれる必要があると考えられるからである。

④は適切でない。不法行為責任に基づく損害賠償の対象となるのは、不法行為と相当因果関係のある損害である。**葬式費用**については、それが特に不相当なものでない限り、人の死亡事故によって生じた必要的出費として、加害者側の賠償すべき損害と解するのが相当であり、人が早晩死亡すべきことをもって、賠償を免れる理由とすることはできないとして、相当な額の範囲内において損害として認められる（最判昭43・10・3）。

問38 過去問題

【解　答】⑤ **（公式テキストP.182～P.191）**

【解　説】

ア．適切でない。著作者人格権および著作権の享有には、**いかなる方式の履行をも要しない**（著作権法17条2項）。

イ．適切である。著作権の存続期間は、**著作物の創作の時に始まり**、別段の定めがある場合を除き、**著作者の死後70年を経過するまで**の間である（著作権法51条）。

ウ．適切でない。複数の者がそれぞれ別個に著作物を創作した場合において、完成させた著作物同士が類似していたときは、**それぞれに著作権が認められる**。

エ．適切である。著作者に認められる著作権（著作財産権）の１つとして、複製、印刷、写真、複写、録音、録画その他の方法により著作物を有形的に再製する権利である**複製権**がある（著作権法21条）。

問39　（公式テキストP.196～P.202）

【解　答】③

【解　説】

①は適切である。特許権の存続期間は、原則として、**特許出願の日から20年**をもって終了するものとされており（特許法67条１項）、この期間を経過した特許権は消滅する。

②は適切である。本肢の場合、特許権者は、侵害行為の差止請求（特許法100条）、**不法行為責任に基づく損害賠償請求**（民法709条、特許法102条以下）、信用回復措置請求（特許法106条）、不当利得返還請求（民法703条・704条）をすることができる。

③は最も適切でない。専用実施権者は、設定行為で定めた範囲内において、**業としてその特許発明の実施をする権利を専有する**のであり（特許法77条２項）、専用実施権を設定した場合には、特許権者といえどもその設定の範囲内においては、その発明を実施することはできない。

④は適切である。同一の発明について異なった日に２以上の特許出願があったときは、最先の特許出願人のみがその発明について特許を受けることができる（**先願主義**、特許法39条１項）。

問40　（公式テキストP.208～P.214）

【解　答】③

【解　説】

アは適切である。**私的独占**とは、事業者が、単独に、または他の事業者と結合し、もしくは通謀し、その他いかなる方法をもってするかを問わず、他の事業者の事業活動を排除し、または支配することにより、公共の利益に反して、一定の取引分野における競争を実質的に制限することをいう（独占禁止法２条５項）。

イは適切でない。**不当な取引制限**とは、事業者が、契約、協定その他何らの名義をもってするかを問わず、他の事業者と共同して対価を決定し、維持し、もしくは引き上げ、または数量、技術、製品、設備もしくは取引の相手方を制限する等相互にその事業活動を拘束し、または遂行することにより、公共の利益に反して、一定の取引分野における競争を実質的に制限することをいう（独占禁止法２条６項）。本肢の製品の出荷量を制限する協定は、不当な取引制限に該当し得る。

ウは適切である。自己の取引上の地位が相手方に優越していることを利用して、正常な商慣習に照らして不当に、取引の相手方に不利益となるように取引の条件を設定し、取引を実施することは、**優越的地位の濫用**として、不公正な取引方法に該当する（独占禁止法２条９項５号ハ）。

エは適切でない。「正当な理由がないのに、商品または役務をその供給に要する費用を著しく下回る対価で継続して供給することであって、他の事業者の事業活動を困難にさせるおそれがあるもの」は、**不当廉売**として、公正な競争を阻害するおそれがあるときは、不公正な取引方法に当たる（独占禁止法２条９項３号）。

問41 過去問題

【解　答】①　**（公式テキストP.217～P.222）**

【解　説】

ア．適切である。本肢のBの行為は、**重要事項について事実と異なることを告げること**に該当し得る（消費者契約法４条１項１号）。

イ．適切である。本肢のBの行為は、将来におけるその価額という**将来における変動が不確実な事項につき断定的判断を提供すること**に該当し得る（消費者契約法４条１項２号）。

ウ．適切である。本肢のBの行為は、消費者契約の締結について勧誘をしている場所から**消費者が退去する旨の意思を示したにもかかわらず、その場所から当該消費者を退去させないこと**に該当し得る（消費者契約法４条３項２号）。

エ．適切である。本肢のBの店員の行為は、消費者が消費者契約の申込みまたはその承諾の意思表示をする前に、当該消費者契約を締結したならば負うこととなる義務の内容の全部もしくは一部を実施し、**その実施前の原状の回復を著しく困難にすること**に該当し得る（消費者契約法４条３項９号）。

問42　**（公式テキストP.245～P.248）**

【解　答】③

【解　説】

①は適切でない。個人情報取扱事業者の従業者であった者が、その業務に関して取り扱った個人情報データベース等を不正な利益を図る目的で提供したときは、１年以下の懲役または50万円以下の罰金に処せられる（**データベース提供**

罪、個人情報保護法179条)。

②は適切でない。業務上自己の占有する他人の物を横領した場合、**業務上横領罪**が成立し、10年以下の懲役に処せられる(刑法253条)。本肢では、自己の管理する会社の金銭は「自己の占有する他人の物」に当たるから、これを横領すると業務上横領罪が成立する。

③は最も適切である。金融機関の融資担当役員が不良貸付けを行った場合のように、取締役が、自己または第三者の利益を図りまたは株式会社に損害を加える目的で、自己の任務に背く行為をし、これにより会社に損害を与えた場合には、**特別背任罪**として10年以下の懲役もしくは1000万円以下の罰金またはこれらの併科となる。なお、取締役が会社法上の犯罪を行ったことは、取締役の欠格事由となる。

④は適切でない。株式会社は、何人に対しても、株主の権利の行使に関し、財産上の利益の供与をしてはならず(会社法120条1項)、取締役等がこれに違反して利益を供与した場合には**利益供与罪**が成立するが(会社法970条1項)、取締役等が株主からの要求を拒絶し、財産上の利益を供与しなかった場合には利益供与罪は成立しない。

問43

過去問題

【解　答】④　(公式テキストP.257～P.261)

【解　説】

①は適切である。債権者が債務者に対して債務を**免除**する意思を表示したときは、その債権は消滅する(民法519条)。

②は適切である。債務の弁済は、債務者以外の**第三者**もすることができる場合がある(民法474条)。

③は適切である。例えば本肢のような相続などにより債権および債務が同一人に帰属した場合、当該債権は、原則として、**混同**により消滅する(民法520条)。

④は最も適切でない。弁済者は、弁済の提供をした場合において、債権者がその受領を拒んだとき、債権者が弁済を受領することができないとき、または、弁済者が過失なく債権者を確知することができないときには、債権者のために弁済の目的物を**供託**することができ、弁済者が**供託**をした時に、その債権は消滅する(民法494条)。

問44　（公式テキストP.303〜P.305）

【解　答】③

【解　説】

アは適切である。質権の設定は、債権者にその目的物を引き渡すことによってその効力を生ずるとされており（民法344条）、質権設定契約は、一般に**要物契約**であるとされている。

イは適切でない。民法上、不動産を質権の目的物とすることができないとはされておらず、不動産質として、**不動産を質権の目的物とした場合の規定**が置かれている（民法356条〜361条）。

ウは適切である。債権質の場合、質権者は、質権の目的である債権を**直接に取り立てることができ**（民法366条１項）、債権の目的物が金銭であるときは、質権者は自己の債権額に対応する部分に限り、これを取り立てることができる（同条２項）。

エは適切でない。質権者に弁済として質物の所有権を取得させるなど、法に定められた方法によらないで質物を処分させることを流質という。民法上、質権設定の際や被担保債権の弁済期前において、契約でこのような**流質を行うことは禁止されている**（民法349条）。

問45　（公式テキストP.316〜P.317、P.319）

【解　答】②、④

【解　説】

①は適切でない。強制執行の申立てを行うためには、これを根拠づけ正当化する文書が必要である。確定判決や調停調書のように、強制執行を根拠づけ正当化する文書のことを**債務名義**という。

②は適切である。**民事訴訟**は、原告が裁判所に訴状を提出し、当事者が法廷で口頭弁論を行って判決の言渡しを受ける手続である。

③は適切でない。訴え提起前に当事者間で和解内容について合意に達している場合に、その和解内容に強制力を持たせるために裁判所に申立てを行ってする和解を、**即決和解**という（民事訴訟法275条１項）。即決和解は、手形金の支払請求についてのみ用いることのできる手続ではない。

④は適切である。**支払督促**とは、簡易裁判所の書記官に対して支払督促の申立てを行い、支払督促を債務者に発する手続である（民事訴訟法382条・383条１項・386条１項）。

問46　(公式テキストP.338～P.341)

【解　答】④

【解　説】

アは適切でない。個人企業の場合には、登記をするか否かは自由であるが（商法11条２項）、会社の商号は、設立時の登記事項の１つになっており、**登記が義務付けられる**（会社法911条３項２号等）。

イは適切である。支配人は会社の登記事項であるところ（会社法918条）、登記すべき事項は、登記の後でなければ、これをもって**善意の第三者**に対抗することができない（会社法908条１項前段）。すなわち、会社が支配人を解任しても、解任の登記をしていなければ、当該支配人であって者が支配人を解任されたことを知らない第三者に対し、当該支配人であった者が支配人を解任されており無権原であることを主張できない。

ウは適切である。商業登記簿に記載すべき事項については、登記の後でなければ、善意の第三者に対抗できず（商法９条１項前段、会社法908条１項前段）、また、登記の後であっても、第三者が交通途絶など**正当な事由**によってその登記事項を知らなかったときは、商人はその善意の第三者に登記事項を対抗することができない（商法９条１項後段、会社法908条１項後段）。

エは適切でない。商業登記簿は、**登記所**に備え付けられている（商業登記法６条各号）。

問47

過去問題

【解　答】④　(公式テキストP.352～P.353)

【解　説】

ア．適切でない。株主は、株主総会において、原則として、**その有する株式1株につき1個の議決権を有する**（会社法308条）。

イ．適切である。定時株主総会は、**毎事業年度の終了後一定の時期に招集しなければならない**が、必要がある場合には、いつでも、臨時株主総会を招集することができる（会社法296条）。

ウ．適切である。株式会社の役員および会計監査人は、**株主総会の決議**によって、選任され、また、解任される（会社法329条１項・339条１項）。

エ．適切でない。すべての株式会社が、**株主総会の設置を義務付けられる**。

問48　（公式テキストP.354～P.359）

【解　答】③

【解　説】

アは適切でない。監査役の監査の対象は業務監査のみならず会計監査も含む広範なものであり、監査役は、いつでも、取締役および会計参与ならびに支配人その他の使用人に対して**事業の報告**を求め、または**監査役設置会社の業務および財産の状況を調査**することができる（会社法381条２項）。

イは適切でない。会社法上、代表取締役を複数選定することは特に禁止されておらず、複数の代表取締役がいる場合には、**各代表取締役が会社を代表する**。

ウは適切である。会社法上、取締役会設置会社の取締役は、自己または第三者のために株式会社の事業の部類に属する取引（**競業取引**）をしようとする場合、取締役会において、当該取引につき重要な事実を開示し、その承認を受けなければならない（会社法356条１項・365条１項）。

エは適切である。６か月前から引き続き株式を有する株主は、原則として、株式会社に対し、書面その他の法務省令で定める方法により、役員等の責任を追及する訴えの提起を請求することができる（会社法847条１項本文）。そして、株式会社がこの請求の日から60日以内に責任追及等の訴えを提起しないときは、当該請求をした株主は、株式会社のために、**責任追及等の訴え**を提起することができる（会社法847条３項）。

問49　（公式テキストP.388）

【解　答】⑤

【解　説】

アは適切でない。**労働組合**は、労働者が自主的に組織する団体であるから、その結成や加入に当たって使用者等の承認は必要なく、労働組合を結成するに当たって株主総会の承認は不要である。

イは適切でない。労働基準法上の**労働者**とは、職業の種類を問わず、事業または事務所に使用される者で、賃金を支払われる者をいい（労働基準法９条）、労働組合に加入しているか否かを問わず、労働者として労働基準法の保護を受ける。

ウは適切である。使用者は、**就業規則**を作成するにあたり、その事業場の過半数の労働者からなる労働組合、そのような労働組合がない場合には労働者の過半数の代表者の意見を聴く必要があり、その意見書を添付して所轄の労働基準監督署長に届け出なければならない（労働基準法90条）。

エは適切である。就業規則は、**法令または当該事業場について適用される労働協約**に反してはならない。行政官庁（所轄労働基準監督署長）は、法令または労働協約に抵触する就業規則の変更を命ずることができる（労働基準法92条）。

問50

過去問題

【解　答】①　　**（公式テキストP.402〜P.407）**

【解　説】

①は最も適切である。夫婦財産契約が締結されていない場合、夫婦のいずれに属するか明らかでない財産は、**その共有に属するものと推定される**（民法762条2項）。

②は適切でない。夫婦財産契約が締結されていない場合、夫婦の一方が婚姻前から有する財産は、その夫婦の一方が単独で有する**特有財産**とされる（民法762条1項）。

③は適切でない。夫婦財産契約が締結されていない場合、夫婦の一方が生活必需品の購入など**日常の家事**に関して第三者と法律行為をしたことによって生じた債務について、他の一方は、原則として、連帯してその責任を負う（民法761条）。

④は適切でない。夫婦が離婚した場合、婚姻後に生じた夫婦間の財産にかかわる法律関係は、**将来に向かって**消滅する。

ビジネス実務法務検定試験　3級模擬問題②　解答・解説

問1

過去問題

【解　答】③　(公式テキストP.28〜P.29)

【解　説】

アは適切でない。債権は、**特定の人（債務者）に対して一定の行為を請求すること**ができる権利である。賃貸借契約に基づき、賃貸人が賃借人に対して賃料を求める権利も、自動車事故において被害者が加害者に対して損害賠償を求める権利も、いずれも債権に該当する。

イは適切である。物権とは、**特定の物を直接的・排他的に支配する**ことができる権利である。所有権は、物権の例の１つである。

問2

(公式テキストP.33〜P.34)

【解　答】②

【解　説】

アは適切である。強行法規とは、公序良俗の維持、公益性の確保、政策上の目的等の理由により、法令の規定のうち、規定に反する当事者の合意がある場合であっても、当該合意の効力を認めずに法令の規定どおりに適用されることとされているものをいう。したがって、当事者間の特約で強行法規と異なる内容が定められたとしても、**強行法規が特約に優先して適用される**。

イは適切でない。法律は、その適用領域が限定されているか否かによって、一般法と特別法に分類することができる。ある事項について規定する一般法と特別法が存在する場合、**特別法は、一般法に対する特則であり、一般法に優先して適用される**。

問3

(公式テキストP.36〜P.38)

【解　答】②

【解　説】

アは適切である。裁判所の判決に対して不服があるときには、より上級の裁判所に対して再審査を求めること（上訴）ができる。この制度を**審級制度**という。

イは適切でない。日本の裁判所は、最高裁判所、高等裁判所、家庭裁判所、簡易裁判所の４種類に限られず、**地方裁判所**もある。

問4 (公式テキストP.42、P.62～P.63)

【解　答】②

【解　説】

①は適切でない。契約の取消しは、一応有効に成立した契約を、一定の事由がある場合に、一定の者が取消しの意思表示をすることにより、**はじめに遡って無効にすること**である（民法120条・121条）。契約が取り消されると、契約締結時に遡って契約は無効となる。

②は適切である。錯誤による意思表示の取消しは、善意でかつ過失がない第三者（**善意・無過失の第三者**）に対抗することができない（民法95条４項）。

問5 (公式テキストP.53)

【解　答】②

【解　説】

アは適切である。手付とは、契約成立の際に交付される金銭その他の有価物であり、その機能によって類別される。そのうち、契約をした証拠になる**証約手付**としての性質は、すべての手付が最低限持つとされる。

イは適切でない。**解約手付**は、売買契約の当事者が契約を解除する権利を留保する趣旨で授受される手付であり、当事者の一方が契約の履行に着手するまでは、買主は手付を放棄することにより、売主は手付の倍額を買主に現実に提供することにより、それぞれ契約を解除することができる（民法557条１項）。

問6

過去問題

【解　答】④ (公式テキストP.56～P.60)

【解　説】

アは適切でない。本肢の場合において、その者がその期間内に確答を発しないときは、**その行為を追認したものとみなされる**（民法20条１項）。

イは適切でない。未成年者の両親が離婚する場合、**父母の一方が当該未成年者の親権者となる**（民法819条）。

問7 (公式テキストP.80～P.81)

【解　答】②

【解　説】

①は適切でない。商行為によって生じた債務について、履行を行う場所が明確に定められていなかった場合、商法の規定が補充的に適用される。特定物の引渡し以外の債務の履行については、**債権者の現在の営業所**が履行の場所となる（商

法516条)。

②は適切である。**弁済(履行)の提供**とは、債務者側で債務の履行のためにできるすべてのことを行い、あとは債権者が協力してくれれば履行が完了するという債務者側の行為をいう。債務の弁済には、原則として債務の本旨に従った弁済の提供が必要である(民法493条)。

問8 **(公式テキストP.122~P.123)**

【解 答】③

【解 説】

アは適切でない。当事者は、**合意により**、いずれの国の裁判所に訴えを提起することができるかについて定めることができる。なお、この合意は、一定の法律関係に基づく訴えに関し、かつ、書面でしなければ、その効力を生じない(民事訴訟法3条の7)。

イは適切である。国際取引に関する法的紛争に適用される準拠法を決定する基準については、「法の適用に関する通則法」(法適用通則法)において、「法律行為の成立及び効力は、当事者が当該法律行為の当時に選択した地の法による」と規定されており(法適用通則法7条)、準拠法の選択を当事者の意思に委ねる立場(**当事者自治の原則**)が採用されている。

問9 過去問題

【解 答】① **(公式テキストP.145~P.146)**

【解 説】

アは適切である。電子契約は、電子取引に該当するため、電子帳簿保存法の要件である、i)**真実性の確保**およびii)**可視性の確保**を満たした保存が必要である。

イは適切である。電子契約の締結は、**課税文書の作成に当たらない**。

問10 **(公式テキストP.157~P.158)**

【解 答】①

【解 説】

①は適切である。製造物責任法の適用対象となる製造物とは、**製造または加工された動産**をいう(製造物責任法2条1項)。

②は適切でない。製造業者等は、その製造物に欠陥があり、当該欠陥によって人の生命、身体または財産を侵害したときは、これによって生じた損害を賠償する責めを負うが、**その損害が当該製造物についてのみ生じたときは**、製造物責

任法に基づく損害賠償責任を負わない（製造物責任法３条）。

問11　　（公式テキストP.151～P.160）

【解　答】②

【解　説】

アは適切である。不法行為が成立する場合、民法上、AのBに対する損害賠償は、**金銭によるのが原則**である（民法722条１項・417条）。

イは適切でない。数人が共同の不法行為によって他人に損害を加えたときは、**各自が連帯してその損害を賠償する責任を負う**（民法719条１項前段）。すなわち、各共同不法行為者は、被害者が被った損害の全額につき、互いに連帯して支払義務を負う。したがって、被害者は、共同不法行為者それぞれに対し、損害全額につき損害賠償請求をすることができる。

問12　　（公式テキストP.164～P.166）

【解　答】③

【解　説】

アは適切でない。**不当利得**の返還義務として、法律上の原因なく他人の財産または労務によって利益を受け、そのために他人に損失を及ぼした者（受益者）は、その利益の存する限度においてこれを返還する義務を負う（民法703条）。そして、特に悪意の受益者は、その受けた利益に利息を付して返還しなければならず、利益を返還してなお損害があるときは、その賠償の責任を負う（民法704条）。

イは適切である。賭博行為のように、公の秩序または善良の風俗に反する法律行為は無効であるが（民法90条）、不法な原因のために給付をした者は、原則として、その給付したものの返還を請求することができない（**不法原因給付**、民法708条）。

問13　　（公式テキストP.191～P.194）

【解　答】③

【解　説】

アは適切でない。商標権の存続期間は設定の登録の日から10年をもって終了するが、商標権者の**更新登録**の申請により更新することができる（商標法19条）。

イは適切である。商標登録出願については**先願主義**がとられており、同一または類似の商品または役務について使用をする同一または類似の商標について異なった日に２以上の商標登録出願があったときは、最先の商標登録出願人のみがその商標について商標登録を受けることができる（商標法８条１項）。

解答②

過去問題

問14

【解　答】①　(公式テキストP.196～P.202)

【解　説】

①は適切である。特許権者は、特許発明について第三者に専用実施権を設定し、その旨の登録をした場合、その設定契約等で定めた範囲において**当該特許発明を自ら実施することができなくなる**（特許法77条２項参照）。

②は適切でない。**職務発明**については、契約、勤務規則その他の定めにおいてあらかじめ使用者等に特許を受ける権利を取得させることを定めない限り、特許を受ける権利は従業者に帰属する（特許法35条参照）。使用者等が職務発明につき当然に特許権を取得するわけではない。

問15　(公式テキストP.188～P.189、P.201)

【解　答】②

【解　説】

アは適切である。著作権は、原則として、**著作者の死後70年**を経過するまで存続する（著作権法51条）。

イは適切でない。特許権の存続期間は、**特許出願の日から20年**をもって終了するものとされており(特許法67条１項)、この期間を経過した特許権は消滅する。

問16　(公式テキストP.217～P.222)

【解　答】②

【解　説】

①は適切でない。消費者契約法にいう消費者契約とは、消費者と事業者との間で締結される契約をいい（消費者契約法２条３項）、**取引の対象は特に限定されていない**。

②は適切である。消費者契約法上、消費者とは個人に限られるが、**事業としてまたは事業のために契約の当事者となる場合における個人**はこの個人から除かれる（消費者契約法２条１項）。

過去問題

問17

【解　答】①　(公式テキストP.240～P.241)

【解　説】

アは適切である。本肢の場合、プロバイダ責任制限法上、プロバイダ等は、所定の要件を充たすときは、**当該損害について賠償の責任を負わない**（プロバイダ責任制限法３条１項）。

イは適切である。迷惑メール防止法上、特定電子メールを送信する場合、**特定電子メールの送信にあらかじめ同意した者など一定の者に対して特定電子メールを送信する場合を除き**、原則として、特定電子メールの送信をすることはできない（迷惑メール防止法３条１項）。

問18 **（公式テキストP.245～P.248）**

【解　答】①

【解　説】

①は適切である。公務員が、その職務に関し賄賂を収受した時には**収賄罪**等（刑法197条以下）が成立するが、その一方で、かかる賄賂を供与し、またはその申込みもしくは約束をした者についても、**贈賄罪**（刑法198条）が成立する。

②は適切でない。会社の取締役、会計参与、監査役、執行役、支配人等が法令または定款の規定に違反して剰余金の配当をしたときには**違法配当罪**が成立し、５年以下の懲役もしくは500万円以下の罰金に処せられ、またはこれらの併科を受ける（会社法963条５項２号）。

問19 **（公式テキストP.260、P.297）**

【解　答】②

【解　説】

アは適切である。債権者が死亡し、債務者がその唯一の相続人として債権者を相続し、債権および債務が同一人に帰属した場合、当該債権は、原則として、**混同**により消滅する（民法520条）。

イは適切でない。１人の債務者に対し、担保権を有しない債権者が複数存在する場合、各債権者間には優劣の関係がなく、各債権者は、その債権の発生原因や発生時期の前後によって差別されずに、平等に弁済を受けることができる。すなわち、各債権者は、各債権額に応じて按分した額の配当を受けることができる。これを**債権者平等の原則**という。

問20 **（公式テキストP.300～P.303）**

【解　答】③

【解　説】

アは適切でない。動産の売主は、その売買代金および利息について、自らが売り渡した動産の上に、先取特権を有する（民法311条５号・321条）。先取特権は、**法定担保物権**であり、設定契約の締結を要せず、法律の規定する要件を充たせば当然に発生する。

イは適切である。留置権は、他人の物を占有している者がその物に関して生じた債権を有している場合に、債権の弁済を受けるまで、**その物を留置することができる権利**である（民法295条１項）。

問21　　**(3級公式テキストP.316～P.319)**

【解　答】①

【解　説】

①は適切である。**調停調書**は、確定判決と同一の効力を有するものとして債務名義となり得る（民事執行法22条）。

②は適切でない。倒産処理の手続は、破産手続や会社更生手続のように裁判所が関与する法的整理のほか、債権者と債務者の協議によって進められる**任意整理**があり、当事者の協議のみによって倒産処理が行われることがある。

問22　　**(公式テキストP.319～P.321)**

【解　答】②

【解　説】

アは適切である。強制執行の手続において、債務者が有する不動産を換価して債権を回収する場合、裁判所が当該不動産を差し押さえ、所定の手続を経て当該不動産を**強制競売**に付し、その代金から債権を回収することとなる。

イは適切でない。強制執行は、**債務名義**により行う（民事執行法22条）。債務名義とは、請求権の存在および内容を公証する文書であり、裁判所の確定判決はこれに当たる。

問23　　**(公式テキストP.324～P.331)**

【解　答】①

【解　説】

①は適切である。 特定非営利活動促進法上の特定非営利活動法人（NPO法人）がその主たる目的とする**特定非営利活動**とは、１）保健、医療または福祉の増進を図る活動、２）社会教育の推進を図る活動、３）まちづくりの推進を図る活動など、同法所定の活動であって、不特定かつ多数の者の利益の増進に寄与することを目的とするものをいう（特定非営利活動促進法２条１項・別表）。

②は適切でない。法人には、自然人の集合である社団法人と、**特定の目的のために運用される財産の集合である財団法人**とがあり（一般社団法人及び一般財団法人に関する法律３条参照)、どちらも定款等で定められた目的の範囲内で、権利を有し、また義務を負うことができる。

過去問題

問24

【解　答】③　　(公式テキストP.358～P.359)

【解　説】

アは適切でない。会計参与は取締役と共同して計算書類等の作成を職務とする株式会社の機関であり、すべての株式会社において**任意に設置することができる**（会社法326条２項）。

イは適切である。監査役は、原則として、監査役設置会社の取締役および会計参与ならびに支配人その他の使用人に対して、**事業の報告を求めること**ができる（会社法381条２項）。

問25　　(公式テキストP.388)

【解　答】②

【解　説】

①は適切でない。労働組合は、労働協約等の事項について交渉するが、労働組合法上、労働者に対し、**法定労働時間**を超えて労働させる義務を負わない。

②は適切である。労働組合は、使用者との間で**労働協約**を定めることができる（労働組合法６条参照）。**労働協約**は、労働条件等に関し、使用者と労働者との関係を規制するものである（労働組合法１条・14条）。

問26　　(公式テキストP.390～P.394)

【解　答】③

【解　説】

アは適切でない。事業主は、職場において行われる性的な言動に対するその雇用する労働者の対応により当該労働者がその労働条件につき不利益を受け、または当該性的な言動により当該労働者の就業環境が害されることのないよう、当該労働者からの相談に応じ、適切に対応するために必要な体制の整備その他の雇用管理上必要な措置を講じなければならないとされており（男女雇用機会均等法11条）、**労働者の性別にかかわらず**、当該措置を講じる義務を負う。

イは適切である。事業主は、労働者の募集、採用から定年、解雇に至るまでの雇用管理の様々な局面において、**性別を理由とする差別的取扱い**を禁止されている（男女雇用機会均等法５条・６条等）。

問27　　（公式テキストP.397〜P.400）

【解　答】①

【解　説】

①は適切である。労働者派遣法は、労働者派遣事業の適正な運営を確保するために、一定の業務について、**労働者の派遣を禁止している**。労働者の派遣が禁止されているのは、１）港湾運送業務、２）建設業務、３）警備業務、４）その他政令で定める業務である（労働者派遣法４条１項）。

②は適切でない。労働者派遣事業における派遣先と派遣労働者との間には、雇用関係はないが、**指揮命令関係**があり、また、派遣先は、派遣契約に反しないよう、適切な措置をとるべきとされている。このように、派遣先は、派遣労働者に対して直接に業務上の指揮命令を行うことができ、派遣元事業主を通して間接的に指揮命令を行うことは予定されていない。

問28　　（公式テキストP.402〜P.404）

【解　答】②

【解　説】

アは適切である。婚姻は、**戸籍法の定めるところにより届け出ること**によって、その効力を生ずるとされており（民法739条１項）、当事者の合意のみならず法定の手続を行うことによってはじめて効力を生じる要式行為である。

イは適切でない。婚姻によって氏を改めた夫または妻は、離婚によって婚姻前の氏に復するが、婚姻前の氏に復した夫または妻は、**離婚の日から3か月以内に戸籍法の定めるところにより届け出ることによって**、離婚の際に称していた氏を称することができる（民法767条・771条）。

問29　　（公式テキストP.409〜P.410）

【解　答】③

【解　説】

アは適切でない。被相続人に子、配偶者および弟がいる場合、法定相続人になるのは、**配偶者および子**である（民法887条１項・890条）。

イは適切である。Aに配偶者Bと子Cがいる場合において、Aが遺言をせずに死亡したときは、BおよびCの法定相続分はそれぞれ**相続財産の2分の1**である。

問30　(公式テキストP.417～P.419)

【解　答】①

【解　説】

①は適切である。**限定承認**は、相続人が複数ある場合には、共同相続人の全員が共同してのみこれをすることができ（民法923条）、個々の相続人が単独で行うことはできない。

②は適切でない。相続人は、自己のために相続の開始があったことを知った時から３か月以内に、相続について、単純もしくは限定の承認または放棄をしなければならず（民法915条１項）、相続人がこの期間内に**限定承認または相続の放棄をしなかったとき**は、単純承認をしたものとみなされる（民法921条２号）。したがって、相続人が、単純承認または限定承認をしなかった場合に相続を放棄したものとみなされるのではない。

問31

過去問題

【解　答】②　(公式テキストP.26～P.27)

【解　説】

①は適切である。一般に、所有権は不可侵のものとして尊重され、他人によっても、国家権力によっても侵害されないという原則のことを**所有権絶対の原則**という。

②は最も適切でない。一般に、人はたとえ他人に損害を与えたとしても、故意または過失がなければ損害賠償責任を負わないという原則は、信義誠実の原則ではなく、**過失責任主義**である。

③は適切である。一般に、契約するかしないか、誰を相手とするか、いかなる契約内容とするか等について、当事者間で自由に定め得るという原則のことを**契約自由の原則**という。

④は適切である。一般に、すべての個人が平等に権利主体として取り扱われるという原則のことを**権利能力平等**の原則という。

問32　(公式テキストP.60～P.64)

【解　答】②、③

【解　説】

①は適切でない。**詐欺による意思表示**は取り消すことができる（民法96条１項）。本肢では、Xは、Yの詐欺によりYに彫刻を購入する旨の意思表示をしているため、この意思表示を取り消すことができる。

②は適切である。**強迫による意思表示**は取り消すことができる（民法96条１項）。

本肢では、Xは、Yの強迫によりYに彫刻を購入する旨の意思表示をしているため、この意思表示を取り消すことができる。

③は適切である。相手方と通じてした虚偽の意思表示は無効である（**虚偽表示**、民法94条1項）。本肢では、XとYは、通謀して売買を仮装しているため、その意思表示は無効であり、彫刻の所有権は移転しない。

④は適切でない。意思表示は、表意者がその真意ではないことを知ってしたときであっても、そのためにその効力を妨げられない（**心裡留保**、民法93条1項本文）。ただし、相手方が表意者の真意を知り、または知ることができたときは、その意思表示は無効とされる（民法93条1項但書）。本肢では、YがXには購入の意思がないことを知っていたため、Xの意思表示は無効とされる。

問33

過去問題

【解　答】②　**（公式テキストP.64～P.73）**

【解　説】

アは適切である。代理人がその権限内において本人のためにすることを示してした意思表示は、**本人に対して直接にその効力を生ずる**（民法99条1項）。したがって、当該売買契約の効果は、B社に帰属する。

イは適切でない。本肢の場合、F社が、当該売買契約の締結について、Dに代理権があると誤信し、かつそのように誤信することについて正当な理由があれば、**権限外の行為の表見代理が成立する**（民法110条）。

ウは適切である。契約の時において代理権を有しないことを相手方が知っていたときを除き、代理権を有しない者がした契約は、本人が追認をしない間は、**相手方が取り消すことができる**（民法115条）。

エは適切でない。他人の代理人として契約をした者は、自己の代理権を証明したとき、または本人の追認を得たときを除き、相手方の選択に従い、相手方に対して履行または損害賠償の責任を負うが、**代理権を有しないことを相手方が知っていたとき**は、この限りでない（民法117条2項1号）。

問34

（公式テキストP.75～P.77）

【解　答】⑦

【解　説】

アは適切でない。条件とは、契約の効力を将来発生することが不確実な事実にかからせる特約のことであり、事実の発生自体が不確実である点で、事実の発生自体は確実である期限とは異なる。条件のうち、本肢の「入学試験に合格したら、万年筆を贈与する」旨の特約のように、条件の成就によって契約の効力を生じさせるものを**停止条件**という（民法127条１項）。

イは適切でない。条件のうち、本肢の「入学祝いに金銭を贈与するが、留年したら返還しなければならない」旨の特約のように、条件の成就によって効力を失わせるものを**解除条件**という（民法127条２項）。

ウは適切である。契約の効力を将来発生することが確実な事実にかからせる特約のことを期限という。期限には、将来発生する期日が確定している確定期限と、到来することは確定しているがいつ到来するかが確定していない不確定期限がある。本肢の「人の死亡」は、到来することは確実であるがいつ到来するかは確定していないので、**不確定期限**に該当する。

エは適切でない。期限の利益の定義は本肢記載の通りであるが、期限は**債務者の利益のために定めたものと推定される**（民法136条１項）。したがって、特約がない限り、債務者は、期限の利益を放棄して期限の到来前に自らの債務を履行することができる。

問35　　**（公式テキストP.41、P.87～P.94）**

【解　答】②

【解　説】

①は適切でない。債務を確実に履行させるため、債務不履行があった場合に債務者が支払うべき損害賠償額をあらかじめ定めておくことがある。これを**損害賠償額の予定**といい、その定めの効力は原則として有効とされている。また、違約金が定められている場合、その定めは損害賠償額の予定と推定される（民法420条３項）。

②は最も適切である。X社とY社の間では、トラックの引渡しと引換えに代金を支払うという同時履行の約定がなされている（民法533条）。したがって、X社は、Y社に対し、トラックの引渡しについて弁済の提供を受けるまでは、**同時履行の抗弁権**を主張して代金を支払わない旨を主張することができる。

③は適切でない。**債務不履行責任を負うのは、債務者である**（民法415条等）。本肢において、X社に対してトラックの引渡債務を負うのはY社であり、X社に対し債務不履行責任を負うのは、Zではなく、Y社である。

④は適切でない。売買契約の解除に関する事項は、必ずしも契約締結時に定めておかなくてもよく、契約締結後に両者の合意により解除すること（**合意解除**）も認められる。

問36　(公式テキストP.113〜P.114)

【解　答】⑥

【解　説】

アは適切でない。請負契約は、当事者の意思表示のみで成立する**不要式の諾成契約**であり、契約が有効に成立するために、契約書等の書面にする必要はない（民法632条）。

イは適切でない。**請負人が仕事を完成しない間**は、注文者は、いつでも損害を賠償して契約の解除をすることができる（民法641条）。

ウは適切でない。請負契約は仕事の目的物の完成を目的とするため、請負人は、特約がない限り、仕事の目的物が完成した後、**その引渡しと同時でなければ、報酬を請求することができない**（民法633条本文）。

エは適切でない。請負人は、仕事を完成させるために、原則として、**下請負人に仕事をさせることができる**。

問37　(公式テキストP.99〜P.117)

【解　答】④

【解　説】

アは適切でない。商人は、その営業の範囲内において寄託を受けたときには、寄託者から報酬の支払いを受けるか否かにかかわらず、寄託物の保管について**善管注意義務**を負う（商法595条、民法400条）。

イは適切である。民法上、委任契約の受任者は、委任の本旨に従い、善良な管理者の注意をもって、委任事務を処理する義務、すなわち**善管注意義務**を負う（民法644条）。

ウは適切である。商人間で金銭の消費貸借契約が締結された場合には、当事者間に利息の約定がなくても、貸主は借主に**法定利息**を請求することができる（商法513条１項）。

エは適切でない。賃借人が賃借権の譲渡や目的物の転貸をするためには、原則として、**賃貸人の承諾**が必要である（民法612条１項）。

問38　過去問題

【解　答】①　(公式テキストP.168〜P.172)

【解　説】

①は最も適切でない。動産に関する物権変動の対抗要件は、その**動産の引渡し**である（民法178条）。動産が二重に譲渡された場合、先に当該動産の引渡しを受けた譲受人が、他の譲受人などの第三者に対し、所有権の取得を対抗すること

ができる。本肢において、Bは、当該ゲーム機の引渡しを受けていないため、原則として、Cに対して当該ゲーム機の所有権の取得を対抗することができない。

②は適切である。即時取得は**動産についてのみ成立する**ため（民法192条）、Dは、不動産登記簿の登記事項を信じて、無権利者であるEから善意無過失で建物を購入しても、即時取得により当該建物の所有権を取得することはできない。

③は適切である。債権譲渡の債務者に対する対抗要件は、**譲渡人から債務者への通知**または**債務者の承諾**である（民法467条１項）。本肢において、H社は、F社から、F社がG社に対して有する請負契約に基づく報酬債権の譲渡を受け、譲渡人であるF社がその旨をG社に通知しているため、自己が当該報酬債権の譲受人である旨をG社に対抗することができる。

④は適切である。不動産に関する物権変動の対抗要件は、**登記**である（民法177条）。不動産が二重に譲渡された場合、先に当該不動産につき所有権移転登記を経た譲受人が、他の譲受人などの第三者に対し、所有権の取得を対抗することができる。本肢において、J社は、当該ビルにつき所有権移転登記を経ていないため、原則として、K社に対して当該ビルの所有権の取得を対抗することができない。

問39　　　　**（公式テキストP.182～P.191）**

【解　答】②

【解　説】

アは適切である。**著作物**とは、思想または感情を創作的に表現したものであって、文芸、学術、美術または音楽の範囲に属するものをいう（著作権法２条１項１号）。

イは適切である。**事実の伝達にすぎない雑報および時事の報道**は、思想または感情を創作的に表現したものではないため、言語の著作物に該当しない（著作権法10条２項）。

ウは適切である。著作者人格権は、**著作者の人格的な利益の保護に関する権利**であり、著作権法上、公表権（著作権法18条１項）、氏名表示権（著作権法19条）および同一性保持権（著作権法20条）が規定されており、同一性保持権については、本肢の記述の通りである。

エは適切でない。実演家や放送事業者等は、自ら著作物を創作する者ではないが、他人の創作した著作物を利用することに伴い、保護に値する一定の固有の利益を有しているものと考えられることから、録音権や録画権、送信可能化権などの**著作隣接権**が認められている。

問40 **(公式テキストP.208～P.214)**

【解　答】④

【解　説】

アは適切でない。本肢のA社およびB社の行為は、両社間で協議等をすることなく、両社の独自の判断で値上げをした結果、同種の建材の販売価格が同一となったものであり、「**他の事業者と共同して**」いないため、不当な取引制限に該当しない（独占禁止法2条6項・3条）。

イは適切である。A社、B社およびC社による本肢の行為は、当該取扱商品の**対価を維持する行為**である。そして、A社らは、当該行為によって公共の利益に反して、当該商品の市場における競争を制限したものであるから、A社らの行為は、不当な取引制限に該当し、独占禁止法に違反する（独占禁止法2条6項・3条）。

ウは適切である。本肢のA社の行為は、不公正な取引方法のうち、**排他条件付取引**に該当し、独占禁止法に違反する（独占禁止法19条、一般指定11項）。

エは適切でない。本肢のA社の行為は、不公正な取引方法のうち、**再販売価格の拘束**に該当し、独占禁止法に違反する（独占禁止法2条9項4号・19条）。

問41 過去問題

【解　答】⑤ **(公式テキストP.222～P.230)**

【解　説】

アは適切である。特定商取引法は、**訪問販売、通信販売、電話勧誘販売などの特定商取引**について、その取引ごとに規制する法律である（特定商取引法1条参照）。

イは適切である。通信販売については、**クーリング・オフの制度は設けられていない**。

ウは適切である。本肢の取引は、**狭義の割賦販売**として、割賦販売法の規制対象となる（割賦販売法2条1項1号）。

エは適切である。割賦販売業者は、割賦販売の方法により契約を締結した場合に消費者に交付する書面について、当該消費者の承諾を得て、当該書面に記載すべき事項を所定の電磁的方法により提供したときは、**当該書面を交付したものとみなされる**（割賦販売法4条の2）。

問42

（公式テキストP.232～P.236）

【解　答】②

【解　説】

アは適切である。個人情報とは、**生存する個人**に関する情報であって、（1）当該情報に含まれる氏名、生年月日その他の記述等により特定の個人を識別することができるもの、または、（2）**個人識別符号が含まれるもの**をいう（個人情報保護法２条１項）。

イは適切である。**要配慮個人情報**とは、本人の人種、信条、社会的身分、病歴、犯罪の経歴、犯罪により害を被った事実その他本人に対する不当な差別、偏見その他の不利益が生じないようにその取扱いに特に配慮を要するものとして政令で定める記述等が含まれる個人情報をいう（個人情報保護法２条３項）。

ウは適切である。個人情報取扱事業者は、あらかじめ本人の同意を得ずに、**利用目的の達成に必要な範囲を超えて**個人情報を取り扱ってはならない（個人情報保護法18条１項）。

エは適切でない。個人情報取扱事業者は、法令に基づく場合など一定の場合には、**あらかじめ本人の同意を得ることなく**、個人データを第三者に提供することができる（個人情報保護法27条１項各号２項５項）。

問43

（公式テキストP.257～P.260）

【解　答】⑧

【解　説】

アに対応する語句はdである。債権者が債務者に対して債務を免除する意思を表示したときは、その債権は消滅する（民法519条）。これを**免除**という。免除は債権者の意思表示のみで効力を生じ、債務者の承諾は効力が生じるための要件とはなっていない。

イに対応する語句はfである。債務者が債務をその本旨に従って履行することを**弁済**といい、債権の消滅原因の最も代表的なものである（民法473条）。

ウに対応する語句はaである。民法上、二人が互いに同種の目的を有する債務を負担する場合において、双方の債務が弁済期にあるときは、各債務者は、その対当額について**相殺**によってその債務を免れることができる（民法505条１項）。

エに対応する語句はgである。債務者が、債権者との合意により、その負担した給付に代えて他の給付をしたときは、その給付は弁済と同一の効力を有する（民法482条）。これを**代物弁済**という。債権者が納得する限りは元々の債権の内容とは異なる給付をもって弁済に充てても不都合は生じないことから、認められている制度である。

問44

過去問題

【解　答】⑥　　(公式テキストP.303～P.305)

【解　説】

ア．適切でない。質権者に弁済として質物の所有権を取得させるなど、法に定められた方法によらないで質物を処分させることを流質という。民法は、**質権設定の際や被担保債権の弁済期前において、契約で流質を行うことを禁止している**（民法349条）。

イ．適切でない。債権質権者は、質権の目的である**債権を直接に取り立てることが認められている**（民法366条１項）。

ウ．適切でない。不動産は、**質権の対象となる**（民法356条～361条）。

エ．適切でない。動産への質権の設定は、**債権者にその動産を引き渡すことによってその効力を生じる**（民法344条）。

問45

(公式テキストP.306～P.310)

【解　答】④

【解　説】

アは適切でない。Aがすでに Y社のために本件建物に抵当権を設定している場合であっても、X社は同じ建物について抵当権の設定を受けることができる。この場合、Y社は、抵当権の設定について登記を経ているため、自社の抵当権をX社に対抗することができる（民法177条）。したがって、X社は、本件建物についてY社の抵当権に劣後する**第二順位の抵当権**の設定を受けることとなる。

イは適切である。抵当権設定契約は、当事者の意思表示のみによってその効力を生じ（民法176条）、登記がなされることは効力発生と関係がない。ただし、抵当権を第三者に対抗するためには、第三者対抗要件として**抵当権設定登記**を経ることが必要である（民法177条）。

ウは適切である。抵当権は担保物権の一種であり、担保物権の通有性としての**随伴性**を有する。随伴性とは、被担保債権が移転すればそれに伴って担保権も移転するという性質である。本肢では、X社が抵当権の被担保債権である貸金債権をZ社に譲渡していることから、これに伴って抵当権もZ社に移転することになる。

エは適切である。抵当権は、担保物権として**不可分性**を有し、債権の一部が弁済されたとしても、目的物の全体に対してその効力が及び、弁済額の割合に応じて効力の及ぶ範囲が縮小するわけではない。

問46 （公式テキストP.341～P.343）

【解　答】④

【解　説】

①は適切である。商号の登記は、その商号が他人のすでに登記した商号と同一であり、かつ、その**営業所（会社にあっては本店）の所在場所が当該他人の商号の登記に係る営業所の所在場所と同一であるとき**は、することができない（商業登記法27条）。

②は適切である。自己の商号を使用して営業または事業を行うことを他人に許諾した商人は、当該商人が当該営業を行うものと誤認して当該他人と取引をした者に対し、当該他人と連帯して、当該取引によって生じた債務を弁済する責任を負う（**名板貸人の責任**、商法14条）。

③は適切である。会社は、その名称を商号とするものとされているとともに、株式会社、合名会社、合資会社または合同会社の種類に従い、**それぞれその商号中に株式会社、合名会社、合資会社または合同会社という文字を用いなければならず**、他の種類の会社であると誤認されるおそれのある文字を用いてはならない（会社法６条）。他方、会社でない者は、その名称または商号中に、会社であると誤認されるおそれのある文字を用いてはならない（会社法７条）。

④は最も適切でない。**他人の商号として需要者の間に広く認識されているものと同一または類似の商号を使用して**、その他人の商品や営業と混同を生じさせる行為は、不正競争に該当し得る（不正競争防止法２条１項１号）。

問47 （公式テキストP.354～P.357）

【解　答】③

【解　説】

アは適切である。取締役は、**株主総会の決議**により選任される（会社法329条１項）。

イは適切でない。取締役と株式会社との間の法的な関係は委任または準委任の関係にあるとされ（会社法330条）、取締役は、株式会社に対して、善管注意義務を負い（民法644条）、その具体的表現として**忠実義務**を負っている（会社法355条）。

ウは適切である。取締役会設置会社の取締役は、自己または第三者のために株式会社と取引をする場合には、取締役会において、事前に、当該取引に関する重要な事実を開示し、その承認を受けなければならない（**利益相反取引の制限**、会社法356条１項・365条１項）。

エは適切である。取締役会設置会社の取締役は、株式会社の事業と同種の取引をする場合には、取締役会において、当該取引に関する重要な事実を開示し、その承認を受けなければならない（**競業避止義務**、会社法356条１項・365条１項）。

問48　　　　　　　　　　　　　　　　（公式テキストP.362～P.365）

【解　答】⑤

【解　説】

アは適切でない。物品の販売、賃貸等を目的とする店舗の使用人は、その店舗に在る物品の販売等をする権限を有するものとみなされるが、**相手方が悪意であったとき**は、この限りでない（会社法15条）。

イは適切である。事業に関するある種類または特定の事項の委任を受けた使用人は、**当該事項に関する一切の裁判外の行為をする権限を有する**（会社法14条１項）。

ウは適切でない。支配人は、**会社の許可を受けなければ**、自ら営業を行うこと、自己または第三者のために会社の事業の部類に属する取引をすること、他の会社または商人の使用人となること、他の会社の取締役、執行役または業務を執行する社員となることが禁止されている（会社法12条１項）。

エは適切である。支配人は、会社の使用人であって、会社に代わってその事業に関する一切の裁判上または裁判外の行為をする権限を付与された者である（会社法11条１項）。支配人の権限はこのように法定されているため、支配人の代理権に制限を加えたとしても、その制限は**善意の第三者に対抗することができない**（会社法11条３項）。

問49　　　　　　　　　　　　　　　　　　　　　　　　過去問題

【解　答】②　　　　　　　　　　　　（公式テキストP.370～P.387）

【解　説】

①は適切である。**労働者**とは、職業の種類を問わず、事業または事務所に使用される者で、賃金を支払われる者をいい（労働基準法９条）、一般に、パートタイマーやアルバイトも労働者に該当する。

②は最も適切でない。使用者が**年次有給休暇**を与えなければならないのは、一定の期間継続勤務するなど所定の要件を充たす労働者である（労働基準法39条）。雇用期間の長短にかかわらず、その雇用する労働者の全員に対し、年次有給休暇を与えなければならないわけではない。

③は適切である。使用者は、労働者から請求された時季に年次有給休暇を与えることが事業の正常な運営を妨げる場合には、他の時季に年次有給休暇を与えることができる（**時季変更権**、労働基準法39条５項但書）。

④は適切である。使用者は、原則として、労働者に、休憩時間を除き、**1週間に**

ついて40時間を超えて労働させてはならず、１週間の各日については**1日につき8時間**を超えて労働させてはならない（労働基準法32条）。

問50 **（公式テキストP.402～P.407）**

【解　答】②

【解　説】

アは適切である。夫婦間でした契約は、婚姻中いつでも、**夫婦の一方から取り消すことができる**（民法754条）。

イは適切でない。法定財産制の下では、夫婦の一方が日常の家事に関して第三者と法律行為をしたときは、原則として、他方は、これによって生じた債務（**日常家事債務**）について、連帯して責任を負う（民法761条）。

ウは適切である。法定財産制の下では、夫婦の一方が婚姻前から有する財産や、婚姻中に自己の名で得た財産は、その**特有財産**とされる（民法762条１項）。

エは適切でない。夫婦の婚姻中の財産関係は、当該夫婦が離婚した場合、**将来に向かって消滅する**。

ビジネス実務法務検定試験　3級模擬問題③　解答・解説

問1

過去問題

【解　答】①　　　　(公式テキストP.10～P.12)

【解　説】

アは適切である。定型約款制度（民法548条の2～548条の4）の創設、オンラインモールや暗号資産（仮想通貨）などの新たなビジネスの形態に対する法規制など、**消費者保護のための法制度の整備が進展を見せている**。

イは適切である。国連において**持続可能な開発目標（SDGs）**が採択されたことから、我が国もこれを目標として、ビジネスとイノベーション・地方創生・次世代と女性のエンパワーメントのための施策が進められている。

問2

(公式テキストP.28～P.29)

【解　答】③

【解　説】

アは適切でない。個人や企業の知的な活動により創造された財産を対象とする権利は、**知的財産権**である。

イは適切である。所有権などの私有財産権は、**公共の福祉**により制約される（憲法29条2項）。

問3

(公式テキストP.33～P.34)

【解　答】②

【解　説】

アは適切である。法には、国会の制定する法律などの**成文法**のほか、慣習法や判例法などの**不文法**がある。

イは適切でない。**強行法規**は、当事者の意思にかかわりなくその適用が強制され、その内容と異なる内容の特約よりも優先する。

問4

過去問題

【解　答】①　　　　(公式テキストP.56～P.58)

【解　説】

①は適切である。被保佐人が**保佐人の同意を得ずに**、第三者から多額の金銭を借り入れる旨の金銭消費貸借契約を締結した場合、保佐人は、当該金銭消費貸借契約を取り消すことができる（民法13条・120条1項）。

②は適切でない。成年被後見人がスーパーマーケットにおいて単独で**日用品を購**

入する旨の売買契約を締結した場合、成年後見人は、当該売買契約を取り消すことができない（民法９条但書）。

問5

過去問題

【解　答】①　（公式テキストP.75〜P.76）

【解　説】

アは適切である。債務者は、**破産手続開始の決定を受けた場合**、期限の利益を喪失する（民法137条１号）。

イは適切である。債務者は、**提供した担保を滅失、損傷しまたはその価値を減少させた場合**、期限の利益を喪失する（民法137条２号）。

問6　（公式テキストP.81、P.95〜P.97）

【解　答】②

【解　説】

アは適切である。売買目的物が契約の内容に適合しない場合、買主は、原則として、売主に対して、目的物の修補、代替物の引渡しまたは不足分の引渡しによる履行の追完を請求できる（**契約不適合責任**、民法562条）。

イは適切でない。債務者は、**債務の本旨に従って現実に弁済の提供**をした場合、その時から、債務を履行しないことによって生ずべき責任を免れる（民法492条）。

問7　（公式テキストP.102〜P.112）

【解　答】①

【解　説】

①は適切である。賃借人は、目的物の管理につき**善管注意義務**を負う（民法400条）。

②は適切でない。**有益費**の償還は、その価格の増加が現存する場合に限り、賃貸借の終了時に請求することができ、賃貸人の選択により、その支出した金額または増加額が償還される（民法608条２項）。

問8　（公式テキストP.113〜P.114）

【解　答】③

【解　説】

アは適切でない。請負人が仕事を完成しない間は、**注文者**は、いつでも損害を賠償して契約の解除をすることができるが（民法641条）、請負人にこうした解除権は認められていない。

イは適切である。請負は、当事者の一方がある**仕事を完成すること**を約し、相手方がその仕事の結果に対してその**報酬を支払うこと**を約することによって、その効力を生ずる（民法632条）。

問9 **（公式テキストP.115）**

【解　答】②

【解　説】

アは適切である。委任は、**各当事者**がいつでもその解除をすることができる（民法651条１項）。

イは適切でない。商人がその営業の範囲内において他人のために行為をしたときは、**相当な報酬を請求すること**ができる（商法512条）。

問10 **（公式テキストP.116～P.117）**

【解　答】②

【解　説】

アは適切である。寄託契約は、諾成契約である（民法657条）。

イは適切でない。無報酬の受寄者は、**自己の財産に対するのと同一の注意**をもって、寄託物を保管する義務を負う（民法659条）。

問11 **（公式テキストP.163～P.165）**

【解　答】②

【解　説】

①は適切でない。管理者は、本人のために**有益な費用を支出したとき**は、本人に対し、その償還を請求することができるが（民法702条１項）、報酬および事務管理に際して被った損害の賠償を請求する権利は有しない。

②は適切である。法律上の原因なく他人の財産または労務によって利益を受け、そのために他人に損失を及ぼした者は、原則として、**不当利得の返還義務**を負う（民法703条）。

問12 **（公式テキストP.176～P.178）**

【解　答】③

【解　説】

アは適切でない。不動産に地上権が設定された場合、当該地上権に関する事項は、不動産の登記記録中の**権利部の乙区**に記録される。

イは適切である。不動産の登記記録の権利部のうち、不動産の所有権に関する登記の登記事項が記録されるのは、**甲区**である。

問13 （公式テキストP.196～P.202）

【解　答】①

【解　説】

①は適切である。特許法上の**発明**とは、自然法則を利用した技術的思想の創作のうち高度のものをいう（特許法２条１項）。

②は適切でない。特許法上、特許権の存続期間は、原則として、**特許出願の日から20年**である（特許法67条１項）。また、更新により特許権の存続期間を延長させる制度はない。

問14 （公式テキストP.196～P.202）

【解　答】②

【解　説】

アは適切である。特許権者が専用実施権の登録をした場合、専用実施権者が、設定行為で定めた範囲内において、業としてその**特許発明の実施をする権利を専有する**（特許法77条２項）。

イは適切でない。特許法においては**先願主義**がとられている（特許法39条）。

問15 （公式テキストP.222～P.226）

【解　答】②

【解　説】

アは適切である。特定商取引法では、訪問販売について、**契約の解除等に伴う損害賠償等の額の上限**が定められている（特定商取引法10条）。

イは適切でない。消費者が**クーリング・オフを行使するため**に、経済産業大臣への書面の提出や経済産業大臣によって消費者の利益を保護するために特に必要であると認められることは不要である。

問16 過去問題

【解　答】② （公式テキストP.226～P.230）

【解　説】

アは適切である。割賦販売法は、割賦販売業者に対し、**契約締結時における書面の交付**（割賦販売法４条）などを義務付けている。

イは適切でない。通信販売や訪問購入は、**特定商取引法**の適用対象として定められている取引の形態である。

問17　(公式テキストP.245～P.248)

【解　答】①

【解　説】

①は適切である。会社に無断で秘密文書を持ち出した従業員に保管権限がない場合、当該従業員には**窃盗罪**が成立し得る（刑法235条）。

②は適切でない。独占禁止法上の刑事罰は、会社だけでなく、**違反行為をした従業員**に対しても科され得る。

問18　(公式テキストP.245～P.248)

【解　答】③

【解　説】

アは適切でない。本肢のような場合、株主には**利益供与要求罪**が成立し得るが(会社法970条３項)、株主からの要求を拒絶し、何らの財産上の利益も供与しなかった取締役は、刑事罰を科されない。

イは適切である。公務員の職務に関し金品を贈った場合、贈った者には**贈賄罪**、公務員には**収賄罪**が、それぞれ成立し得る（刑法198条・197条）。

問19　(公式テキストP.257～P.260)

【解　答】①

【解　説】

①は適切である。債務の**弁済**は、第三者もすることができる（民法474条１項）。

②は適切でない。債務を**免除**するために債務者の承諾は不要である(民法519条)。

問20　過去問題

【解　答】②　(公式テキストP.261～P.264)

【解　説】

アは適切である。時効は、**当事者が時効の利益を受ける旨の意思を表示すること、**すなわち、援用をしなければ、裁判所がこれによって裁判をすることができない（民法145条）。

イは適切でない。時効は、権利の承認があったときは、**時効の完成を猶予することなく、その時から時効が更新される**（民法152条１項）。

問21　（公式テキストP.273、P.283）

【解　答】③

【解　説】

アは適切でない。小切手上の権利・義務の内容は証券の記載内容に基づいて決定されるという性質は、**文言証券性**である。

イは適切である。小切手は、**常に一覧払い**とされている（小切手法28条）。

問22　（公式テキストP.306～P.310）

【解　答】①

【解　説】

①は適切である。抵当権者は、債務者または第三者が**占有を移転しないで**債務の担保に供した不動産について、他の債権者に先立って自己の債権の弁済を受ける権利を有する（民法369条１項）。

②は適切でない。建物に設定された抵当権の効力は、**当該建物に付加され一体となっている**営業用の什器に及ぶ（民法370条参照）。

問23　（公式テキストP.338～P.341）

【解　答】③

【解　説】

アは適切でない。マイナンバー法に基づく**法人番号**は、商業登記法に基づく会社法人等番号の前に１桁の数字を付したものである。

イは適切である。登記すべき事項が登記されていれば、正当な事由により登記事項を知らなかった者を除き、**善意の第三者**に対しても、登記した事項の存在を対抗することができる（商法９条１項、会社法908条１項）。

問24　（公式テキストP.348）

【解　答】②

【解　説】

アは適切である。株式会社の実質的所有者である株主の地位である**株式**は、細分化された均一な割合的単位の形で表されている。

イは適切でない。株主平等の原則は、株主は**その所有する株式の内容および数に応じて**会社から平等に扱われるとする原則である（会社法109条１項）。

問25　**（公式テキストP.362～P.365）**

【解　答】②

【解　説】

①は適切でない。物品の販売等を目的とする店舗の使用人は、その店舗にある物品の販売等をする権限を有するものとみなされるが、**相手方が悪意の場合は除かれる**（会社法15条）。

②は適切である。支配人は、**営業禁止義務**を負っている（会社法12条）。

問26

過去問題

【解　答】①　**（公式テキストP.378）**

【解　説】

①は適切である。賃金は、**直接労働者に支払わなければならず**（労働基準法24条１項）、労働者が未成年者である場合、未成年者の親権者等に賃金を支払ってはならない。

②は適切でない。賃金は、**通貨で支払われなければならないが**（労働基準法24条１項）、労働者の個々の同意に基づき、労働者の指定する本人名義の口座に振り込まれた賃金の全額が賃金支払日に払戻しできるという条件の下、銀行等の口座への振込みによって賃金を支払うことが認められている。

問27　**（公式テキストP.390～P.396）**

【解　答】②

【解　説】

アは適切である。労働施策総合推進法は、職場におけるパワー・ハラスメントについて、事業主に**防止措置を講じること**を義務付けている（労働施策総合推進法30条の２第１項）。

イは適切でない。女性労働者が男性労働者に対して行う性的な言動も、**セクシュアル・ハラスメント**として規制の対象となる（男女雇用機会均等法11条１項）。

問28　**（公式テキストP.397～P.400）**

【解　答】①

【解　説】

①は適切である。港湾運送業務、建設業務、警備業務その他政令で定める業務については、**労働者派遣事業**を行うことが禁止されている（労働者派遣法４条）。

②は適切でない。派遣先と派遣労働者の間には、指揮命令関係はあるが、**労働契約は成立しない**。

問29　（公式テキストP.402）

【解　答】③

【解　説】

アは適切でない。婚姻は、戸籍法の定めるところにより**届け出ること**によって、その効力を生ずる（民法739条）。

イは適切である。夫婦は、婚姻の際に定めるところに従い、**夫または妻の氏**を称する（民法750条）。

問30　（公式テキストP.404～P.406）

【解　答】①

【解　説】

①は適切である。夫婦が婚姻の届出前に**夫婦財産契約**を締結しなかった場合、法定財産制が適用される（民法755条）。

②は適切でない。民法上、夫婦の一方が婚姻中に自己の名で取得した財産については、**夫婦別産制**がとられている（民法762条１項）。

問31　（公式テキストP.12～P.22）

【解　答】③

【解　説】

アは適切である。一般に、**CSR**は、環境問題や地域社会に対する説明、貢献等、その要素は極めて多岐にわたっている幅広い概念である。

イは適切でない。**コンプライアンス**は、法令等の遵守と訳されるが、法令のみならず、業界団体の自主ルール、企業の内規その他企業倫理や社会規範等、社会におけるルール全般を遵守することも求められる。

ウは適切である。一般に、**リスクマネジメント**のプロセスは、リスクの洗い出し、リスクの分析、リスクの処理、結果の検証という流れで行われる。

問32　（公式テキストP.53）

【解　答】③、④

【解　説】

①は適切でない。売主が手付による解除をするには、**手付の倍額**を現実に提供しなければならない（民法557条１項本文）。

②は適切でない。**相手方が履行に着手した後**は、手付による解除をすることはできない（民法557条１項但書）。

③は適切である。この意味の手付は、**証約手付**といわれる。

④は適切である。**違約手付**は、債務不履行があった場合に当然に没収される趣旨で交付される。

問33

過去問題

【解　答】⑤ (公式テキストP.60～P.64)

【解　説】

アは適切でない。**虚偽表示**、すなわち、相手方と通じて行った虚偽の意思表示は、無効とされる（民法94条１項）。

イは適切である。心裡留保による意思表示は、**相手方が表意者の真意ではないことを知っていたとき**は、無効とされる（民法93条１項但書）。

ウは適切である。**詐欺による意思表示**は、取り消すことができる（民法96条１項）。

エは適切である。**強迫による意思表示**は、取り消すことができる（民法96条１項）。

問34

(公式テキストP.64～P.73)

【解　答】③

【解　説】

①は適切である。無権代理行為の相手方は、無権代理人に**代理権がないことを知っていたとき**は、取消権を有しない（民法115条但書）。

②は適切である。相手方は、無権代理であったことを知っていたか否かにかかわらず、本人に対し、相当の期間を定めて、その期間内に追認をするかどうかを確答すべき旨の**催告をすること**ができる（民法114条）。

③は最も適切でない。相手方は、代理権がないことを知っていたとき、または過失によって知らなかったときは、**無権代理人の責任を追及することができない**（民法117条２項１号２号）。

④は適切である。相手方が代理人に権限があると信ずべき正当な理由があるときは、**権限外の行為の表見代理**が成立する（民法110条）。

問35

(公式テキストP.99～P.101)

【解　答】①

【解　説】

アは適切である。消費貸借契約において当事者が返還の時期を定めなかった場合、貸主は、相当の期間を定めて**返還の催告をすること**ができる（民法591条１項）。

イは適切である。債務者が破産手続開始の決定を受けた場合、債務者は、**期限の利益**を主張することができない（民法137条１号）。

ウは適切でない。商行為によって生じた金銭債務について、その履行場所がその行為の性質または当事者の意思表示によって定まらないときは、**債権者の現在の営業所**において履行しなければならない（商法516条）。

エは適切でない。利息の上限は、**利息制限法**により規制されている。

問36

過去問題

【解　答】①、②　（公式テキストP.147～P.155）

【解　説】

①は適切である。不法行為責任に基づく損害賠償の対象となるのは、不法行為と相当因果関係のある損害であり、葬式費用については、人の死亡事故によって生じた必要的出費として、**相当な額の範囲内において損害として認められる**（最判昭43・10・3）。

②は適切である。数人が共同の不法行為によって他人に損害を加えたときは、**各自が連帯してその損害を賠償する責任を負う**（民法719条1項前段）。

③は適切でない。不法行為に基づく損害賠償は、別段の意思表示がないときは、金銭をもってその額を定められる（**金銭賠償の原則**、民法722条1項・417条）。

④は適切でない。**責任能力を有する未成年者**は、不法行為に基づく損害賠償責任を負う可能性がある（民法712条）。

問37　（公式テキストP.182～P.191、P.194～P.195、P.202～P.203）

【解　答】④

【解　説】

①は適切である。実用新案制度は、自然法則を利用した技術的思想の創作であって、物品の形状、構造または組み合わせに関するもの、すなわち、**考案**を法的保護の対象としている。

②は適切である。意匠登録の要件は、**工業上の利用性、新規性および創作非容易性**である（意匠法3条）。

③は適切である。著作権法による保護の対象となる**著作物**とは、思想または感情を創作的に表現したものであって、文芸、学術、美術または音楽の範囲に属するものをいう（著作権法2条1項1号）。

④は最も適切でない。著作権および著作者人格権は、**著作物を創作することで成立**し、特許庁の登録を受ける必要はない（著作権法17条2項）。

問38　**(公式テキストP.191～P.194)**

【解　答】③

【解　説】

アは適切である。商標登録については、**先願主義**がとられている（商標法８条１項）。

イは適切である。**標章**とは、人の知覚によって認識することができるもののうち、文字、図形、記号、立体的形状もしくは色彩またはこれらの結合、音その他政令で定めるものをいう。

ウは適切でない。商標登録の対象となる商標には、**役務商標**、すなわち、業として役務を提供し、または証明する者がその役務について使用をするものが含まれる（商標法２条１項）。

エは適切でない。商標権の存続期間は、商標権者の更新登録の申請により**更新することができる**（商標法19条・20条）。

問39　過去問題

【解　答】②　**(公式テキストP.208～P.214)**

【解　説】

①は適切である。**不公正な取引方法**に該当する行為を行った事業者は、民事上の措置として差止請求（独占禁止法24条）や損害賠償請求（独占禁止法25条・26条）を受ける可能性がある。

②は最も適切でない。**不当な取引制限**に該当する行為を行った事業者は、公正取引委員会から、排除措置命令（独占禁止法７条）を受ける可能性があるほか、**課徴金納付命令**（独占禁止法７条の２）を受ける可能性がある。

③は適切である。他の事業者の事業活動を排除しまたは支配することにより、公共の利益に反して一定の取引分野における競争を実質的に制限した事業者は、**私的独占**として独占禁止法に違反する可能性がある（独占禁止法２条５項・３条）。

④は適切である。**事業者**とは、商業、工業、金融業その他の事業を行う者をいう（独占禁止法２条１項）。

問40　**(公式テキストP.217～P.222)**

【解　答】④

【解　説】

アは適切でない。事業者が消費者に役務を提供する契約は、**消費者契約**に該当し得る（消費者契約法２条３項）。

イは適切である。**事業者**とは、法人その他の団体および事業としてまたは事業のために契約の当事者となる個人をいう（消費者契約法２条２項）。

ウは適切である。本肢の条項は**無効**である（消費者契約法８条１項３号）。

エは適切でない。事業者は、**不当利得**として消費者に売買代金を返還しなければならない（民法121条の２・703条・704条）。

問41

過去問題

【解　答】④　（公式テキストP.232～P.236）

【解　説】

アは適切でない。個人情報取扱事業者は、本人から、当該本人が識別される保有個人データの利用目的の通知を求められたときは、原則として、本人に対し、遅滞なく、**これを通知しなければならない**（個人情報保護法32条２項）。

イは適切である。個人情報取扱事業者は、**偽りその他不正の手段により個人情報を取得してはならない**（個人情報保護法20条１項）。

ウは適切である。**生存する個人に関する情報**であって、当該情報に含まれる氏名、生年月日その他の記述等により当該消費者を特定の個人として識別することができるものまたは個人識別符号が含まれるものは、個人情報に該当し得る（個人情報保護法２条１項）。

エは適切でない。特定の個人の身体的特徴を電子計算機の用に供するために変換した符号は、**当該特定の個人を識別することができるものでなければ**、個人識別符号に該当しない（個人情報保護法２条２項１号）。

問42

（公式テキストP.258～P.259）

【解　答】③

【解　説】

アは適切である。**自働債権の弁済期**が到来していない場合、相殺をすることはできない（民法505条１項）。

イは適切でない。受働債権の弁済期が到来していない場合、**期限の利益を放棄して**（民法136条２項）、相殺をすることができる。

ウは適切である。履行期の到来している**同種の債権**は、対当額で相殺することができる（民法505条１項）。

エは適切でない。土地の引渡請求権と貸金債権のように、**種類の異なる債権**は相殺することができない（民法505条１項）。

問43　(公式テキストP.297～P.300)

【解　答】②

【解　説】

①は適切である。担保物権に認められる一般的な効力のうち、担保権者が他の債権者に優先して担保目的物から弁済を受けられるという効力を**優先弁済的効力**という。

②は最も適切でない。担保物権に認められる一般的な効力のうち、目的物を留置することによって事実上債務者の弁済を促す効力は、**留置的効力**である。

③は適切である。担保物権に共通する性質のうち、担保物権が存在するためには被担保債権が存在していなければならず、被担保債権が消滅すれば担保物権も消滅するという性質を**附従性**という。

④は適切である。担保物権に共通する性質のうち、被担保債権が他人に移転すれば担保物権もそれに伴って移転するという性質を**随伴性**という。

問44　(公式テキストP.313～P.314)

【解　答】①

【解　説】

アは適切である。**主たる債務者**は、保証契約の当事者となることを要しない。

イは適切である。**連帯保証人**は、催告の抗弁権および検索の抗弁権を有しない(民法454条)。

ウは適切である。保証の性質として、**附従性**が認められている。

エは適切である。保証には**優先弁済的効力**が認められておらず、債権者は、他の債権者に優先して連帯保証人から弁済を受けることはできない。

問45　(公式テキストP.316～P.317)

【解　答】③

【解　説】

アは適切である。**自力救済**は、原則として、禁止されている。

イは適切でない。確定していない判決がすべて**債務名義**となるわけではない(民事執行法22条)。

ウは適切でない。即決和解は、**簡易裁判所**の関与の下に行われる手続である(民事訴訟法275条)。

エは適切である。**調停調書**には、確定判決と同一の効力が認められる(民事調停法16条、民事訴訟法267条参照)。

問46
(公式テキストP.335～P.337)
【解　答】②
【解　説】
アは適切である。自己の名をもって商行為をすることを業とする者を**商人**という（商法４条１項）。
イは適切である。売却して利益を得るための不動産や有価証券の有償取得は、**絶対的商行為**に該当する（商法501条）。
ウは適切である。賃貸して利益を得るための不動産や動産の有償取得、作業の請負、運送契約などは、**営業的商行為**に該当する（商法502条）。
エは適切でない。本肢のように一方の当事者にとってのみ商行為となるものを**一方的商行為**といい、当事者双方に商法が適用される（商法３条）。

問47
(公式テキストP.337～P.338)
【解　答】③
【解　説】
アは適切である。商行為の代理の効果は、**顕名がなくても**、原則として本人に帰属する（商法504条）。
イは適切でない。保証が商行為である場合、保証人は、**連帯保証とする旨の合意をしなくても**、連帯保証債務を負う（商法511条２項）。
ウは適切でない。本肢の場合、各債務者は、**連帯債務**を負い、債務全額につき責任を負う（商法511条１項）。
エは適切である。商事留置権の成立に、**牽連性は不要**である（商法521条）。

問48
過去問題
【解　答】④
(公式テキストP.354～P.358)
【解　説】
アは適切でない。株式会社の基本的なしくみとして**所有と経営の分離**があるが、これは、株主が取締役となることを禁止するものではない（会社法331条参照）。
イは適切である。取締役会設置会社において、取締役が、自己のために株式会社と取引をしようとするときは、取締役会において、当該取引につき重要な事実を開示し、その承認を受けなければならない（**自己取引の制限**、会社法356条１項２号・365条１項）。
ウは適切である。取締役は、その**職務を行うについて悪意または重大な過失があったとき**は、これによって第三者に生じた損害を賠償する責任を負う（会社法429条）。

エは適切である。会社法上、株式会社において選定することのできる代表取締役は1人に限るとの制限はなく、**複数の代表取締役を選定することができる**。

問49 **(公式テキストP.370～P.387)**

【解　答】④

【解　説】

①は適切でない。労働基準法は、労働者のうち、雇入れの日から2年を経過していない者にも適用される（労働基準法9条参照）。労働基準法の適用の有無に関し、**雇入れの日からの期間は要件とされていない**。

②は適切でない。有給休暇の取得に**株主総会の承認は必要ない**（労働基準法39条参照）。

③は適切でない。本肢のような**時間外労働**に関する規定は、労働組合法に設けられていない。

④は最も適切である。使用者は、正当な理由なく雇用する労働者の代表者と**団体交渉をすること**を拒むことはできない（労働組合法7条2号）。

問50 過去問題

【解　答】⑦ **(公式テキストP.408～P.423)**

【解　説】

アは適切でない。相続人が直系尊属のみである場合、**遺留分の割合は3分の1であり**（民法1042条1項1号）、相続人が数人ある場合には、法定相続分の割合を乗じた割合とされる（民法1042条2項）。したがって、BおよびCの遺留分の額はそれぞれ1000万円となる。

イは適切でない。相続人が直系尊属のみではない場合、**遺留分の割合は2分の1であり**（民法1042条1項2号）、肢アの解説で述べた通り、相続人が数人ある場合には、法定相続分の割合を乗じた割合とされる（民法1042条2項）。したがって、DおよびEの遺留分の額はそれぞれ1500万円となる。

ウは適切である。肢イの解説で述べた通り、相続人が直系尊属のみではない場合、**遺留分の割合は2分の1である**（民法1042条1項2号）。したがって、Fの遺留分の額は3000万円となる。

エは適切でない。**兄弟姉妹**は、遺留分権利者から除外されている（民法1042条1項柱書）。したがって、兄Gに遺留分は認められない。なお、本肢の場合、結論としては、肢ウと同様、Fの遺留分の額が3000万円となる。

2024年度ビジネス実務法務検定試験（2・3級）

■試験要項

主　　催	東京商工会議所・各地商工会議所
出題範囲	各級公式テキスト（2024 年度版）の基礎知識と、それを理解した上での応用力を問います。　※2023年 12 月 1 日現在成立している法律に準拠し、出題いたします。
合格基準	100点満点とし、70点以上をもって合格とします。
受験料（税込）	2級　7,700円　3級　5,500円

試験方式	IBT	CBT
概　　要	受験者ご自身のパソコン・インターネット環境を利用し、受験いただく試験方式です。受験日時は所定の試験期間・開始時間から選んでお申込みいただきます。	各地のテストセンターにお越しいただき、備え付けのパソコンで受験いただく試験方式です。受験日時は所定の試験期間・開始時間から選んでお申込みいただきます。 ※受験料の他に CBT 利用料 2,200 円（税込）が別途発生します。
試験期間	■第55回　【申込期間】 5月17日(金)～ 5月28日(火) 【試験期間】 6月21日(金)～ 7月 8日(月) ■第56回　【申込期間】 9月20日(金)～10月 1日(火) 【試験期間】10月25日(金)～11月11日(月)	
申込方法	インターネット受付のみ ※申込時にはメールアドレスが必要です。	
試験時間	９０分 ※別に試験開始前に本人確認、受験環境の確認等を行います。	
受験場所	自宅や会社等（必要な機材含め、受験者ご自身でご手配いただく必要があります）	全国各地のテストセンター

お問合せ

東京商工会議所　検定センター

https://kentei.tokyo-cci.or.jp

《東京商工会議所主催》

ビジネス実務法務検定試験® 公式1級・2級・3級通信講座

本試験を実施する東京商工会議所が主催する公式通信講座は、以下のような特色ある教材により本試験の合格を強力にサポートします。

ビジネス実務法務検定試験公式通信教材の特徴

1級講座のポイント

- 1級検定試験と同じ「ケーススタディ」を採用していますので、実践力を養えます。
- ケースごとに「解答作成上のポイント」を設け、設問に対する具体的な解答の仕方を学習することができます。
- 添削課題は、最近の検定試験の出題傾向に基づき作成しています。
- 弁護士等の実務家の添削指導により、自身の弱点や得点UPのポイントを知り、検定試験問題への対応力を身につけることができます。

2級講座のポイント

- 3級の重要ポイントを簡潔に記載し、2級合格に必要な知識の習得を基本からサポートします。
- 公式テキストの説明をよりわかりやすくかつ詳細に解説し、検定試験合格に必要な「基礎知識とそれを理解した上での応用力」を身につけることができます。
- リポート問題は、テキスト1冊ごとに、実際の検定試験レベルの問題を1回出題しており、検定試験への対応力が身につきます。

3級講座のポイント

- ゼロから学習しようとする方でも理解しやすいように、公式テキストの内容をわかりやすく解説します。
- 「理解力UP」「Q＆A」などの通信講座オリジナルのコラムで具体的な事例等を盛り込み、ビジネスシーンをイメージしながら学習できます。
- リポート問題は、テキスト1冊ごとに、実際の検定試験レベルの問題を1回出題しており、検定試験への対応力が身につきます。

2024年から受講料を引き下げ、実力を身につけやすい講座システム導入！

①スマートフォン、タブレット、PCで学習できます。
②リポート問題はWeb提出で、学習効果がスピーディに測定できます。
③４回分の模擬問題がWebで学習でき、１回分はIBT方式で実際の検定試験の予行演習ができます（２級・３級）。

講座の概要（詳細はWebサイトでご確認ください。）

	受講料（税込み）	テキスト（Web）	過去問題・模擬問題（Web掲載）	リポート問題
1級	28,000円	4冊	3回分（過去問題）	3回
2級	23,000円	3冊	4回分（模擬問題）	
3級	19,000円		4回分（模擬問題）	

［開講時期］　お申し込み手続完了後、随時開講いたします。
教材は一括送付します。
［学習期間］　学習期間は自由に設定できます（直前対策にも有効）。
ただし、在籍可能期間は最長６か月です。
［模擬問題］　2級講座、3級講座の模擬問題には、実際の検定試験に出題された問題（過去問）が一部含まれています。

講座のお申込み方法について

■お申込みの流れ

Webサイトからお申込み手続
https://kentei.tokyo-cci.or.jp/houmu/support/online-course.html

受講料のお支払い
受講料を指定の方法でお支払いください。

開講（教材が届く）
ご入金確認後、教材を発送いたします。

■通信講座に関するお問合せ

ビジネス実務法務検定試験®公式通信講座事務局

TEL：０３－３３５２－５２６１（土日・祝休日・年末年始除く9:00～17:00）

業種・職種を問わず管理職として
知っておきたい知識をWEBで診断

ビジネスマネジャー Basic Test®

概　要

マネジメント知識の習得度をWEBで客観的に測定できる診断ツールです。

インターネット環境さえあれば，24時間365日

いつでも好きな時間に好きな場所から受験することが可能です。

昇進・昇格の判断に，中途採用試験に，管理職・管理職候補者への

研修の一環に利用するなど，様々な場面で活用できます。

企業の活用方法・メリット

ポイント1 管理職・管理職候補者を対象とした能力測定や研修後の効果測定として導入できる

ポイント2 いつでも利用ができ，すぐに結果を確認することができる

ポイント3 管理職・管理職候補者全員が受験することで，社内の共通言語や共通認識を一致させることができる

ビジネス実務法務検定試験3級公式問題集〔2024年度版〕

2024年 2月25日　新版第1刷発行

編　　者　東京商工会議所
発 行 者　湊元 良明
発 行 所　東京商工会議所
　　　　　検定センター
　　　　　〒100-0005
　　　　　東京都千代田区丸の内3-2-2（丸の内二重橋ビル）
協　　力　（株）ワールド・ヒューマン・リソーシス
発 売 元　（株）中央経済グループパブリッシング
　　　　　〒101-0051 東京都千代田区神田神保町1-35
　　　　　TEL（03）3293-3381
　　　　　FAX（03）3291-4437
印 刷 所　中央精版印刷（株）

ISBN978-4-502-49151-1 C2332